JN059596

詳　説

台湾の歴史

台湾高校歴史教科書

薛化元主編　永山英樹訳

雄山閣

執筆者紹介

薛化元

学歴：国立台湾大学歴史学博士

現職：国立政治大学台湾史研究所教授、国立政治大学歴史学系教授

編集委員

李明仁

学歴：国立台湾大学歴史学博士

現職：国立嘉義大学応用歴史学系教授

李福鐘

学歴：国立台湾大学歴史学博士

現職：国立政治大学台湾史研究所副教授

金仕起

学歴：国立台湾大学歴史学博士

現職：国立政治大学歴史学系副教授

楊宇勛

学歴：国立台湾師範大学歴史学博士

現職：国立中正大学歴史学系教授

劉季倫

学歴：国立台湾大学歴史学博士

現職：国立政治大学歴史学系教授

本書は、三民書局刊行の歴史教科書『普通高級中学歴史第一冊』（2018年4版2刷）を、日本語に翻訳したものである。（雄山閣編集部）

編集の趣旨

一、本教材は民国 100 年 5 月に教育部が修正、公布した普通高校必修科目歴史の学習指導要領に基づき編集した。

二、本教材は 4 分冊で、普通高校科第 1、2 学年用である。毎学期 2 単位で、毎週授業で 2 節を学ぶ。第 1 学年第 1 学期は台湾史を、第 2 学期は中国史を、第 2 学年第 1 学期前半は中国史を、同後半と第 2 学期は世界史を学ぶ。

三、本教材の教育目標は以下の通り。

㈠ 生徒が歴史の特色と意義を理解し、歴史問題の研究を通じて歴史的思考力を向上させるよう指導すること。

㈡ 生徒が自己文化の根源を理解し、アイデンティティと責任感を確立するのを助けること。

㈢ 生徒が世界の各種文化に対する基本的知識と理解を持ち、多元文化を受け入れることができる寛大さと世界観を養えるようにすること。

㈣ 生徒に歴史への興味を持つよう刺激を与え、それによって生活を充実させ、歴史から物事を学び、教養を高めさせること。

四、本教材の特色は以下の通り。

㈠ 歴史の流れを主軸とし、政治、経済、社会、文化などをテーマに解説している。

㈡ 中学校で学んだ歴史を、更に広く深く学べるようにし、重複を避け、歴史への全体的認識と歴史観が確立させることに重きを置いている。

㈢ 現代の歴史学界で認められている研究成果を吸収し、史実に基づいた記述を行い、独自の見解を避けている。

㈣ 滑らかで明確な記述に努め、読みやすくしている。

㈤ 教材の年号表記は西暦を主とし、重要な年代には紀元を付注している。

㈥ 各篇の冒頭に、その篇に関する年表を載せ、生徒が学習の際に対照できるようにしている。

㈦ 各章の冒頭に図を載せ、その章の重要な内容の概略を示している。

㈧ 各節に「授業前１２３」を載せ、その節の学習ポイントを列記し、生徒の学習と教師の指導の便に供している。

㈨ 本文には「注釈」「歴史スポットライト」及び図表を添え、生徒が理解を深めることができるようにしている。

㈩ 本文中の子ザルのイラストがあるコーナーで、本文や図が触れていない歴史スポットを紹介し、歴史と生活が結び付くよう配慮している。

(十一) 各節ごとに「史料エクスプレス」「討論しよう」「歴史 Talk Show」のコーナーを設け、生徒の分析や資料統合の訓練や、議論を通じた学習成果の共有を図り、歴史知識と生活が結合するよう配慮している。

五、本教材には教師用指導書がある。本文に対応する幅広い資料を収録するなど、内容は豊かで実用的。授業に役立つようにしている。

六、本教材はページ数に限りがあり、内容の不十分さは避けられない。担当の先生方、学界の方々、史学同好の方々の叱正を賜りたい。

詳説 台湾の歴史
台湾高校歴史教科書

目次

第三篇　日本統治下の台湾

第四篇　中華民国統治下の台湾

第一篇

早期の台湾

鄭成功のゼーランディア城への進攻
オランダも鄭氏政権も東アジアでの貿易における台湾の地位を極めて重視した。

先史時代 ／ 大航海時代 ／ オランダ・スペインの

50,000年前	6,500年前	2,000年前	1604年	1621年	1622年	1624年	1626年	1628年
旧石器時代	新石器時代	金属器時代	オランダが澎湖島を占領し、沈有容の勧告を受け退去	顔思齊、鄭芝龍らが台湾南部上陸	オランダが二度目の澎湖島占領	オランダが大員占領	スペインが淡水付近に拠点構築	浜田弥兵衛事件

台湾統治						鄭氏政権		
1629年 1635年	1642年	1652年	1661年	1662年	1666年	1674年	1680年	1683年
蔴荳事件	オランダがスペインの在台勢力を撃退	郭懐一事件	鄭成功が台湾に進攻	オランダの台湾統治が終焉。鄭成功が病没し鄭経が跡を継ぐ	孔子廟落成	鄭経が出兵し、三藩の乱を支援	鄭経が台湾に退き守勢。翌年死去	施琅が台湾攻撃。鄭克塽が清に降る

第1章　16世紀中葉以前の台湾と原住民

1　地理で見る台湾

1. 世界から見た台湾―東亜の要衝
2. 台湾から世界へ躍進―国際貿易

2　先史の台湾

1. 古代人を追跡―旧石器、新石器、金属器時代の遺跡が繋ぎ合わせる先史世界
2. 土地開発と考古遺跡保存のジレンマ

3　原住民の台湾

1. 主役登場―オーストロネシア人に属する原住民
2. 高山属 vs. 平埔族
   - （1）居住地の違い
   - （2）高山族の伝統文化
   - （3）文献中の平埔族

第1節

先史ジクソーパズル

◎授業前123

1. 考古学での発掘と伝説から先史時代を理解しよう。
2. 台湾の先史文化を知ろう。
3. 台湾の先史人類の生活の情景を思い描き、考古遺跡保存の重要性を知ろう。

一、台湾はどこにある？

地学的に言えば、台湾はユーラシアプレートとフィリピン海プレートとのぶつかり合いにより形成され、東アジアの弧状列島の中央に位置している。氷河時代にはユーラシア大陸と分離、結合を繰り返した。そして約1万8000年前、気温の高まりで海水面が上昇し、約6000年前には、台湾海峡は現在のようになっている。

周囲を海に囲まれる台湾と海洋との関係は密接だ。新石器時代には人類は海から上陸して来た。そして島内のオーストロネシア人も、海を経て外へと拡散して行った。17世紀以降は地の利が活かされ、台湾は東アジアでの貿易の要路となった。対外貿易が台湾の経済の要となるなど、開放された海洋交通もまた、台湾の歴史の発展に影響を及ぼしている❶。

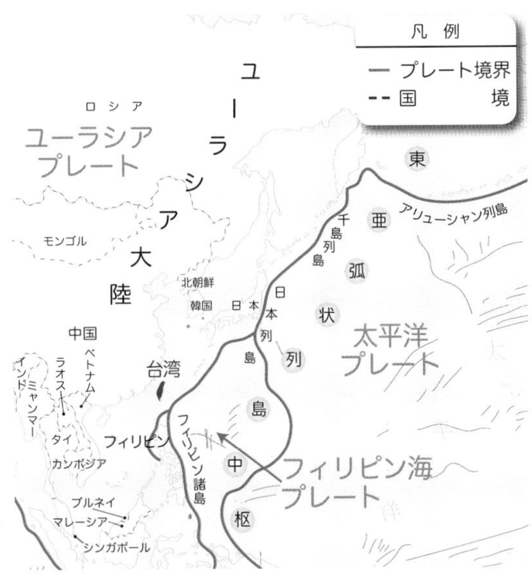

【図1-1】台湾の地理的位置

1

歴史の時代区分として、文字による記録がある時代を歴史時代と呼び、文字の記録がない時代を先史時代と呼ぶ。それでは台湾本島が歴史時代に入るのはいつか。一般的には、明朝末期（1620年代）に、漢人の海商集団が本島に基地を設け、あるいはオランダ人とスペイン人が相次ぎ台湾を植民地としたのが、その幕開けとされている。

二、伝説と考古学

㈠伝説の時代

人々はよく伝説を通じて先史時代を認識する。伝説とは往々にして、長い時間をかけて伝承されるうち、事実との間に食い違いが生じるものだが、それでも先人の先史時代での生活に関する記憶、認識を伝達するものではある。たとえば原住民が言い伝える黒い小人などは、先史時代の台湾には、実際に居住していたかもしれない。

歴史スポットライト

黒い小人伝説

果たして台湾に黒い小人は住んでいたのか。考古学的な証拠は見つかっていないが、しかし多くの原住民グループには、黒い小人に関する伝説がある。その多くによれば、彼等は身長は低く（約150センチ以下）、皮膚は黒く、髪は縮れ、また動作は敏捷で力が強く、狡猾、聡明で農耕を良くし、巫術に通じていた。そしてそれぞれの伝説には各族と黒い小人との関係が反映されている。

サイシャット族：部落付近に住む黒い小人はサイシャット族に種まきを教えたが、よく女性をからかうために殺してしまった。そこでその亡霊の呪いを静めるため、2年ごとに小人霊祭りを行い、許しを乞うている。

ブ　ヌ　ン　族：伝染病が清水部落に侵入するのを避けるため、現地の黒い小人と衝突したが、その後打ち解け、通婚した。黒い小人はブヌン族に粟の種植を教え、狩猟方法にも改善を加えた。

ル　カ　イ　族：ルカイ族が今日の屏東県好茶村に移り住んだ時、現地にはすでに黒い小人が住んでおり、両者は一緒に暮らし、通婚した。黒い小人は力持ちで、山上から巨大な石板を運び、ルカイ族のために祖霊屋を建てた。

タ イ ヤ ル 族：黒い小人はよく油断や夜暗に乗じ、素早く子供を奪うため、タイヤル族はいつもびくびくしていた。

㈡先史世界を掘り起こす

1896年、芝山岩遺跡が確認された。台湾初の考古遺跡の発見であり、考古学上の重要な里程標となった。このような日本統治時代以来の発掘調査により、多くの先史時代の文化遺跡が次々と出土した。これら遺跡の研究により、学者は徐々に先史文化の姿をつなぎ合わせて来た。

考古遺跡で発見された宝物により、私達はその時代の文化内容を知ることになった。

そして先史時代史も明らかになって行った。しかし考古遺跡が示す文化は、時間幅と空間的範囲が広いため、その前後の文化との繋がりの有無を知るには、更なる研究が必要となる。例えば台湾の新石器時代晩期の芝山岩文化と円山文化の遺跡は空間的距離は近いものの、それぞれ異なる文化類型に属していた。

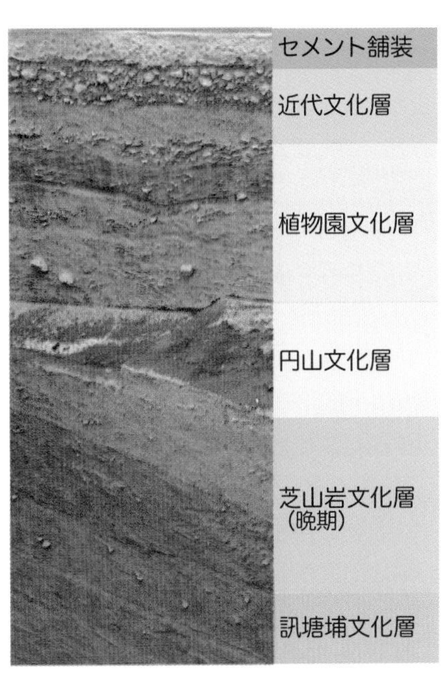

【図 1-2】芝山岩遺跡の文化層　同一空間に異なる文化の生活が前後してあったため、遺跡からは様々な文化の跡が見られそうだ。

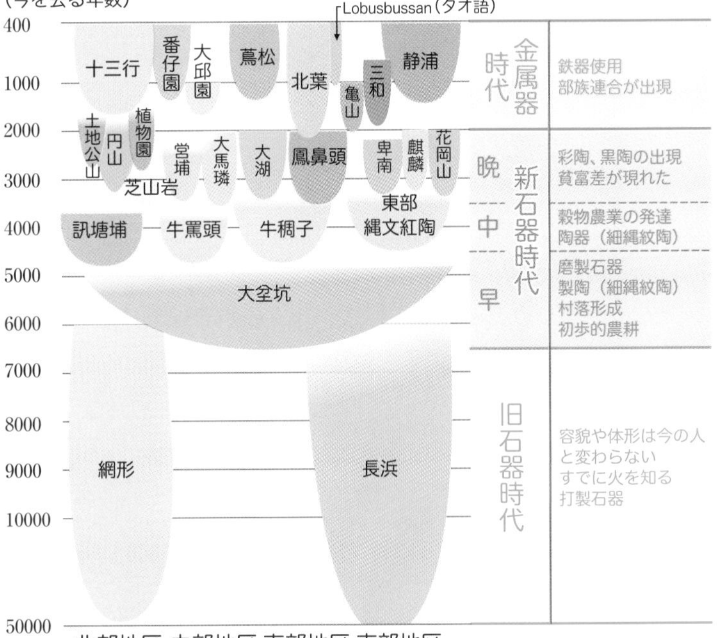

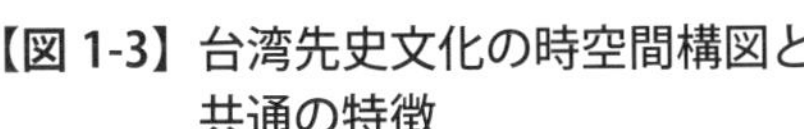
【図 1-3】台湾先史文化の時空間構図と共通の特徴

三、台湾先史文化

㈠旧石器時代

旧石器時代の人類は打製石器を主な道具とした。台湾の旧石器文化遺跡からは主に長浜文化と網形文化が確認されている。

1968 年、台東県長浜郷八仙洞で発見された遺跡は、現在台湾最古の旧石器文化遺跡とされている。長浜文化は主に東部と恒春半島の海岸に分布し、今から 5 万年前から 5500 年前のものとされる。長浜人の集落は小さく、早期には採集、狩猟で生活し、晩期には漁撈や採貝なども行われていた。

網形文化の分布は西北部の台地で、苗栗県大湖郷の網形伯公壠遺跡が最も有名だ。4 万 7000 年前から 6000 年前にかけてのもので、人々は初期には採集で生活していたが、晩期には徐々に狩猟に重きを置いていった。旧石器文化は約 5000 年前に消失した❷。

討論しよう

かつて左鎮人の化石は 2、3 万年前の旧石器時代の人類のものと推定されたが、2015 年での年代測定の結果、約 3000 年前のものとわかった。その他、南科遺跡で米が出土したため、台湾の稲栽培の開始時期は新石器時代早期にまで遡ることになった。この二つの事例から、先史考古学の特性とは何かを考えよう。

現在の考古学研究によれば、台湾の新石器時代文化は旧石器時代の文化とは連続性はなく、おそらく海外から伝播したようだ。

㈡新石器時代

1.早　期

新石器時代は磨製石器が主で、作物の栽培や陶器(★)の製作が始まった。大坌坑文化❸遺跡は新石器時代早期の最も主要な遺跡で、各地に分布する。6000年前から4200年前のものだ。

3
一部の学者は、大坌坑文化を今日の原住民の祖先の文化と考えている。

出土した石鋤、石斧から、大坌坑文化にはすでに農耕が伴なっていたと推断される。早期には小集落形態で狩猟、漁撈、採集や根茎類の栽培が行われ、後期には米や粟の栽培も見られた。

2.中　期

新石器時代中期の先史文化はとても多様で、中部の牛罵頭文化、南部の牛稠子文化、北部の訊塘埔文化などがある。多くは大坌坑文化から徐々に発展した地方性文化で、4500年前から3500年前ごろに存続した。

この段階の遺跡の規模は大きく、堆積層も厚いため、長期定住の大規模集落が存在していたことがわかる。定住により農耕は更に発展した。

3.晩　期

新石器時代晩期は約3500年前から2000年前までで、北部の芝山岩文化、円山文化、中部の営埔文化、東部の卑南文化などが代表的だ。

芝山岩、卑南遺跡には、史跡文化公園がつくられ、教育、憩いの場になっている。

この時期の文化には外来文化の移入があり、出土した芝山岩文化、円山文化の器物は、大坌坑文化のそれとは違いが大きい。その一方で牛罵頭文化から発展した営埔文化のように、従前の文化を基礎にしたものもあった。また、玉器、石板棺が特徴的な卑南文化のように、まだその源がわかっていないものもある。

★：この時代の「陶器」は、日本語では「土器」と呼ぶ。

新石器時代

大坌坑
新城
月眉
長光
八甲
卑南
鳳鼻頭

金属器時代

旧石器時代

網形文化（伯公壠遺跡）

主に尖頭器、削器、
ナイフ形石器が出土

長浜文化

1. 海辺の洞窟に居住
2. 文化は中国南部から伝わった可能性が
3. すでに火を使用
（八仙洞遺跡に囲炉裏の跡）

【図 1-4】台湾の主要な考古遺跡の分布

大坌坑文化
1. 貝包丁、縄文陶器がその特色
2. 中国東南沿海部にも類似の文化

芝山岩文化
1. 発達した稲作
2. 製陶、編物、農耕の技術を持つ
3. 柱掘形が残る
（建築はおそらく高床式）

訊塘埔文化
1. 大坌坑文化の継続
2. 八里遺跡が代表的

円山文化
1. 双口の陶缶が特色
2. 大面積の貝塚

牛罵頭文化
1. 大坌坑文化の継続
2. 清水遺跡が最も代表的
3. 多くは海岸段丘、河岸段丘の高地に

麒麟文化
1. 巨石文化
2. 岩棺
3. ここを産地とする陶器、玉器、石器が遠方の遺跡から大量に出土。遠距離交易が盛んだったことがわかる

牛稠子文化
1. 甕棺（横）
2. 橄欖石玄武岩の石斧（石材は澎湖諸島から）

卑南文化
1. 玉器の使用が盛んで、人獣形玉器はその象徴
2. 仰身直肢葬。墓群の配置が厳密。精巧で美しい副葬品。石板棺を使用
3. 抜歯の習俗

静浦文化
1. 銅、金の装飾品や瑪瑙、ガラスなど海外からの装飾品
2. アミ族の祖先

十三行文化
1. 人面陶缶
2. 製鉄技術を持つ
3. 瑪瑙、ガラス、銅の装飾品が出土
4. 側身屈肢葬
5. 文化はケタガラン族とクバラン族に引き継がれた

蔦松文化
1. 鳥頭状の器が代表的
2. シラヤ族文化と関係がある

番仔園文化
1. 灰黒陶が主
2. 俯身葬（顔は下向き）で、頭部に陶缶を被せる
3. 鉄製刀、ガラスや瑪瑙のトンボ玉が出土
4. 台中の恵来遺跡で未成年者の人骨が出土（小来と命名）

全体的に見てこの時代には、すでに農耕が平原地域での主要な経済形態となっていた。集落は規模の拡大だけでなく数も増加しており、おそらく人口は多く、貧富の格差や社会の階層、組織も現れていただろう。集落間で往来があり、資源争奪で戦争が起きたほか、交換のネットワークも台湾全土に広がっていたようだ。例えば円山文化遺跡で出土の人獣形玉器は、卑南文化の玉器とよく似ている。

㈢金属器時代

今より 2000 年前から 400 年前にかけ、台湾島の住民は鉄やその他の金属で器具を作る金属器時代（鉄器時代とも）に入った。当時の主要な文化遺跡には十三行文化、番仔園文化、蔦松文化、静浦文化のものがある。この時期の集落の数や人口には一定の規模があり、農耕が主要な生産活動で、漁猟も相当発達していた。

十三行遺跡では鉄滓、鉱石、石炭、錬鉄の作業場の出土により、十三行文化の人々がすでに錬鉄技術を知っていたことが実証された。また商業活動がとても活発で、東南アジア、中国とも往来があり、遺跡からは中国の陶器と貨幣が出土している。

使用した陶器の形や生活様式、分布範囲から、これらの考古学的文化が、原住民文化と相当繋がりがあることがわかる。例えば十三行文化は北部のケタガラン族などの平埔族と密接な関係がある。蔦松文化はシラヤ族文化の一環と考えられる。静浦文化はアミ族と繋がりがある。

四、考古遺跡の保存

考古遺跡の発見の持続は、台湾の先史時代の歴史の内容を豊かにさせるが、現代の土地開発中に突然発見された一部の遺跡は保存と開発のジレンマに陥った。

1989（民国78）年、政府は十三行遺跡の上に八里汚水処理場を建設する計画を立てたが、中央研究院のチームが発掘救援活動を展開し、初めて遺跡の保存か、建設かを巡る論争に発展した。最終的には一部の遺跡が保存された。そして、その九年後には台北県政府が遺跡の傍らに十三行博物館を建設している。

【図1-5】十三行遺跡の発掘現場再現　1991~92年に5回発掘調査が行われ、多くの文物が保護された。現在十三行博物館には調査作業のジオラマがあり、当時の発掘現場が再現されている。

歴史スポットライト

恵来遺跡はどうしたらいい？

　最近の考古遺跡保護と都市開発を巡る意見衝突の例に、台中市の恵来遺跡に関するものがある。2002（民国 91）年、一人の大学生がデパートの建設現場で陶器の破片を見つけ、国立自然博物館に報告したことで恵来遺跡は発見された。遺跡の位置が台中市の第七期再開発地域内の一等地だったため、社会の関心を呼んだ。歴史研究団体の度重なる抗議や監察院による是正案の提出を受けた台中市政府は 2010 年、一部の遺跡を台中市初の市指定遺跡とすると公告した。

【図 1-6】恵来遺跡の位置図

第七期再開発地域
学者が推測する恵来遺跡の位置
市指定遺跡区
（小来が発見された 144 番地のみの保存だ）

小来公園（★）は開設されたが、引き続き遺跡の保護を進めるには、社会に関心が持たれ続けることが必要だ。

★：小来公園　恵来遺跡公園の俗称。同遺跡で出土した遺骨の少年が「小来」と名付けられたため、こう呼ばれる。

先史遺跡調査(PSI)

みんなで先史遺跡調査（Prehistoric Scene Investigation、PSI）の調査員になり、グループごとに台湾の先史遺跡を一つ選び、図書館やインターネットを利用し、あるいは実地調査で資料を集め、「先史鑑定書」を作成して教室で発表し合おう。

先史鑑定書

作成者:　　　　作 成 日:

名称	遺跡		
発見の時間と経緯			
存続時代	□旧石器時代　新石器時代　□早期　□中期　□晩期 □金属器時代 今から　年前〜　年前		
含まれる文化類型	(下から上へ)		
遺跡・遺物の説明	遺物／遺跡	説明	意義
	石器		
	陶器		
重要性の分析			
保存状態	□良好　原因: (例:博物館設立、現状保存、学術機関の研究) □普通　原因: (例:破壊されているがサンプリングがされている) □不良　原因: (例:破壊されている)		

第2節 台湾の原住民

◎授業前123

1. 台湾原住民とオーストロネシア系諸族との関係を理解しよう。
2. 原住民の分類と高山族、平埔族の文化的特色を知ろう。
3. 原住民の豊かで多元的な文化を感じ取り尊重しよう。

一、早期台湾の主役—原住民

㈠原住民はどこから来た？

漢人の渡来前の台湾での主役は原住民だ。オーストロネシア語族（Austronesian language family）を話し、その祖先は海から渡って来た。太洋州、東南アジアのオーストロネシア系諸族との繋がりは密接である❶。

1 現在、オーストロネシア系諸族の分布範囲の中で台湾が、言語が最も多様で、それぞれの差異も大きい。そのため、台湾がオーストロネシア人の起源であり、あるいは対外拡散の起点だと推断する研究がある。

㈡原住民の分類

1.原住民分類の変化

清帝国による統治時代、原住民は官府との関係を基準に、生番、化番、そして熟番に分けられた。教化、統治を受け入れ、税や

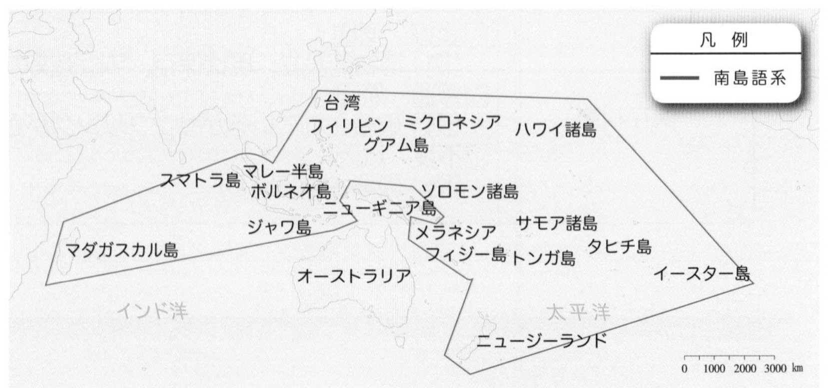

【図 1-7】オーストロネシア系諸族の分布

労役を課せられたのが熟番だ。生番はそれと異なり、基本的には非帝国臣民とされた。両者の中間と位置付けられる化番は納税だけを行った。同じ部落でも官府との関係次第で、こうした分類は変更されることがあった。

日本統治時代の学者は人類学原理に基づき、台湾原住民を平埔族と高砂（高山）族とに分け❷、その分類は今日も継承されている。第2次世界大戦後、政府はそれぞれを平地山胞、山地山胞と改称したが、1994年の憲法修正により「原住民」と呼称を正され、1997年の憲法修正では「原住民族」の名が採用され、各民族の権利の保障が更に強調された。

平埔族はケタガラン、クバラン、タオカス、パポラ、パゼッヘ、バブザ、ホアンヤ、サオ❸、シラヤの諸族に大きく分けられる。高山族は伝統的にはタイヤル、サイシャット、ブヌン、ツォウ、パイワン、ルカイ、アミ、プユマ、タオ（ヤミ）の9族に分けられる。おおよその分布範囲を見ると、平埔族の多くは平原に住み、高山族は山地に定住すると言えるが、例外もある❹。

2 日本統治初期に原住民は「蕃」と称されたが差別的なため、1923年の皇太子（後の昭和天皇）の提案により「高砂族」に改められた。

3 サオ族を高山族に分類する学者もいる。

4 例えば高山族のタオ（ヤミ）族は蘭嶼に住み、アミ族も多くは東部の平原に住んでいる。

【図1-8】清の乾隆年間に描かれた台湾原住民の図　衣服、動作で生番、化番、熟番の違いや、漢化の程度がわかる。

【図1-9】台湾原住民分布図　図中のカラーブロックは、現在原住民委員会が認定する原住民分布で、その他の地域は文献資料に基づく平埔族の分布。

2.原住民の認定

現在政府が認定する原住民のグループは高山族が主で、早くから分類されてきた9族の外、新たにサオ、クバラン、タロコ、サキザヤ、セデック、サアロア、カナカナブの諸族が加えられている。こうした原住民グループ数の変動は、文化の相違、アイデンティティ、そして学術研究によるものだ。例えばサキザヤ族はアミ族から、タロコ族とセデック族はタイヤル族から、サアロア族とカナカナブ族はツォウ族から、それぞれ言語、文化風俗の違いを理由に独立した。その他、まだ政府に承認されていないシラヤ族、ケタガラン族などの平埔族も近年は政府認定を望み、積極的に族名の回復を求めている。

討論しよう

タロコ族とセデック族は祖先が同じで、共通の起源地、伝説、儀礼を持つ。タロコ族は先祖の地の南投から花蓮へ移った後にセデック族との差異を感じるようになった。しかし一部のタロコ族はセデック族に回帰すべきだと考えている。そこで原住民の認定では何を重視するべきかを考えよう。なぜ異なる考えが見られるのだろう？

二、生活で歴史を映す高山族

高山族は主に山地及び東部一帯に居住し、外部との接触が遅かったため、今も多くの伝統文化を保存しているが、各族間には政治、社会組織や言語文化の面で大きな差異が見られる。

㈠政治・社会組織

原住民は部落を集落単位とし、家族や社会組織には母系制がある。例えばアミ族、サキザヤ族、プユマ族は、財産と家は女性が継承するが、部落については男性が中心で、会所が部落の政治、防衛を担い❺、選出された年長者が長老会議を開く。また父系社会もある。例えばサイシャット族、ブヌン族、ツォウ族は男性が財産と家を継ぎ、公共部落は氏族の族長の会議が主導する。この他、パイワン族は最初に生まれた子が家産を継ぎ、ルカイ族は長男相続で、共に貴族を部落の中核とする厳格な階級制度を持つ。

社会組織についても各族ごとに特色がある。タイヤル族、タロコ族、セデック族は掟で部落の秩序を保ち、部落の中核は祭祀グループで、その領袖が首長を選出し、首長と部落の長老会議が部落の仕事を処理する。タオ族には男性で構成される漁の船組があり、それが重要な社会経済組織として、生活と密接に繋がっている。

5 会所とは原住民の伝統的部落での政治、司法、軍事、教育の機能を持つ男性の生活の中心地、社会活動の場であり、女性の立ち入りは厳禁だ。彼らはここで軍事や狩猟などの部落の公共問題を協議、処理し、また若者を教育し、歴史、文化、技能を伝えてきた。

【図1-10】タイヤル族（右）、タロコ族（左）の顔の入墨
タイヤル族、サイシャット族、タロコ族、セデック族など北部グループでよく見られた習俗。男性の入墨は勇気ある狩猟の名手である印で、女性のそれは織物上手の証。これを持つことが結婚するための条件とされた。

㈡経済活動と歳時祭儀

原住民は土地を共有の資源とし、私有財産ではないと考えてきた。おおよそ高山族は焼畑耕作、移動耕作といった粗放農耕を行い、固定した耕地を持たなかった。その主要な労働力は女性が担い❻、男性は狩猟を担当した。作物中で最も重要なのが粟で、これが生活上大きな地位を占め、社会生活や歳時祭儀などに大きく関わっていた。アミ族の豊年祭はその一例だ。また海で生計を立てるタオ族には、飛魚祭が一年で最も重要な祭儀である。

6 ただし開墾、種蒔、収穫の時は男性も労働に加わった。

そして歳時祭儀は、パイワン族の五年祭、サイシャット族の小人祭のように、伝統的生活に基づいた祖霊信仰、歴史の伝承そのものであり、人々を結束させる重要な活動といえる。

【図1-11】アミ族の豊年祭 アミ族、パイワン族、プユマ族、ルカイ族、ツォウ族は農耕を主とし、毎年粟の豊かな収獲を祝う祭祀を最重視する。神霊の恵みに感謝し、翌年の豊作を祈念するためだ。写真は花蓮県での豊年祭。
〔写真提供：台湾観光局〕

図 1-12 台湾原住民族の社会文化の特色

サイシャット族

1. 父系社会で氏族族長会議が主導。
2. 欠歯で勇敢さを示す。男女とも顔に入墨。体の入墨は首狩り勇士の特権。
3. 小人祭（姓氏の旗を持ち、腰鈴を下げ参加）。

セデック族

1. 父系社会で部落の中核は祭祀グループ。
2. 顔の入墨。
3. 日本統治時代に霧社事件を起こす。
4. 収穫祭。

ツォウ族

1. 父系社会で氏族族長会議が主導。
2. クバ（会所）が男性の集会所。
3. 戦祭。

サオ族

1. 父系社会で氏族族長会議が主導。
2. 湖上の杵音（かつて日月潭八景の一に）。丸木舟文化。ウラララルワン信仰。
3. 播種祭、豊年祭。

杵音の舞い

ルカイ族

1. 長男相続。世襲貴族が部落を指導。
2. 百合を敬愛し、百歩蛇を崇拝。
3. 収穫祭（粟餅を焼く占い、ブランコ儀式）。

ブランコで情愛を伝える。

パイワン族

1. 最初に生まれた子が相続。
2. 貴族社会（世襲）で階級が明確。
3. 陶壺、トンボ玉、青銅刀がパイワン三宝。百歩蛇を祖先と考える。
4. 五年祭。（メーンイベントは刺球）

刺球で未来の吉凶を占う。

タイヤル族

1. 父系社会で部落の中核は祭祀グループ。
2. 分布範囲が最大。
3. 顔に入墨。赤色を好む。貝珠衣が代表的な礼服。
4. 祖霊祭（刀、針、麻ひもに触れない）、炎を消してはならない）。

狩猟前の儀式。粟酒を撒き祖霊の加護を祈る。

タロコ族

1. 父系社会で部落の中核は祭祀グループ。
2. 顔に入墨。鳥占い（作業や狩猟の時、鳥の声や飛び方で吉凶を判断）。
3. 祖霊祭。

タロコ族の踊り

サアロア族

1. 父系社会。
2. 聖貝祭。
3. 主に高雄市桃源区に分布。

サキザヤ族

1. 母系社会で公共の仕事は男性が中心。
2. 火神祭（パラマ）。

クバラン族

1. 母系社会。
2. 黒白の二色を尊ぶ。
3. 海祭。

美味しい伝統食アリフォンフォン

美獣の耳

ブヌン族

1. 父系社会で氏族族長会議が主導。
2. 八部合音の歌。
3. 諸族の中で祭礼が最多。打耳祭が最も有名。

カナカナブ族

1. 父系社会。
2. 米貢祭、河祭。
3. 主に高雄市那瑪夏区に分布。

プユマ族

1. 母系社会で公共の仕事は男性が中心。
2. 少年猿祭。

猿祭では年長の少年が竹棒で年少の少年を叩く。俗に猿の尻叩きと呼び、少年の成長を認めたことを意味する。

アミ族

1. 母系社会で公共の仕事は男性が中心。
2. 人口が最多。
3. 独特の石鍋。
4. 豊年祭。

タオ族

1. 父系社会で漁の船組が中核。
2. 唯一の海洋民族。伝統文化を完全に保存。
3. 木造船の技術と装飾が出色。
4. 飛魚祭。

歴史スポットライト

タブーに注意

台湾の原住民諸族の伝統信仰はアニミズムだ。天地万物を対象とする自然崇拝、先祖を思う祖霊崇拝、神霊への招福厄除の祈祷を行うなど、万物に霊が宿ると信じている。各族ごとに違いはあるが、「霊」と仲良くしたいとの思いが、原住民の生活習慣の上で多くのタブーを生んでいる。

例：

【狩猟関連】

成年男子は織機に触れてはならない。さもないと狩猟で怪我をしやすい。
（タイヤル族、パイワン族）

もし朝早く狩猟に出かけるなら、前夜は子供と同じ家で寝てはならない。家を出る前に子供がくしゃみや屁をした場合は不吉であり、猟は中止しなければならない。
（ブヌン族）

【住居関連】

もし新居を建てている間に、または山で竹、木などの建材を採る際に蛇を見たら、作業を直ちにやめること。さもなければ病気や不測の事故に見舞われる。
（ツォウ族）

【祖先関連】

飲酒をするなら先ず、右の人差し指で自分の家に向かって酒を弾き、祖先に献じる。
（パイワン族）

もし祖先の祭祀を怠れば祖霊は機嫌を損ね、凶作になる。（タイヤル族）

【吉凶関連】

もし姦通や殺人など不道徳な行為に出れば旱魃や長雨に見舞われる。（ブヌン族）

墓地を通った時は帰宅前に徹底的に身を清め、霊の厄運を持ち帰らないようにする。
（タオ族）

【祭儀関連】

収穫の時は話をせず歌を歌わない。（タイヤル族）

小人祭では喧嘩したり人を罵ったり、子供を叱って叩いてはならない。小人に失礼な話もしてはならない。（サイシャット族）

三、文献に記載される平埔族

㈠平埔族に関する文献記載

1.文献の限界

漢人との長期間の接触により、平埔族は徐々に漢人社会に融け込んだ。そのため平埔族の文化は高山族のように完全には保存されていないが、しかし文献上の記載は豊富である。

それらの文献が描述する原住民は、実際には平埔族の一部にすぎない。平埔族の生活様式は地域、グループごとに大きく異なっていた。17世紀の内外の文献に現れるのは基本的には西側の平埔族で、中でも特に南部のシラヤ族である❼。

7 これらの文献を見る際に注意すべきは、そこに観察者の主観が入っており、内容の全てが正確とは限らないということだ。

2.陳第とカンディディウス

1602（明・万暦30）年秋、明の東南海域で台湾南部一帯を拠点とする日本の海賊が横行したため、都司の沈有容は命を受け掃討に乗り出し、それに随行して陳第（1541～1617）が台湾へ来た。彼は台湾滞在中の見聞を基に『東番記』を書き上げた。17世紀初めに書かれたこの書は、漢人が台湾の実状況を記録した最初の文献である。学者の研究によれば、陳第が記した「東番」とは、台南のシラヤ族のいくつかの大集落のことだ❽。

8 そこに記載される地名は嘉義から屏東沿海地域にかけてのものだろう。そこには魍港（今の嘉義県布袋鎮好美里虎尾寮）、大員（今の台南市安平）、打狗嶼（今の高雄市旗津）、加哩林（今の台南市佳里佳里興）などの名が見える。

早期に台湾を訪れた西洋人の書き残した原住民関連の文献記録としては、カンディディウス（Rev. Georgius Candidius，1597～1647）によるものが最も価値がある。ガンディディウスはオランダ統治時代に、最も早く来台した宣教師だ。1627年にゼーランディア城付近の原住民集落について記録し、オランダ人が初めて台湾に着いた当時の台南地方のシラヤ族を描写している。

㈡文献中のシラヤ社会

シラヤ族の社会は基本的に母系制で、男女分業が行われていた。経済活動では、女性が農耕、漁撈の大部分を担い、粗放な焼畑農耕で粟、陸稲、里芋などを植えた。男性の主な仕事は狩

【図1-13】清統治時代の「番社采風図・捕鹿」一部　詳細は、p26同図全体像を参照。

【図 1-13】清統治時代の「番社采風図・捕鹿」
鹿（花鹿）は平埔族の重要な獲物だった。衣類を作れる皮には経済的価値があり、また肉も食べられた。猟犬や落とし穴で捕獲した。

【図 1-14】清統治時代の「番社采風図・迎婦」
シラヤ族の母系社会では新婦が新郎を迎えに行き、手を繋いで家に連れ帰った。そのため台湾では結婚を「牽手」と言うのである。背後の建物は高床式で、部屋の区切りがなく風通しが良かった。

史料エクスプレス

シラヤ族の母系社会では「男性は世帯を持つため妻にしたい女性を決めると、人を通じて一対の瑪瑙珠を女性の家に届ける。……もし受け取られたら、その夜女性の家に行く。そして開門を求める代わりに、屋外で口琴を弾き女性に合図を送る。……女性は口琴の音を聞いたら、男性を招き入れ、共に一夜を過ごす。夜明け前、男性はそのまま帰り、……子供が生まれて初めて、女性は婿の家まで迎えに行く。それは婚礼で新郎が新婦を迎えに行くのと同じだ。この時に婿は初めて妻の父母と会い、それでその家の一員となり、妻の父母を最後まで養うことになる。生みの親は彼を息子として扱えなくなる。そのため男児より女児の誕生が喜ばれた。なぜなら女児なら家を継げるが、男児にはそれができないからだ」。（陳第『東番記』より）

陳第の記述からわかる母系社会の特色とは？

猟と戦争だった。社会活動では、男性は政治を担当した。長老集会で協議を行い、重大な問題に関しては全メンバーを招集して議論した。女性は宗教を担当した。祭司の巫女（Inibs）が祭祀活動を主管、主催し、神霊との橋渡しや病気治療を行った。

シラヤ族の生活様式は単純で、動物の内臓を好んで食べ、米で酒を造った。湿度の高さから住居は高台に建てるか、高床式を用い、建材として茅と竹を使った。シラヤ族の男性は短髪で、両肩に長めに残した髪を垂らし、耳朶に飾りを通した。女性は長髪で、15、6 歳で 2 本の八重歯を削り取って飾り物にし、それを成年の証、美しさの象徴とした。

シラヤ族は祖霊（阿立祖）を崇拝し、祖霊の力とする水で満たされた壺を公廨❾で祀った。そのため「壺を祀る民族」と称されている。

9　公廨とはシラヤ族の祭祀の場であり、男性が集まる場所でもあった。

㈢商売に長けた北部原住民社会

北部の原住民は操舟に長けていた。西洋の文献によれば、彼らは中国沿海部まで交易に行くなど、海で生活する伝統を持っていた。

スペインが台湾北部を占領すると、現地のバサイ族❿は短期間でスペイン語を身に付けた。こうした言語能力の高さは商売には有利だった。スペインやオランダの資料は、北台湾のバサイ族は交易での物品の価格をよく把握していたと記している。当時は物々交換の他、貨幣を用いた交易も行われ、一部の原住民は中間業者の役割を果たし、果ては交易の独占もした。

10　金包里社を含む地域の原住民は、一般的にケタガラン族の一部とされるが、西洋の資料には、彼らはバサイ族と自称したとある。

【図 1-15】台南の吉貝耍部落にあるシラヤ族の公廨。
（下：外観〔提供：陳嘉霖〕／左：内観〔提供：李瑞源〕）

誤解氷解

かつて中国人は西洋人を「洋鬼子」と呼び、西洋の白人は黒人を「ニガー」と呼び、台湾の漢人は原住民を「番仔」と呼んだ。民族間での対立、誤解により、こうした差別的呼称が使われたのだ。現在、私達は異なる民族や多元的な文化を尊重することの重要性を理解しているが、かつてはオランダ人も台湾へ来たばかりの頃は、「フォルモサ人」（シラヤ族）を色々と誤解したものだ。

下は1628年、オランダ宣教師、カンディディウスによる「フォルモサ人」の観察記録で、そこには彼には理解できなかった行為がいくつか書かれている。そこでヒントに従って、シラヤ族がそのように行った理由を理解し、それをカンディディウスに教え、双方が仲良くなれるようお手伝いしよう。

1．彼らは魚の鱗も内臓も塩漬けにし、しばらく保存した後は汚い物をも含め全て食べてしまう。……時にはほとんど魚と判別できない物もある。蛆や虫がぎっしりと湧いているからだ。……彼らの食物は米を除けば、通常はとても汚く臭い。……男女問わず酒が好きで、酒に酔うのを有害とは考えていない。

ヒント：気候、健康

2．彼らの法律、習慣、風俗によれば、女性は35、36、37歳より前に子供を産むのを許されず、もし妊娠すれば堕胎しなければならない。……もし女性が上述の年齢前に出産すれば、それは大変な恥、罪とされる。そのためそうした女性の胎児は通常粗末に扱われる。

ヒント：母系社会

3．彼女達（女性司祭）は目玉をぐるりと回し……恐ろしい声で叫び……死んだかのように地面に横たわった。……女性司祭は「教会」の屋根に上り……人々に見られている中で一糸も纏わず、全身を洗い清めた。周りで見ている人の大部分は女性だ。彼女たちは酒をたくさん飲んで酔い、ほとんど立てず、あるいは歩けなかった。何とも恐ろしい光景で……。

ヒント：宗教

（林偉盛訳『邂逅福爾摩沙—台湾原住民社会紀実（荷蘭檔案摘要（1）1623-1635））

第2章 国際競争時代

1 大航海時代到来で台湾は各勢力の競争の場に

2

スペインの統治

貿易、布教

オランダの統治と発展

対内－海上貿易、開墾、武力征服、布教

対外－1. スペイン人を駆逐

2. 蘭日の貿易紛争と日本の撤退

3. 鄭芝龍勢力との貿易利益の共有

北部

南部

オランダが鄭軍に駆逐される

3

鄭氏政権の経営

1. 政府設置と独立国経営

2. 屯田と開墾の推進

3. 対外貿易が経済の命脈

4. 漢文化を伝播

統治終焉

1.政治闘争

2.清朝廷への降伏

第1節

大航海時代

◎授業前123

1. 台湾と澎湖諸島の早期の歴史の流れを理解しよう。
2. 漢人の海商集団と日本人の在台活動を理解しよう。
3. 大航海時代に西洋人が来台した背景を知ろう。
4. 台湾の位置を念頭に、新航路から受けた影響を感じ取ろう。

一、海外新天地—澎湖と台湾

澎湖諸島は水産資源が豊富で、宋代以降徐々に福建南部の漁民の漁場となり、漢人の居住も見られた❶。元代には、更に軍事上の必要により巡検司も設置された。

明の初め、政府は反明勢力の外部との連絡を抑え、また倭寇を防ぐため、海禁政策を実施し、人々が海に出て漁や交易するのを禁じるとともに、「澎湖廃墟」政策で澎湖諸島を放棄し、島の漢人住民を福建へ移した。しかし沿海の住民は生活のため、

1 南宋の趙汝适（1170～1228）は『諸蕃志』で「泉州に島があり澎湖と呼ぶ。晋江県に属する」と記す。澎湖諸島に触れた宋時代の文献として最もよく引用されている。

討論しよう

三国時代の『臨海水土志』に「夷州は臨海（現在の浙江省台州の北）の東南二千里」とある。南宋の『諸蕃志』には「流求国は泉州の東。船で約五、六日」とある。あなたは夷州、流求とはおそらく台湾を指すと思うか？その理由は？

歴史スポットライト

「夷州」と「流求」

三国時代に孫権は1万人の兵力で夷州遠征を行った。また『隋書』の煬帝紀と流求国伝によれば、隋と流求国は三回接触している。一度目は607（隋・大業3）年。隋の煬帝は外族を探すため使者を海外に派遣。流求国に達したが言葉が通じず、住民一人を捕えて戻った。翌年、使者を送り流求国に従属を求めたが失敗。610（大業6）年、煬帝は陳稜に命じ、1万以上の兵力で流求国征伐を行い、大勝して捕虜数千人を連れ帰った。

密かに漁や交易を行い、時には海賊にもなった。そして澎湖諸島は次第に日本と中国東南沿海地域との間の密貿易の拠点となった。16世紀中葉以降、明帝国が澎湖諸島の管理を強化すると、これら密貿易商や海賊は、近距離でありながら明帝国の統治が及ばない台湾へと移って行った。

【図2-1】澎湖天后宮 澎湖島の天后宮は明の中葉（1604年以前）の創建。台湾・澎湖の中で最も歴史ある媽祖廟だ。「媽公」と呼び習わされ、それが「馬公」という地名の由来となった。〔写真提供：林嘉瑩〕

二、次の駅は、台湾

㈠漢人海商集団

16世紀中葉以降、漢人の海商集団❷は台湾南部の魍港（今の嘉義県布袋）、北部の鶏籠、淡水、更には中国福建の漳州、泉州及び日本との間で貿易し、中国の生糸、絹織物、陶磁器等の商品を日本へ売り、また台湾産の鹿皮❸、硫黄をも販売した。その活動範囲は広範で、日本、中国、台湾、そして東南アジアにまで及んだ。

1621年、顔思齊（?～1625）や鄭芝龍（1604～1661）が部下を率いて台湾南部の苯港（今の雲林県北港）、諸羅山（今の嘉義市）一帯で拠点を築き、海上や中国沿海で略奪、密貿易を行った。また漳州、泉州から庶民を台湾へ呼び寄せ、開墾に当たらせた。顔思齊が死去すると、鄭芝龍は在来勢力を統合したが、1628年に明帝国の招慰を受け、活動の中心地を中国沿海へ移した。

2
これらの海商集団は商人にして盗賊であり、武装していた。海禁が緩やかな時は中国で沿海交易を行い、厳しい時は略奪で生計を立てた。そこには日本人も加わっていた。

3
鹿皮は甲冑の裏側で使えるため、17世紀には台湾の対日輸出での重要商品となった。鹿の肉や角は中国へ売られた。

【図2-2】倭寇の侵攻 13世紀から17世紀にかけ、東アジアの海域では海賊がよく活動していた。初期には多くが日本人だったため「倭寇」と呼ばれたが、後期倭寇の場合は多くが漢人だった。この図は明末期のもので、16世紀での明軍と倭寇との明東南沿海での戦闘を描いたもの。

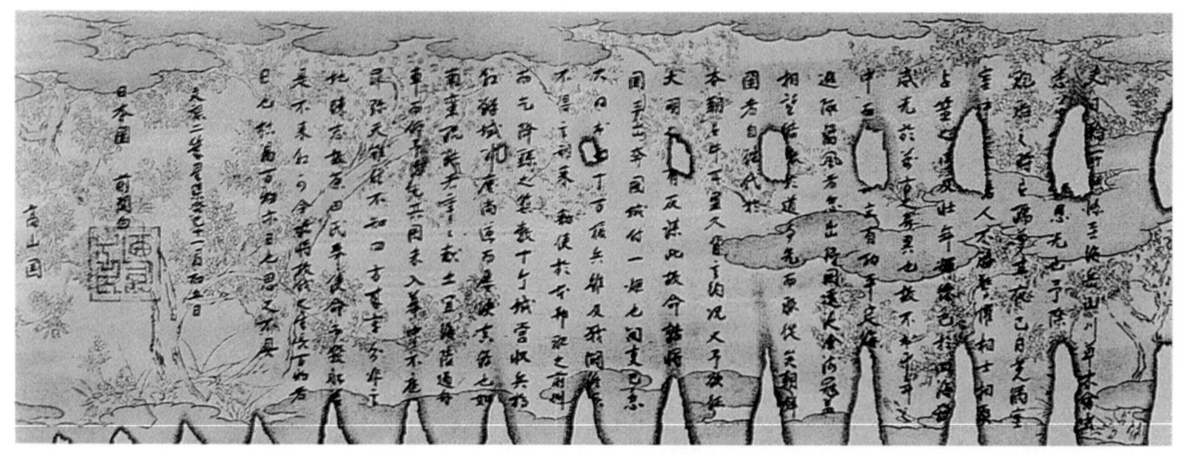
日本国 前関白

高山国

【図 2-3】 高山国招諭文書　1593 年、豊臣秀吉は台湾の「高山国王」に招諭の書を送り、朝貢を要求した。

㈡日本人

16、17 世紀、日本人は台湾で密貿易を行っていた。また日本の政府も勢力の拡張を図り、16 世紀末には豊臣秀吉（Toyotomi Hideyoshi，1536 ～ 1598）が、そして 17 世紀初頭には徳川家康（Tokugawa Ieyasu，1543 ～ 1616）が台湾原住民に朝貢を要求しようとした。しかし果たせずに終わっている。

1633 年、徳川幕府は国家安全の観点から、西洋人の布教を厳禁とし、鎖国政策を実施して、中国、オランダ以外の国の船舶の入国を禁じ、日本人の海外渡航や帰国も許さなかった。これにより日本人の台湾での「合法」的活動も幕を閉じた。

三、大航海時代下の競争

㈠西洋人が来た！

東洋の豊かさがもたらす商機は、欧州が対外拡張に乗り出した理由の一つだ。15 世紀末の新航路発見後、ポルトガルとスペインは積極的に貿易利益を追求し、植民地を築いた。そして商機争奪のため、東アジアで理想的な貿易拠点や中継点を探すのを急務とした。1557 年に先ずポルトガル❹がマカオを確保し対明貿易の拠点とした。続いてスペインがフィリピンのマニラを東アジアでの貿易基地とした。

4
ポルトガル船団が東アジア海域を航行中、水夫が緑豊かな島を見て、思わず「Ill Formosa（美しい島）」と讃嘆した。その島が台湾か否かは、今は確定できないが、それ以降西洋人は台湾を「フォルモサ」と呼ぶようになった。

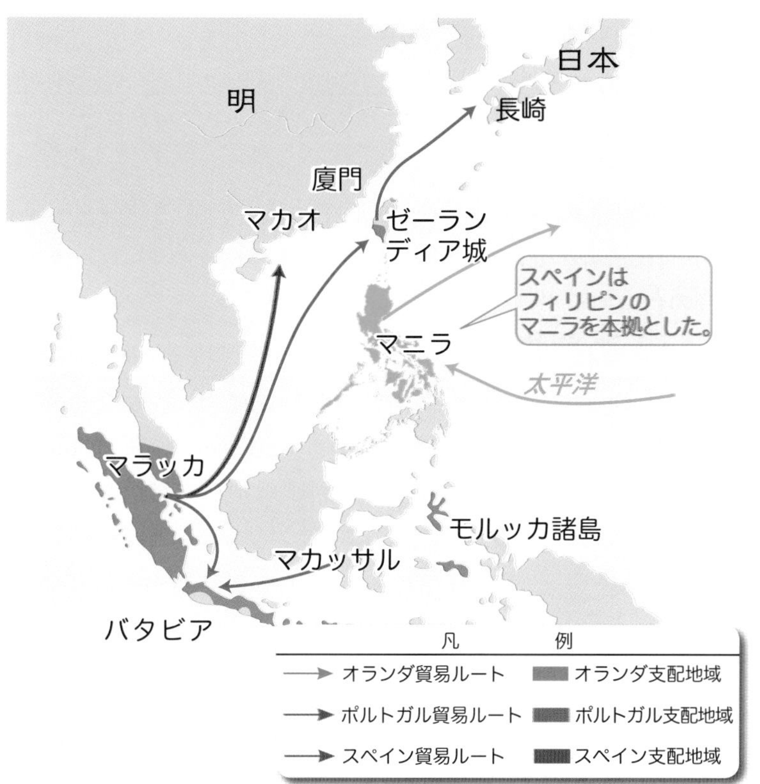

【図 2-4】17 世紀の東アジアの各勢力　明帝国は海禁政策で沿海貿易を非合法化したため、各勢力は積極的に中国周辺で拠点を探し、密貿易を行った。

【図 2-5】オランダ東インド会社商船の旗　VOC とは連合東インド会社の略で、上方の文字はその船がどこの港から来たかを示す。例えば A ならアムステルダム（Amsterdam）を指した。

1600 年、英国東インド会社が発足し、東南アジアへ進出した。そしてオランダ❺も 1602 年に連合東インド会社（Verenigde Oost-Indische Compagnie、VOC）を開設し、積極的に東洋での植民地経営、貿易に乗り出した❻。1619 年、オランダ東インド会社はバタビア（Batavia、今のインドネシア・ジャカルタ）に総督府を置き、東アジア貿易の本拠地とした。

㈡オランダ人の選択

台湾海峡は東アジア航路の要衝で、東南アジアと東北アジアとを結ぶ要路である。そしてそのルート上の中心を占める台湾と澎湖諸島は、中国、日本との貿易を望む西洋人には好都合な地域といえた。東アジアでの商業、貿易の理想的拠点の獲得を狙ったオランダは、澎湖諸島をその主要目標とした。

5
オランダは 16 世紀後半にスペインからの離脱を宣言したが、1648 年にようやくスペインに承認され、正式に独立した。

6
東インド会社は政府から権限を受けた特許会社で、国家名義で対外作戦、講和、軍隊保有、植民地設置、官吏任命と統治を行う公権力を持っていた。

7
李旦は当時、東アジア海域で重要視された海商集団のリーダーで、台湾北部での密貿易の利益のため、オランダに大員での植民地建設を提案した可能性がある。

1604 年、オランダが 1 回目の澎湖島の占領を行った。しかし直ちに明帝国の沈有容の勧告を受け、撤退した。1622 年、オランダ艦隊は英国艦隊とのマカオ攻撃に失敗すると、明軍の長期駐留が行われていなかった澎湖島を再占領し、築城も行った。1624 年、明は艦隊を澎湖島へ派遣した。オランダは海商の李旦（?～ 1625 年）の斡旋❼により撤退を決め、拠点を大員（Tayouan, 今の台南市安平）へ移した。

㈢スペイン人の追走

オランダが大員で植民地を構築すると、マニラを拠点とするスペインは貿易が脅かされるのを恐れ、1626 年に台湾北部に出兵し、鶏籠、淡水付近で拠点を構築し、オランダに対抗した。

西洋人の海上権力競争の下で台湾は、国際体系に組み込まれ、近代世界と繋がり、東アジア海域における貿易の重要拠点となったのである。

史料エクスプレス

資料一によると、オランダ人が台湾へ移動して拠点を設けた主な理由は何か？また資料二に基づき、明帝国はなぜこのような楽観的な考えを抱いたのかを考えよう。

資料一：1624 年、オランダの司令官はタイオワン（安平）の占領に関し、「澎湖島より肥沃で健康に適し、清水が豊富な島を領有できる」と考えた。また「再度考えるべきは、中国人はすでにタイオワンで日本人と盛んに貿易をしており、よってもし我々がそこに定住すれば、それを妨害できるということだ。逆にそうしなければ、期待される日本での生糸貿易の利益を失うだろう」とも話した。
（郭輝訳『巴達維亜日記』第一冊、台北・台湾省文献委員会、1970 年）

資料二：明帝国は台湾の倭寇、海賊が日本、オランダと提携し、中国東南沿海地域を攪乱するのを懸念した。そこで、「外族同士を争わせ、漁夫の利を得る」との誘敵の計を用い、台湾を餌にオランダ人を引っ張って行った。
（兵部題行「条陳彭湖善後事宜」残稿㈡より）

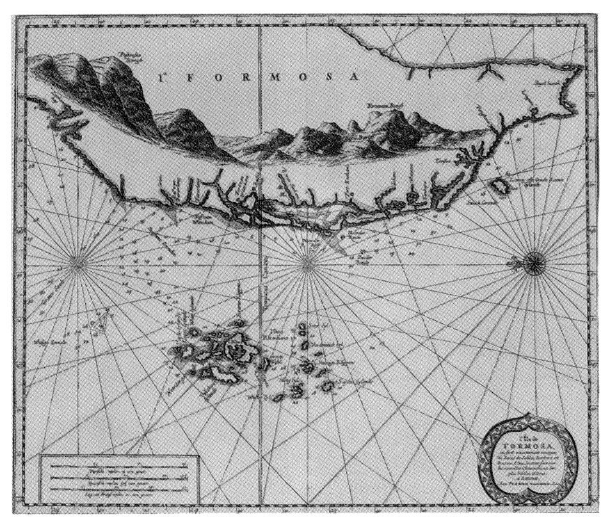

【図 2-6】オランダ人が描いた台湾島　これは西洋で最初の台湾地図。発行は 1713 年だが、1640 年代のオランダ東インド会社の資料を参考にしたに違いない。

航海大富豪

時間の旅に出かけよう：時は 1623 年。あなたは一人のオランダ商人で、初めて東アジアへ到来し、野心的な夢を見ているところだとする。そこで以下のステップに従い、富を築く計画を立てよう。

＜ step1 ＞
どのコースで行く？それはなぜ？図上で航路を描いてみよう。

＜ step2 ＞
東アジアに到達したが、ここでどんなリスクが待ち構えている？あなたはどこを貿易拠点に選ぶ？最も選びたい地点に印を。

＜ step3 ＞
誰を取引相手にする？何を彼らに売りたい？何を買って帰りたい？商品と貿易相手を書こう。

＜ step4 ＞
みんなに、あなたの商売方法を紹介し、大金を稼ぐ秘訣を教えよう。

第2節

オランダ、スペインの台湾統治

◎授業前123

1. オランダ人の台湾植民統治の目標を知ろう。
2. オランダ人の漢人、原住民への統治方法を理解しよう。
3. オランダ人のスペイン、日本、漢人海商集団との関係を理解しよう。
4. オランダ統治下で台湾がアジア太平洋地域での重要中継点になった意義を考えよう。

台南市の安平古堡と赤崁楼にはオランダ人が築いた城壁の遺跡がある。

一、オランダが台湾の統治者に

オランダは1624年、大員でゼーランディア城（Zeelandia）を建て、台湾統治と対外貿易の本拠地とし、また後に台江内海の対岸にある赤崁地方にプロビンティア（Provintia）という市街地を作った。オランダの台湾統治の最高責任者は「長官」

【図2-7】ゼーランディア城遺跡　オランダ人は糯米液、糖蜜、砂、牡蠣殻を捏ね合わせ、レンガを積み上げてゼーランディア城を建てた。今も安平古堡には壁の残骸がある。

【図2-8】17世紀にオランダ人が描いたゼーランディア城

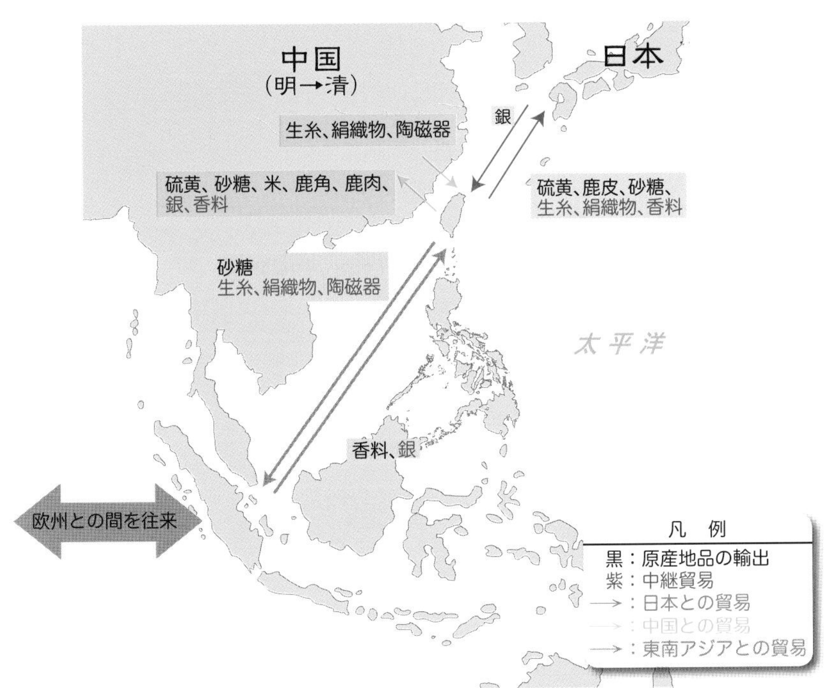

【図 2-9】17 世紀の台湾の中継貿易と輸出　台湾では輸出を見据えた商品経済の雛形が現れ、オランダの東アジアにおける中継拠点となった。

(gouverneur) と呼ばれた。その上司はバタビア総督だった。

オランダにとって台湾統治の最大の目標は、ここに中国や日本との貿易中継点を築き、国際貿易ネットワークの一部分にすることだった。

二、オランダの植民方式

台湾の支配を効果的にするため、オランダは慰撫と武力という硬軟両様の施策を行う一方で、漢人と原住民を対立させ、更には原住民の村々の分断も行い、オランダ統治への反抗で結束させないようにした❶。

㈠漢人移民の募集と管理

1.台湾へ漢人移民を呼び寄せる

当時の台湾の主要作物は米と甘蔗だった。オランダ当局は生産力の向上を目指し、資金や牛の提供などの優遇策で中国沿海地域の漢人を大量に呼び寄せ、大員を中心とした南部地域を開墾した。全ての土地は東インド会社に帰属するとし、「王田」❷と呼んだ。漢人農民の大部分は小作人となった。

1　例えば、オランダ人が漢人に鹿狩りの権利を与え、漢人が獲物を多く捕りすぎたとする。原住民はそれに反発し、漢人との対立が起こる。するとオランダ当局は暫時狩猟を禁じ、原住民の怒りを和らげ、オランダへの好感を抱かせる。他方、漢人猟師は損害を受け原住民に敵意を持つことになる。またオランダ人は原住民から生活の土地を奪い、漢人を送って開墾させた。そして一たび原住民と漢人が衝突すると、衝突したグループと敵対する別のグループを差し向け、直ちに制圧した。

2　当時漢文ではしばしば、台湾長官やバタビア総督を「王」と記した。

2.衝突：郭懐一事件

オランダ当局は来台して開墾に当たる漢人に様々な重税を課し、厳しく抑圧した。そのため漢人の反抗を招いたが、その中で規模が最大だったのが郭懐一事件だ。

郭懐一はオランダ当局による搾取に不満を抱き、1652年に長官の殺害を企てたが、事前に秘密が漏れたため予定を早めて蜂起した。しかしオランダ軍は装備で勝り、またそれに従う原住民も猛々しかったため蜂起は失敗した。漢人はこれに加わった者ばかりか婦女子まで殺害され、死者は5000人以上と推定される❸。

3
郭懐一事件の後、オランダ人はプロビンティア城を建て、支配を強化した。現在の赤崁楼にはその城壁の残骸が保存されている。

㈡原住民への統治と布教

オランダ当局は原住民を有効に掌握するため、多くの策略を用いた。

1.武力征服

討論しよう

オランダ人の漢人統治と原住民統治には、どのような違いが？それはなぜ？

(1) 蔴荳事件

オランダ人は来台後、徐々に原住民支配を強化した。蔴荳社(★)（今の台南市麻豆区）の住民はこれに不満を抱き、1629年にオランダ兵を溺死させた。オランダ当局は1635年に報復に動き、新港社（今の台南市新市区）と連合して蔴荳社を攻撃した。蔴荳社は虐殺、焼き払いを受け、住民は降伏した。

このような強大な軍事的威嚇により、帰順する原住民部落は急増した。こうしてオランダ人は、西南部の殆どを支配するに至った。

(2) 大肚王の反抗

当時中部には、諸部落に跨る大肚王の政治同盟が出現していた。その勢力範囲は台中、彰化そして南投の一部に及び、オランダ当局に臣従しなかった。そこでオランダは1644年と45年の二度にわたり大肚王を攻撃した。大肚王はこれに敗れ、降伏はしたものの、なお半独立の状態を維持し、その支配地域内でのオランダ人の布教を拒否した。

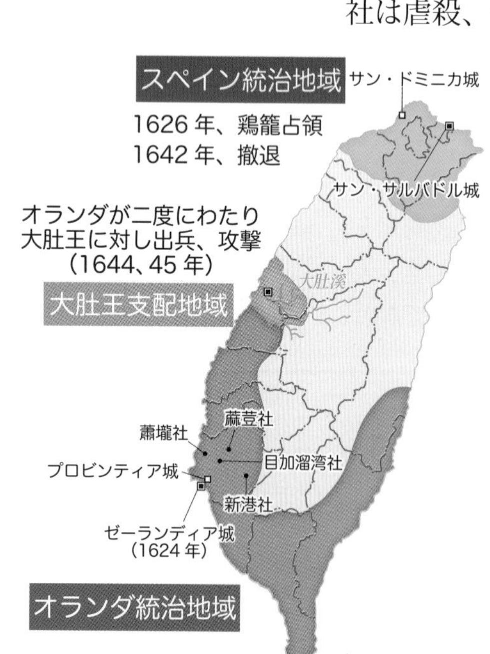

【図2-10】オランダ人の台湾統治範囲

★社：「社」とは原住民の部落の呼称。

2.間接統治

オランダ当局は征服地の原住民の各社に長老の選出と毎年の地方会議（Landdag）の開催を要求した。オランダ勢力の拡張に伴い、地方会議は北部、南部、東部、淡水の4区に分かれ、年に一度開かれた。この他、各地に政務員が配置され、その多くは宣教師が担い、各社の長老は政務員への報告を義務付けられた。

オランダはまた各社で「贌社」制度を実施し、各社との交易の権利を漢人の贌商に独占させた。こうした漢人は布、塩、鉄器等の商品で、原住民の鹿皮、鹿肉等と交換し、オランダ当局に一定の税金を納めて利潤を得た。

【図 2-11】赤崁楼で開催された南区地方会議 地方会議では、オランダ人が入場する際に礼砲、礼銃が鳴り、威儀が正された。また席の位置にも意味があった。オランダ人は東屋の高い席に座り、原住民の長老は低いテーブル席に座り、主従関係が示された。

史料エクスプレス

資料一：「（1644年）Joost van Bergenが新大目降社から戻った。あそこは我々の命を受けた約200人の新港社人、大目降社人、目加溜湾社人に放火されて焼き払われた。……なぜなら何度も公布している禁止令に背いて新港を離れ、あの地に居住したからだ。その数は男女と子供を合わせ60人で、上記の原住民が彼等を新港へ連れ戻した。そして7人の最重要な首謀者も本日ここへ連れてきた。それは逃亡を防ぐためだ。適当な時に見せしめの処罰を与える」

（江樹生訳注『熱蘭遮城日誌』第二冊、台南・台南市政府、2002年。258頁）

資料二：「（1654年）新港、目加溜湾と大目降の頭目達がここへ来て、長官閣下に対し、深刻な飢饉が起こらないよう、あのイナゴの大群をできるだけ早く防いでほしいと要請した。……そして社の住民の半分だけを学校へ行かせ、残りの半分には田でイナゴ捕りをやらせてほしいと求めた」（江樹生訳注『熱蘭遮城日誌』第三冊、台南・台南市政府、2004年。348頁）

この引用文から、オランダ当局は原住民にどのような統治を行ったことが推測できる？

歴史スポットライト

一緒に学校へ行こう

オランダ人は「片手に剣、片手に聖書」。台湾原住民を武力で征服する一方で、布教を目的とする教化活動も積極的に進めている。

新港社、蔴荳社などで学校を建て、若者を教育してキリスト教を広めて行こうとしたのだ。学校の教師はオランダ籍の宣教師が務めた。以下は彼らの時間割表だ。これを見ると、課程の中心は言語と宗教で、それ以外の人文、自然科学の科目はなかったのがわかる。

時間	活動	科目内容
06：00～08：00	学科	副校長の原住民語によるキリスト教問答
08:00～09:00	朝食	食前食後に生徒が交替で祈禱を先導する
09:00～10:00	学科	講話、文字の学習
10:00～11:00	学科	校長の原住民語によるキリスト教問答
12:00	昼食	食前食後に祈禱を行うと共に、新港文字版の聖書を輪読する
15:00～17:00	学科	オランダ語
18:00	夕食	朝食と同じ

3.積極的な布教と文字の創造

オランダは統治範囲内で教会と学校を建て、積極的に布教を進め、教化を通じて原住民に帰順を促し、その成果は南部地域で最も上がっている。

宣教師は布教のため、ローマ字で原住民の言語を表記する新港文字を創った❹。平埔族の一部は 19 世紀に至っても漢人との契約書で新港文字を使用し続けた。このような契約の文書を「番仔契」と呼ぶ。

4 新港文字が記載された文書が「新港文書」だ。

三、オランダの競争相手

オランダの台湾における競争相手は、主に北部に入植したスペイン人だ。日本人や漢人海商集団は、重要な貿易相手であると同時に、やはり競争相手でもあった。

Cap. j. fol: 1

Het H. Euangelium
na [de beschrijvinge]
MATTHEI.
Het eerste Capittel.

1 HET Boeck des Geslachtes JESU CHRISTI, des soons Davids / des soons Abrahams.
2 Abraham gewan Isaac. ende Isaac gewan Jacob. ende Jacob ghewan Judam / ende sijne broeders.
3 Ende Judas ghewan Phares ende Zara by Thamar. ende Phares ghewan Esrom. ende Esrom gewan Aram.
4 Ende Aram gewan Aminadab. ende Aminadab gewan Naasson. ende Naasson gewan Salmon.
5 Ende Salmon ghewan Booz by Rachab. ende Booz gewan Obed by Ruth. ende Obed ghewan Jesse.
6 Ende Jesse ghewan David den Koningh. ende David de Koningh gewan Salomon by de ghene die Urias

Hagnau ka D'lligh
Matiktik ka na sasoulat ti
MATTHEUS.
Naunamou ki lbægh ki soulat.

1 SOulat ki kavouytan ti JEZUS CHRISTUS, ka na alak ti David, ka na alak ti Abraham.
2 Ti Abraham ta ni-pou-alak ti Isaac-an. ti Isaac ta ni-pou-alak ti Jakob-an. ti Jacob ta ni-pou-alak ti Juda-an, ki tæ'i-a-papar'appa tyn-da.
3 Ti Judas ta ni-pou-alak na Fares-an na Zara-an-appa p'ouh-koua ti Thamar-an. Ti Fares ta ni-pou-alak ti Esrom-an. Ti Esrom ta ni-pou-alak ti Aram-an.
4 Ti Aram ta ni-pou-alak ti Aminadab-an. Ti Aminadab ta ni-pou-alak ti Naasson-an. Ti Naasson ta ni-pou-alak ti Salmon-an.
5 Ti Salmon ta ni-pou-alak na Boös-an p'ouh-koua ti Rachab-an. Ti Boös ta ni-pou-alak na Obed-an p'ouh-koua ti Ruth-an. Ti Obed ta ni-pou-alak ti Jesse-an.
6 Ti Jesse ta ni-pou-alak ti David-an ka na Mei-sasou ka Si bavau. Ti David ka na Mei-sasou ta ni-pou-alak ti Salomon-an p'ouh-
A koua

CHAP. I. (1) THE book of the generation of Jesus Christ, the son of David, the son of Abraham. (2) Abraham begat Isaac; and Isaac begat Jacob; and Jacob begat Judas and his brethren; (3) and Judas begat Phares and Zara of Thamar; and Phares begat Esrom; and Esrom begat Aram; (4) and Aram begat Aminadab; and Aminadab begat Naasson; and Naasson begat Salmon; (5) and Salmon begat Booz of Rachab; and Booz begat Obed of Ruth; and Obed begat Jesse; (6) and Jesse begat David the king; and David the king begat
A

【図 2-12】二言語対照の「マタイによる福音書」 左側がオランダ語、右側が新港文字で書かれている。

【図 2-13】新港文書 18 世紀（清・乾隆年間）に新港社の原住民と漢人とが交わした土地契約書。右側が漢文、左側がローマ字を用いた新港文字。

㈠スペイン

スペインも台湾の地の利の良さに着目し、日本と中国との貿易を求め、北部に拠点を築くことにした。またスペインの植民者には布教という目標もあり、台湾でも積極的にカトリック教を広めようとした。そして 1626 年、スペイン人は鶏籠で占領式を行い城塁を築いた。またそれに続き、淡水付近でも拠点を設け、その勢力は八里坌、北投、里族（今の松山）、大浪泵（今の大龍峒）などの台北盆地の各社に及んだ。

しかし日本が 1633 年に鎖国政策を採ったため、対日貿易の望みが絶たれたばかりか、北部では経済的利益が小さく、加えてフィリピン南部でのイスラム教徒の反乱鎮圧のため兵力を差し向けなくてはならず、淡水の城塁を取り壊し、駐留部隊も縮小した。

淡水の紅毛城の「紅毛」とはオランダ人のことだ。

【図 2-14】紅毛城 スペイン人が 1628 年に淡水河の河口に建てたサン・ドミンゴ城。後に撤兵と同時に取り壊されたが、オランダ人が北部を支配すると再建、強化され、19 世紀以降は英国領事館になった。

【図 2-15】浜田弥兵衛事件　図はノイツが捕らえられる光景。17 世紀に日本人が描いた挿絵。

スペインの兵力削減を知ったオランダは、1642 年、出兵して鶏籠を攻撃した。スペインの守備軍は降伏し台湾から撤退した。これにより北部もまた、オランダに占領されるところとなった。その交易範囲は淡水、鶏籠、そして東部にまで広がった。

㈡日本

日本の商人はオランダが植民地を築く前から台湾で活動していた。そのためオランダ当局が日本商人に課税しようとすると、自ずと紛糾が生じた。その最も深刻な事例が浜田弥兵衛事件である。

1626 年、浜田弥兵衛（Hamada Yahioe, 生没年不詳）が来台し、オランダ当局と衝突した。そして 1628 年に再度来台すると、武器と火薬を差し押さえられ軟禁された。浜田はオランダ長官のノイツ（Pieter Nuyts, 1598 ～ 1655）を人質に取り脱出に成功し、日本は報復としてオランダ商館を閉鎖した。オランダ人は何度も訪日して協議を求めたが果たせず、1632 年にノイツを日本へ引き渡したことで、ようやく日本での貿易活動の再開が認められた。抑留されたノイツが釈放されるのは 1636 年である。

日本の鎖国後、台湾で活動する日本人は極めて少なくなり、オランダと日本の衝突は二度と起こらなかった。そして日本との貿易特権を得たオランダは、欧州諸国の中における対日貿易での勝者となった。

㈢漢人海商

鄭芝龍は 1628 年、明帝国に召し抱えられ、急速に勢力を広げた。オランダは鄭芝龍集団と貿易はしていたが、取引が鄭芝龍に独占されるのを嫌い、他の取引相手を懸命に求めた。

1633 年 7 月、オランダは武力で中国市場を開放させることを決め、他の海商集団と提携して廈門を攻撃した。鄭芝龍を主力とする明軍は、金門島の料羅湾での海戦でオランダ艦隊に大打撃を与えた。鄭芝龍の海の覇者としての地位はこれにより固まり、東アジア海域での貿易を掌握した。オランダ側も鄭芝龍との貿易関係の維持を選び、武力による解決の考えを捨てた。

市場は戦場の如し

オランダ人は毎日台湾の状況を記録してバタビアへ送り、本部の情報掌握の便に供した。ゼーランディア城日誌がそれで、気候や出入りする船舶の搭載貨物、乗員数などの他、各項の植民地事務に関しても記している。

以下の二枚は1643年の日誌の内容だが、そこで質問だ。

1）2月の日誌から見出せる当時の商品の特徴は何か？
　オランダの台湾植民の主な目的は何か？

2）8月にオランダ当局はどのような困難に遭ったか？
　これら二つの日誌から、なぜオランダと中国商人は貿易関係にあったかを考えよう。

2月27日。好天。北風が吹き続く。
……最近安海（福建省晋江。鄭芝龍の拠点）から黄金や陶磁器を積むジャンク船で来た商人が中国に帰ることになった。そこで閣下（新任の長官）は終日、この2、3年間に祖国の需要に応じて中国からこの地へ運ばれた貨物を詳細に検査し、また総督閣下が前後して送ってきた関連命令も詳細に読んだ。正確な注文書を作成し、別名Jaesignoirという中国商人Lotiaやその他の者に詳細な発注を行えるようにするためだ。

（出典：江樹生訳注『熱蘭遮城日誌』第二冊、台南・台南市政府、2002年。47、189頁）

8月26日。風と天気は昨日と同様。
あの平底船から荷下ろしを開始。午後1艘の小型ジャンク船が安海から到着。600袋の米と500缶の中国麦酒が積まれ、20人が搭乗していた。我々は船主を呼び……安海からここへ絹織物を載せて来る予定のジャンク船はあるかと聞いた。……彼らは、あちらでは全く聞いたことがないと答えた。……昨年、全ての商品が日本で大きな利益を上げたため、今年……北方からあそこに運ばれた商品は……全て商人に買い取られ、ジャンク船で引き続き日本へ運ばれた……。我々はこれに心を痛めている。今年は中国人の日本での貿易があるだけで、我々はそれにただ失望するだけで終わりそうだ。

第3節

漢人政権の樹立

◎授業前123

1. 鄭成功が台湾へ来た背景と台湾獲得の経緯を理解しよう。
2. 鄭氏政権の政治、文教面での発展ぶりを知ろう。
3. 鄭氏政権樹立の背景を念頭に、その開拓、対外貿易の状況を理解しよう。

一、漢人政権の樹立

㈠明帝国の滅亡

1644（崇禎17）年、流賊が北京を攻め落とし、思宗は首を吊って殉国し、明帝国は滅亡した。呉三桂が清兵を関内へ導き入れると、明の皇族は南方へ移り政権を樹立した。歴史上これを「南明」（1644～1662）と呼ぶ。皇帝となった福王が敗れて死ぬと、唐王が鄭芝龍らに擁立されて即位した。福王と唐王は共に実力のある鄭芝龍を極力抱き込もうとした。鄭芝龍の子、森は唐王より朱の姓と成功の名を下賜された。そのため鄭成功（1624～1662）と改名し、「国姓爺」(★1)と呼ばれることになる。

1646年、軍政の大権を握っていた鄭芝龍は清帝国の帰順の誘いを受け入れ、降伏した。一方南明は唐王の死後、桂王を立て、年号を永暦とし、中国西南部で抗清を続けた。

㈡鄭成功の台湾到来

1.背景：抗清の戦いでの苦境

鄭芝龍が清に降った後、鄭成功は反清復明(★2)を呼びかけ、永暦の年号を奉じて降伏しなかった❶。そして他の海上勢力を撃破し、オランダの中国における商品供給源を独占し、それと同時に台湾、日本、東南アジアへ船を派遣し貿易を行い、軍事の財源とした。

そして金門島と廈門を根拠地とし、何度も出兵して清軍と戦った。1658年には北伐を行ったが、翌年南京城外で敗北し、大きな損害を受けて金門島、廈門へ撤退した。

1 桂王は鄭成功の反清復明の壮志を励ますため、詔を下して延平王に封じた。

★1：「国姓爺」とは、明の国姓（皇帝の姓）である「朱」を戴くとの意味の尊称。
★2：「反清復明」とは、清を転覆させ明を再興すること。

2.経過：台湾進攻とオランダとの講和

北伐に失敗した鄭成功は絶えず清軍の攻撃に曝された。また清朝廷は沿海地域の住民を内陸へ移し、更に海上封鎖も行った。

長期的な抗清基地を新たに作る必要に迫られた鄭成功は、台湾でオランダ人の通訳を務めていた何斌（何廷斌。生没年不詳）の建議を容れ、1661年に台湾獲得のため出兵した。

台湾上陸後はなかなかゼーランディア城を落とせずにいたが、翌年になりオランダの長官コイエット（Frederick Coyett、1615～1687）❷は援軍を期待できない状況に陥り、兵力が優勢な鄭成功と協定を結び、台湾から撤退する以外になくなった。こうしてオランダ人の台湾の植民統治（1624～1662）は終焉したのだった❸。

2　コイエットは台湾を失ったため、オランダ東インド会社により流刑に処された。その後特赦で帰国した後は『閑却されたる台湾』を出版し、会社上層部の職務怠慢が台湾を孤立無援にさせたと、自身のために反論している。

3　オランダは1664年に出兵し、再度鶏籠を占領したが貿易が振るわず、1668年に自ら撤退した。

【図2-16】鄭成功の台湾への攻撃進路
鄭成功は鹿耳門水道から台江内海に進入し、先ず兵力の手薄なプロビンティア城を攻略し、次いで守りの堅固なゼーランディア城を包囲した。

【図2-17】鄭成功のゼーランディア城進攻

1662年2月、鄭成功とオランダ長官コイエットとの間で合意がなり、オランダは条件付きで台湾から撤退した。右は双方が達した合意の備忘録要旨だ。この内容を基に鄭成功とオランダ人との協議の原則や目標は何かを分析しよう。

◆双方ともに仇敵視を止める。
◆オランダ側はゼーランディア城、軍需品、貨幣、糧食及び会社の全財産、施設を鄭側に移譲する。
◆鄭側はオランダ側がゼーランディア城からバタビアまでの途上で必要な糧食、弾薬、物品を搭載することを許可する。
◆オランダの平民は、鄭側の検査を経た私物を携帯して乗船できる。
◆オランダの28人の参議員は、それぞれ200個の2.5ギルダー銀貨（ギルダーはオランダの通貨単位）を、そして20人の上級市民は合わせて1000個の2.5ギルダー銀貨を携行できる。
◆オランダの下士官、兵は鄭側の私物検査を受けた後、伝統に従い武装して隊列を組み、旗を掲げ太鼓を鳴らしながら乗船できる。
◆オランダ側は会社の債務者の名簿を作成し、鄭側に提出して処理を委ねなければならない。
◆双方は備忘録署名後に二人の人質を差し出し、条約の履行を確保する。
◆双方は捕虜を交換する。

（江樹生『鄭成功和荷蘭人在台湾的最後一戦及換文締和』、台北・漢声、1992年）

【図2-18】台南の四草大衆廟の裏にあるオランダ人の骨塚　鄭成功とオランダの戦いで残された身元不明の遺骨と伝わる。骨に刀傷のあるのがオランダ人のもので、弾痕があるのが鄭軍のものだとする見方もある。〔写真提供：陳麗卿〕

【図2-19】鄭成功とオランダの談判の図　コイエット著『閑却されたる台湾』の挿絵。

歴史スポットライト

トランスフォーマー鄭成功

鄭成功の本名は森だが、唐王から朱姓と成功の名を賜り、桂王からは延平王に封ぜられ、後世では「国姓爺」「延平郡王」「開台聖祖」などと呼ばれている。一方外国からはKonxinga（国姓爺）と称された。西洋人から見た彼は、東アジア海域で覇を唱えた海賊王であり、暴虐な異教の悪王でもある。しかし晩期の清政府から見れば、彼は忠君愛国の孤臣であり、近代の中国人から見れば、西洋人を駆逐した民族の英雄だ。また日本人には、中国人と日本人との間に生まれた鄭成功は、日本の武士そのものである。更に日本統治時代には日台を結ぶ人物とも評価された。中華民国政府は台湾へ遷り、ここを大陸反抗の基地とすると、自らを清と対峙した鄭成功と重ね合わせた。鄭成功の特殊な血筋、身分や巡り合わせが、様々なイメージをもたらしてきたのである。

（参考：江仁傑『解構鄭成功—英雄、神話与形象的歴史』台北・三民、2006年）

【図2-20】様々な顔を持つ鄭成功。

二、鄭氏政権の政治的発展

㈠権力継承と紛争

鄭氏集団は海商集団の伝統に従い、誰が領袖の座を継ぐかは主に軍事的実力で決めるものとした。1662 年に鄭成功が死去すると、台湾の部下らは弟の鄭世襲（1640 ～？）を擁立したが、金門島、廈門に残る部下らは子の鄭経（1642 ～ 1681）を推し、双方は対峙した。最後は鄭経が鄭世襲を破り、政権を獲得した。

㈡政治制度の構築

鄭成功は台湾占領後、赤崁地方を東都明京と改め、それ以降東都が台湾の呼称となった。またゼーランディア城を安平鎮と改め、プロビンティア城を承天府（今の赤崁楼）とすると同時に、すでに開発されている南部地域の内、北側に天興県、南側に万年県を設置し、澎湖島には安撫司を置いた。鄭経の代には、東都は東寧と改められた。県は州となり、また南路安撫司と北路安撫司が置かれた。

鄭成功は廈門を行政の中心地としていたが、1664 年に鄭経が台湾へ退却すると、政治、行政の中心は正式に台湾へ移った。台湾に立脚する初の漢人政権の誕生である。鄭成功は名義を立てて南明の永暦の年号を奉じ続けてはいたが、実際には独自の国家を経営していた。鄭経もまた清朝廷の高官に宛てた書簡で「東寧を建国する」「別に乾坤を立てる」と表明している。このように厳然とした独立王国として、海の向こうの大清帝国に対抗したのだった。

【図 2-21】赤崁楼　赤崁楼は鄭成功時代に台湾の行政の中心となった。現代になり鄭成功がオランダ人に投降を勧める情景を描く像が建物の前に置かれた。当初オランダ人像は跪いていたが、史実に反するとのオランダ人の抗議を受けて立像に変わり、名称も「鄭成功講和の図」に改まった。〔写真提供：曾木信俊〕

三、鄭氏政権の台湾経営

㈠屯田と開墾

1.開墾の推進

米と砂糖が当時の主要な農産物だったが、膨大な軍隊と移民の生活を維持するため、糧食生産の比重、重要性がオランダ統治時代に比べ高まり、砂糖の生産量は減少している。

鄭成功は来台当初、膨大な軍需と新領有地の支配の問題を解決するため、軍の駐屯、開墾による自給制度を採用し、部隊が駐屯する各地の田を営盤田と称した❹。この他、鄭氏政権が接収したオランダ時代の王田は官田と呼んだ。また鄭氏一族、役人、有力者が小作人に開墾させた土地を私田と呼んだ。

4 この政策は鄭経時代にも引き継がれた。そして、開墾は多くの地名を生んだ。今でも残るものに台南の林鳳営、新営、高雄の左営、前鎮、後勁などがある。

鄭氏政権時代の漢人の開拓範囲は安平鎮、承天府付近が中心で、そこから南北に向かって点々と散らばって行った。

2.原住民の抗争

政府が、開墾によって原住民や漢人の旧住民の耕地、漁場を奪ってはならないと強く戒めていたにもかかわらず、原住民の生活空間は圧縮され、開墾者と原住民の間では常に衝突が発生した。中でも大肚王の反抗は最も激烈だった。大肚王とその配下は、鄭氏政権統治下で抵抗を継続したが、最後は制圧された。1682年には労役の過酷さが原因で、竹塹、新港（今の苗栗県後龍）などの原住民の社が反乱が起こしたが、軍の鎮圧を受けて降伏している。

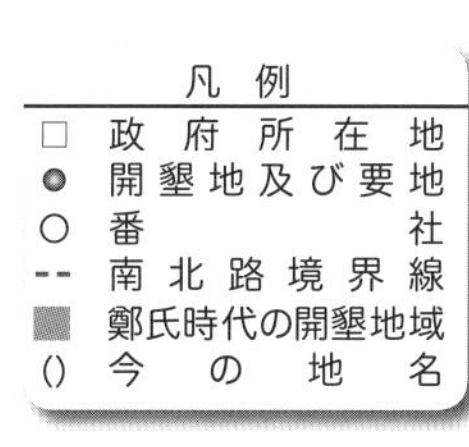

【図 2-22】鄭氏政権時代の台湾

㈡政権の命脈―対外貿易

討論しよう

清帝国の海禁の実施で、鄭氏政権にどのような利害得失があったかを考えよう。

鄭経は中国沿海地域の貿易拠点を失うと、財源の危機に見舞われた。そこで清帝国の海禁に対抗して、清の辺境を守る将領を買収し、密貿易に乗り出すと共に、各国との貿易も振興した。

鄭氏政権との貿易関係が最も密接だったのが日本だ。日本は鎖国していたが、台湾船が日本で貿易することは許した。南洋での貿易相手は主にルソンだった。そして鄭氏政権との貿易に最も関心を寄せ、積極的だったのが英国だ。1672年には英国東インド会社が、鄭氏政権と通商条約を締結している。英国が期待したのは往復貿易で、鄭氏は砂糖と鹿皮の年産の三分の一を英国商人に売ることに同意した。他方鄭氏は兵力増強のため、英国に軍事物資を求めた❺。

5 当時英国東インド会社は、台湾を中継した対日貿易を望んだが、日本に商館開設を拒否され、また鄭氏の規制も厳しく利益が下がったため、1681年に台湾の商館の閉鎖を決め、貿易関係を終わらせた。

当時台湾の対日輸出品は、主に現地産の砂糖、鹿皮、米、そして中国産の絹織物、薬材などだ。台湾が日本から輸入したのは主に軍事物資で、更に一部を東南アジアに再輸出する金属（銀）もあった。

㈢文教の振興

鄭氏政権は伝統的漢文化を台湾に広めることに大きく貢献した。陳永華（1634～1680）は1665年、鄭経に孔子廟の建設と学校の設置を建議し、翌年に孔子廟が落成した。その他、それぞれの里、社に学校の開設を命じている。その主な目的は官僚人材の養成にあった。

漢文化の伝承と普及で重要な役割を担ったのは、台湾へ渡って来た南明の大官だ。これらの人々はこの異郷の地で多くの詩文を残しており、こうして漢文学は台湾へもたらされたのである。中でも沈光文（1612～1688）は、すでにオランダ時代から

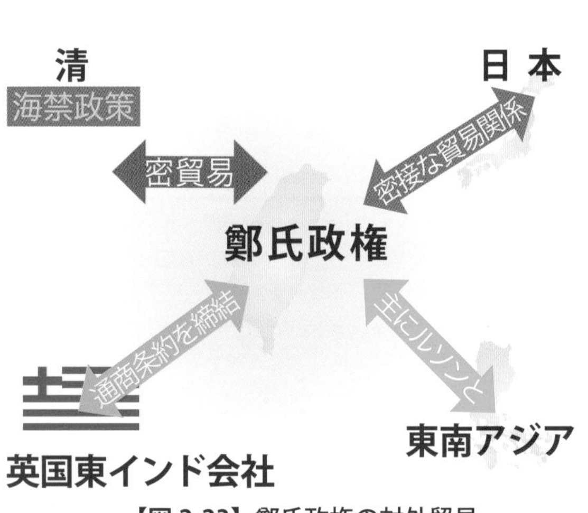

【図 2-23】鄭氏政権の対外貿易

【図 2-24】台湾最古の学府、台南孔子廟
〔写真提供：陳麗卿〕

台湾で学問を教えていた。後に鄭経に嫌われ、羅漢門（現在の高雄市内門）へ逃避し、そこで教育を続けるなど、民間で漢文化の普及に当たった人物の中では、最も有名だ。

沈光文は台南の善化に定住したことがあり、現地には沈光文記念碑がある。

四、鄭と清の和睦と戦争

㈠談判

鄭経と清帝国は7回にわたり和睦の協議を行った。毎回重点が置かれたのは、両者の関係の在り方についてであり、反清復明の問題ではなかった。鄭経は基本的には清帝国への臣従を望んでいなかった。しかし朝貢はしても弁髪は蓄えないという朝鮮に適用される方式なら受け入れる意思があり、また中国沿海地域での経済的な利益、拠点が認められることも望んだ。

これに対して清帝国は、鄭氏政権の完全なる降伏（中国へ渡り降伏すること）を望んでいた。しかし戦況が不利になると態度を軟化させ、鄭経が清の正朔を奉じれば既存の地盤の保持は許すとしたこともあった。しかし双方の考えには違いが大きく、談判は全て決裂している。

㈡三藩の乱

1673（清・康熙12）年、「三藩の乱」❻が勃発した。鄭経は1674年に出兵して三藩側を支援すると共に、機に乗じて福建、広東の沿海地域を占領した。鄭経の出兵の目的は主に、中国南部の沿海貿易を掌握することにあった。しかし最後は敗北を喫し、1680年に台湾へ退き、翌年死去した。

清帝国は、三藩の乱の終結で内憂が去り、全力で鄭氏政権に対処できるようになった。それに対し鄭経側は兵力が大きく損なわれ、不利な状況に陥って行った。それに加えて中国沿海地域の拠点喪失で、商品が入手困難になった。このように商品の不足や船の損壊により、かつての繁栄は失われ、大きな打撃を受けた。

6

清帝国は成立後、降伏した明の武将、呉三桂、尚可喜、耿仲明を冊封して王とした。そして三人はそれぞれ雲南、広東、福建を治めた。それらの地が「三藩」だ。1673年、尚可喜が高齢を理由に退職を申し出たが、朝廷はその子が爵位を継ぐのを許さず、それが引き金で三藩は挙兵し反乱を起こした。鄭経も支援のため出兵したが、乱は1681年に平定された。これにより、清帝国の政権は更に堅固なものになった。

㈢鄭氏政権の終焉

鄭経の死後、鄭氏政権では再び後継者問題で内紛が起こった。鄭経の長男で監国(★)の鄭克壓は殺され、わずか十二歳の次男、鄭克塽が後を継いだ。だが大権は馮錫範に握られ、不穏な政情となった。

鄭氏政権の内乱が続く中の 1683 年、清の施琅が命を受けて台湾を攻撃し、澎湖での海戦で鄭軍を破った。最早勝ち目はないと悟った鄭克塽は降伏を決意し、ここに鄭氏一族の台湾統治は終わった。

【図 2-25】大天后宮　明の皇族だった寧靖王朱術桂の邸宅。朱術桂は鄭克壓が清に降伏しようとするのを知り、自尽して国に殉じた。邸宅はその後改築され、媽祖廟になった。台湾初の官立媽祖廟である。

【図 2-26】五妃廟　朱術桂が殉国を決意すると、五人の妃も後を追い、自ら首を吊り死んだ。後世の人は五人の節義を伝えるため、墓前に廟を建てた。妃であるため、廟の門に描かれる門番の神は太監と宮女の姿をしており、とても珍しい。〔写真提供:陳麗卿〕

★:「監国」とは君主の外出時に代理を務める者。

鄭成功奇談

鄭氏政権が台湾を統治した期間は短く、特に鄭成功による統治はわずか一年余だが、しかしこの人物は多くの伝説や足跡を残している。あなたは鄭成功に関するどのような伝説を知っている？

鄭成功を記念するため、台湾では多くの地域に「成功」「国姓」「延平」といった地名、学校名がある。そこで彼の歴史的位置付けを念頭に、なぜ彼はこれほど名を馳せたのか、そしてそれにはどのような時代背景があったのかを考えよう。

第二篇 清統治下の台湾

台湾番界図
番界を示す線の変化は開発の進展を物語る。台湾の村落の様子を、よく映し出した図だ。

消極的な台湾統治

- 1684年　台湾が清帝国の辺境となる
- 1687年　台湾の生員が福建省で郷試を受け始める
- 1709年　開拓集団の陳頼章が大佳臘に入植
- 1721年　朱一貴事件
- 1731年　大甲西社事件
- 1786年　林爽文事件
- 1812年　噶瑪蘭庁が増設
- 1823年　鄭用錫が台湾初の進士に
- 1830年　宜蘭の荷担ぎ人夫間で武力闘争
- 1853年　頂郊と下郊が武力闘争
- 1658～1860年　天津条約、北京条約が台湾開港を規定
- 1862年　戴潮春事件

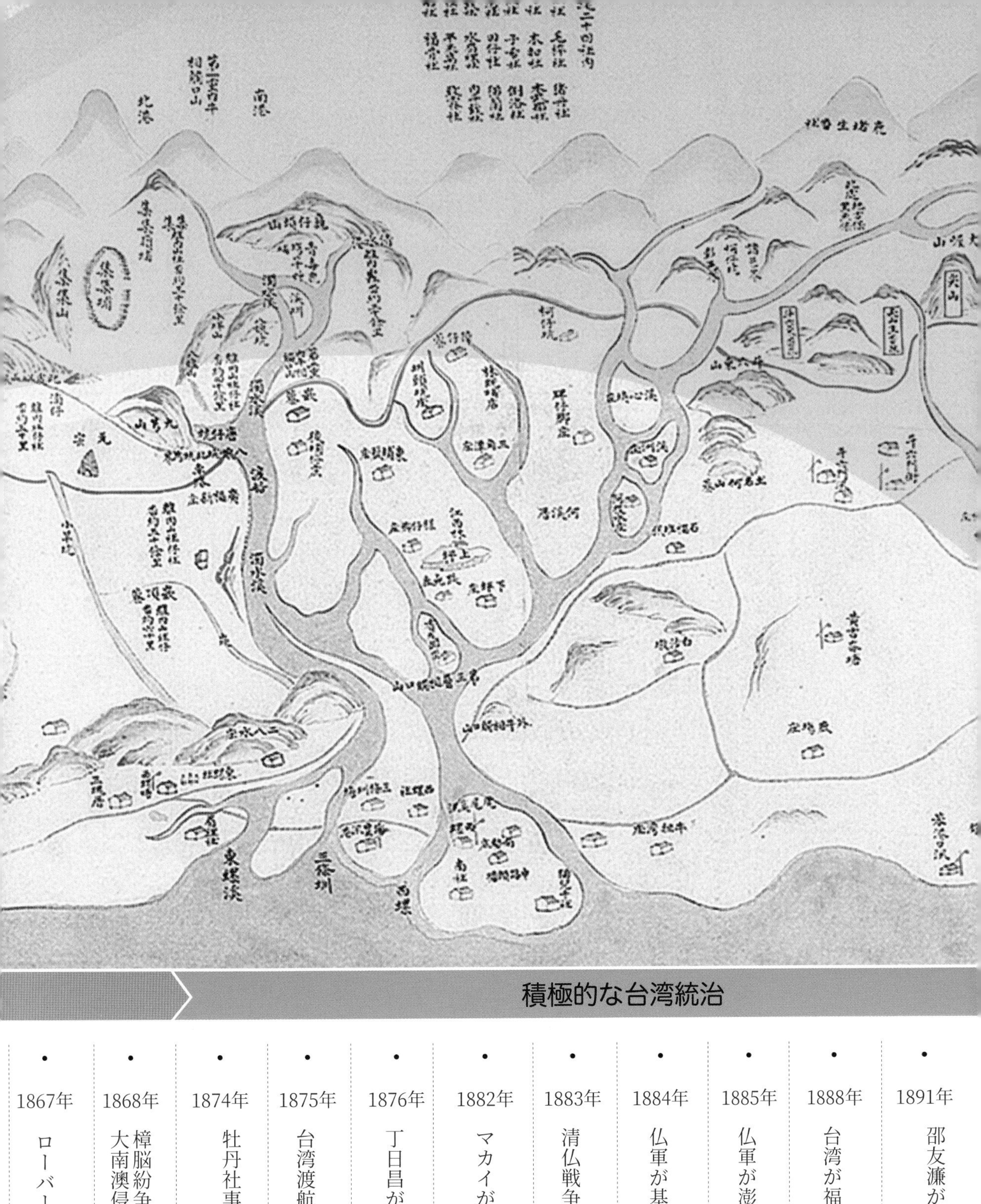

積極的な台湾統治

- 1867年 ローバー号事件
- 1868年 樟脳紛争
  大南澳侵入開拓事件
- 1874年 牡丹社事件で清朝廷は積極的な
  台湾統治に転換
- 1875年 台湾渡航禁令が廃止
- 1876年 丁日昌が来台
- 1882年 マカイが淡水で理学堂大書院を創建
- 1883年 清仏戦争勃発
- 1884年 仏軍が基隆を占領
- 1885年 仏軍が澎湖島を占領
- 1888年 台湾が福建省から正式に分離
- 1891年 邵友濂が巡撫を継ぎ、省都が
  台北に改まる

第3章 開港前の政治と経済

開港前の政治、経済

消極的統治 台湾防衛策 1

1. 台湾渡航禁令
2. 班兵制
3. 城壁建設の禁止
4. 鉄器製造の制限
5. 番界設定と山地進入禁止

政治

影響

★密航が盛んに
★男女比が不均衡に
★治安維持が困難になり、反乱、武力闘争、漢人と原住民の衝突が絶えず

政治問題 2

1. 行政機関の不足
2. 役人の素質不良
3. 地方官の腐敗

政治

茨の道の開墾生活 3

1. 範囲：故郷の習慣に基づく居住地分布 →台南から南北へ拡張
2. 特徴：一田多主。共同出資経営
3. 発展：水利開発。農産物の商品化

経済

地域分業形態 4

米、砂糖：台湾→中国
日用品：中国→台湾

経済

影響

★通商港が増加
★郊商が興起

第1節

台湾が帝国の辺境に

◎授業前123

1. 清朝廷の台湾統治当初の棄留の議論を理解しよう。
2. 消極的な台湾統治の背景、措置を知り、この政策の結果を感じ取ろう。
3. 清統治時代の台湾行政機関の調整と限界を理解しよう。

一、台湾棄留の議論

㈠台湾放棄論の浮上

1683（康熙22）年、施琅が軍を率いて台湾を攻撃し、鄭克塽を降伏させた。もっとも康熙帝には、台湾は「小さな土地であり、これを獲っても得はなく、獲らなくても損はない」という程度の存在であり、鄭氏政権が清帝国の沿海部を騒がせ、反清を標榜したため、そこへ進攻したに過ぎないという認識だった。そして台湾攻略後には、清朝廷内部でも、台湾を版図に入れれば大量の人力、物資を消耗するため、もし敵対勢力の脅威の問題を解決すると言うのなら、漢人移民を中国に送還さえすればいいとする意見が見られた。かくして台湾放棄論が浮上した。

㈡台湾を保持すべき理由

施琅は台湾放棄に反対し、清朝廷と争った。施琅は大量の漢人移民の送還は現実離れの措置だと批判するとともに、台湾のもつ重要性を次のように強調した。「台湾は中国東南部の海防にとり重要であり、もし清朝廷がこれを放棄すれば、中国からの不法の徒や、オランダなどの外来勢力が台湾を占拠し、東南沿海の各省を脅かしかねない。また台湾の土地は肥沃で、物産も豊かであり、放棄などと軽々しく口にすべきではない。朝廷が既存の兵士を台湾へ進駐させれば、財政負担にはならない」。最終的には清朝廷は、翌年（1684年）に台湾を版図に組み入れた。かくして台湾は清帝国の辺境となった。

史料エクスプレス

康熙帝は最終的に台湾を版図に入れることを決めている。康熙帝が認識を変えた最大の理由は何だろう？

1684 年、施琅は康熙帝に上疏し、台湾の放棄による弊害と保持による利益を説明した：「（台湾は）広さが数千里に及び、地勢は険しく、港道は迂回し、江蘇、浙江、福建、広東四省を守る位置を占める。……（潜伏者は）原住民と通じて結託するだろう。内地の脱走兵は冒険に出て、徒党を組み悪事を働き、船を建造し武器を製造し、沿海で略奪を行うだろう。これこそ俗に言う、敵に武器を貸し盗賊に食糧を与える、というものだ。更に言えば、ここにはかつてオランダ人が住み着き、今もここを獲ろうと必ず隙を狙っている。……もし澎湖だけを守り台湾を放棄すれば、澎湖は大海で孤立することになり、……台湾を境界外に置き金門、厦門から遠ざければ、向こうの為されるままで安泰ではいられない。台湾を守るためにこそ澎湖を固めるのだ。台湾と澎湖のいずれか一方を守備すれば両方を守ることに繋がる」

（施琅「恭陳台湾棄留疏」）

二、消極的な台湾統治の措置

㈠台湾を敵に渡さないための統治

清朝廷における台湾を版図に入れるべきか否かの議論を見ると、台湾の版図編入の決定は、主に敵対勢力の台湾侵入を防ぐためであったことがわかる。清朝廷はまた、台湾に居住している人々を信用しておらず、そのため「台湾を守るために台湾を統治する」として、一連の消極的で特殊な措置を採り、台湾の発展に制限を加えた❶。

1 清朝廷は台湾統治の初め、鄭氏政権の関係者や台湾で妻のない者、産業に従事しない者及び犯罪者を中国大陸へ送還したため、台湾は「人が去って荒廃する」という状態になった。

㈡消極的な統治措置

1.台湾渡航禁令

先ず「台湾渡航禁令」を発し、移民制限を行った。それは、「台湾への渡航希望者は必ず事前に許可証を取得しなければならない」、「家族同伴は許さず、台湾渡航後も呼び寄せてはならない」、「広東はよく海賊の巣窟となったため、広東人の台湾入りを禁じる」❷というもので、厳格な取締り、防備、処罰の規定を通じ、台湾への移民を抑えようとした。このような制限は、時には緩和され、時には強化され、1875 年になりようやく廃止された。

2 施琅が死去すると禁令は緩和され、広東人も台湾へ渡れるようになった。

2.兵士に対する防備

次いで設けたのが班兵制度だ。その部隊編成は中国大陸の沿海地域で選んだ兵で行った。台湾で兵を募ると、中央の命が及ばない武装勢力が形成されかねないからだ。班兵は３年ごとに入れ替わり、指揮官はその都度任命した。そのようにして財政負担を軽減させると共に、駐屯する将兵の結託により、中央の統制が利かなくなるのを防いだ。来台する兵士は家族持ちに限り、しかも家族の同伴は許されないというのも同様の牽制措置である。

駐台官吏も３年の任期満了後は他へ異動させた。早期には、家族は必ず大陸に残すよう規定し、中央の統制に従わせた。このため役人らは、台湾での任官は割に合わないと見ていた。

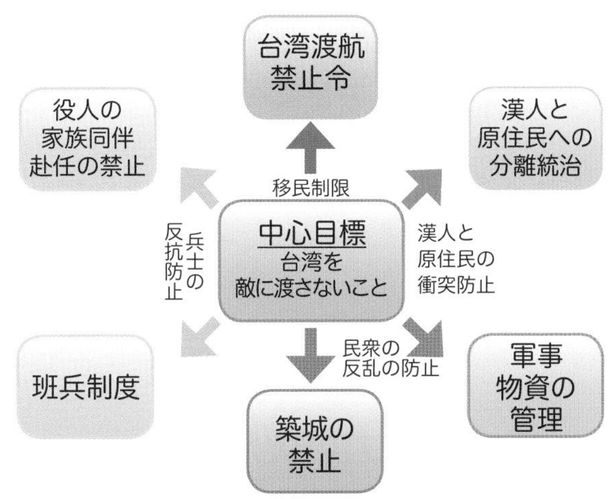

【図 3-1】清朝廷の消極的な統治措置

【図 3-2】台南市安平の海山館　班兵は交替で台湾に駐留した。部隊ごとに会館が設置され、故郷の神々を祀り、連絡、集会の社交場とされた。班兵が予定通り帰郷できない時はここに泊まった。（写真提供：永山英樹）

【図 3-3】接官亭　台湾に赴任の役人の送迎のため、台湾府城の渡し場には風格ある接官亭の石坊と鐘鼓楼があり、ここで現地の官吏が熱烈な接官式や宴会を開いた。

3.城壁建設の禁止と鉄器製造の制限

清朝廷は台湾統治当初、反逆勢力に奪われ堡塁とされないよう、城壁の建設を許さなかった。しかし康熙年間の末期に朱一貴事件が発生した後は防衛力強化のため、台湾府城には木柵が、鳳山県、諸羅県の城には土塀がそれぞれ築かれた。そして乾隆年間末期に林爽文事件が起きてようやく、煉瓦の城壁の建設が始まった。この他、民間が武器を隠し持つのを防ぐため、長期にわたり鉄器や銑鉄の輸入を制限した。また庶民が自由に鉄器を作るのを許さず、農具や鍋ですら、許可を得なければ鋳造できなかった。

4.番界設定と封山

漢人が山に入り反乱を起こし、あるいは原住民と衝突することのないよう、清朝廷は番界と呼ぶ境界線を設け、漢人が山奥に入るのを禁じる「封山」を実施した。当時、清朝廷はこの「土牛紅線」❸とも呼ばれた境界線の西側を漢人と熟番の居住地域とし、東側を化番と生番の居住地域とした。

3 番界は地図の上では赤線で表記されたため「紅線」と称された。実際の境界線は碑や溝を掘ってできた盛り土で示された。その盛り土は横たわる牛に似るため「土牛」と言われ、溝は「土牛溝」と呼ばれた。

三、行政機関の発展

㈠社会的勢力の欠落

清帝国の体制下では、中央政府が実効支配するのは県のレベルまでで、県より下のレベルでは地方の士紳(★1)が、法令の公布や紛争の仲裁、不法行為の通報など、社会秩序の維持を委ねられていた。しかし台湾の開拓社会では地方秩序を安定させるこの士紳階級が欠落していた。

【図 3-4】乾隆年間の漢番界碑　台北の石碑駅のそばに現存する。石碑という地名はここから来ている。

★1:「士紳」とは地方で文化的、社会的な地位を持つ階層。

㈡行政力の問題

1.地方支配力の不足

清朝廷は台湾統治初期、福建省の下に台湾府を置き、台湾、鳳山、諸羅の3県を管轄させた。台湾府は台廈兵備道❹の指揮を受けた。この1府3県の行政区画は南部に重きを置くもので、中部や北部では行政機関や人員配置は明らかに不足していた。例えば大甲から淡水までの間にはわずか120人の部隊しか駐屯しておらず、この小兵力での地方の治安維持には無理があった。

4
台廈兵備道は台湾と廈門で文武官を指揮すると共に、教育行政を管轄した。その後、専ら台湾と澎湖諸島の政務を担当し、単に民政だけを取り扱い、台湾道と呼ばれた。

2.官吏の腐敗

清朝廷の消極的姿勢により、初期の行政は当然軌道には乗らなかった。朱一貴事件が発生する以前は、諸羅、鳳山両県の知県(★2)が台湾府城に留まり、長期間任地に赴かなかった例もあり、県政の効率など推して知るべしだ。

帝国版図の辺境に位置する福建は、早くから官吏の素質、行政の体質が問題となっていたが、その福建の辺境に位置するのが台湾である。監督は更に散漫で、多くの官吏はその場凌ぎで公私の別も弁えなかった。人員不足で行政は捗らず、そのため胥吏差役（下級役人）はますます不正に走り、しかも元々素質も悪いため、統治が混乱するのは当然だった。

討論しよう
清朝廷の消極的な統治政策が、当時の台湾社会にどんな影響を与えたかを考えよう。

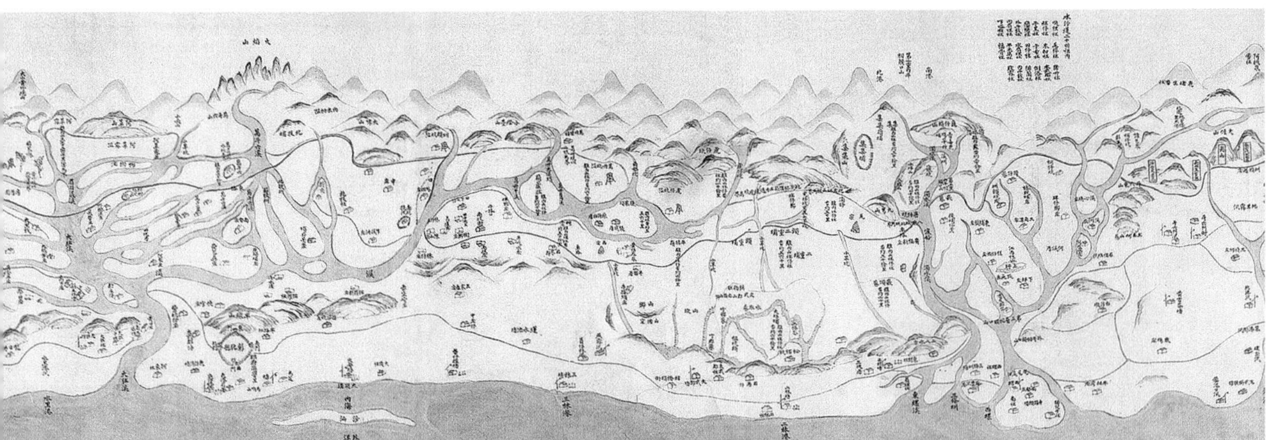

【図3-5】 台湾番界図（大肚渓から苯港に至る一帯） この図は乾隆年間に当たる18世紀中期頃のもので、番界を示す赤線と新番界を示す青線を見ると、番界が内陸の山地の方へ移って行ったのがわかる。

★2:「知県」とは県の長官。

㈢行政区画の調整

清朝廷の消極的な統治政策の下、行政区画の調整において重視されたのは国防と治安であり、開発や財政収入などは二の次とされた。

清朝廷は朱一貴事件の平定後、中部、北部に跨る諸羅県の範囲が広大で統治は困難と判断し、台湾の行政区画の調整を決め、1723（雍正元）年に彰化県と淡水庁❺を増設した。その後、澎湖諸島を全台湾の門戸として重要視し、1727（雍正5）年に澎湖庁を置き、更に北部の発展を受け、彰化県に暫定的に置いていた淡水庁を竹塹へ移した。これにより1府4県2庁となった。

乾隆年間末期、呉沙（1731～1798）をリーダーとする漢人が蛤仔難（今の宜蘭県）に入り開拓を進めていたが、官府の許可は下りていなかった。清朝廷がこの地を重視するようになるのは、嘉慶年間に海賊がしばしば騒擾を起こすようになってからである。1810（嘉慶15）年、蛤仔難は噶瑪蘭と改称され、1812年には噶瑪蘭庁が増設された。そして19世紀後半、外国勢力の台湾進出が始まり、行政区画の増設や調整は更に進んだ。

5 この時、淡水庁は治安維持だけを担当したが、1731（雍正9）年には県と同級の独立庁となり、大甲渓以北の地域を管轄した。

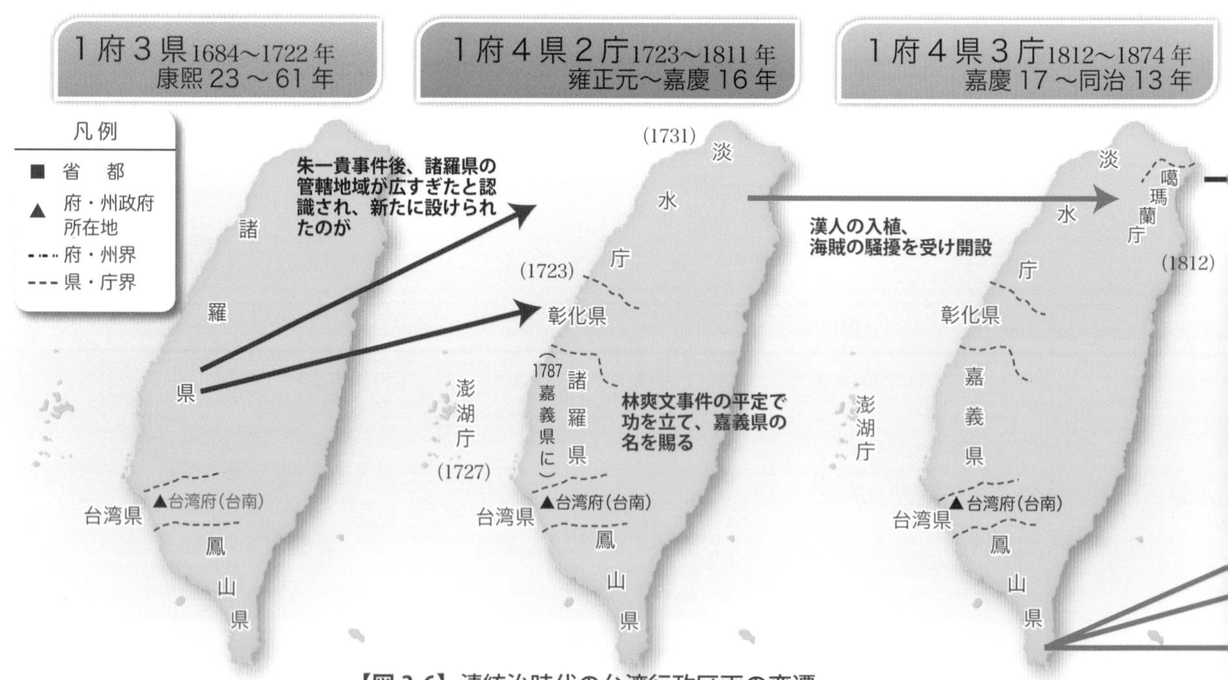

【図3-6】清統治時代の台湾行政区画の変遷

<table>
<tr><th colspan="2">1684～1722年</th><th colspan="2">1723～1811年</th><th colspan="2">1812～1874年</th><th colspan="2">1875～1886年</th><th colspan="2">1887～1895年</th></tr>
<tr><td rowspan="16">台湾府</td><td>台湾県</td><td rowspan="16">台湾府</td><td>台湾県</td><td rowspan="16">台湾府</td><td>台湾県</td><td rowspan="11">台湾府</td><td>台湾県</td><td rowspan="5">台南府</td><td>安平県</td></tr>
<tr><td></td><td>澎湖庁
(1727)</td><td>澎湖庁</td><td>澎湖庁</td><td>澎湖庁</td></tr>
<tr><td></td><td></td><td></td><td></td><td>嘉義県</td></tr>
<tr><td>鳳山県</td><td>鳳山県</td><td>鳳山県</td><td>鳳山県</td><td>鳳山県</td></tr>
<tr><td></td><td></td><td></td><td>恒春県</td><td>恒春県</td></tr>
<tr><td>諸羅県</td><td>諸羅県
(1787 嘉義県に)</td><td>嘉義県</td><td>嘉義県</td><td rowspan="5">台湾府</td><td>台湾県</td></tr>
<tr><td></td><td>彰化県</td><td>彰化県</td><td>彰化県</td><td>彰化県</td></tr>
<tr><td></td><td></td><td></td><td></td><td>雲林県</td></tr>
<tr><td></td><td></td><td></td><td></td><td>苗栗県</td></tr>
<tr><td></td><td></td><td></td><td>埔里社庁</td><td>埔里社庁</td></tr>
<tr><td></td><td></td><td></td><td>卑南庁</td><td colspan="2">台東直隷州</td></tr>
<tr><td></td><td></td><td></td><td rowspan="5">台北府</td><td>新竹県</td><td rowspan="5">台北府</td><td>新竹県</td></tr>
<tr><td></td><td>淡水庁</td><td>淡水庁</td><td>淡水県</td><td>淡水県</td></tr>
<tr><td></td><td></td><td></td><td>基隆庁</td><td>基隆庁</td></tr>
<tr><td></td><td></td><td>噶瑪蘭庁</td><td>宜蘭県</td><td>宜蘭県</td></tr>
<tr><td></td><td></td><td></td><td></td><td>南雅庁
(1894)</td></tr>
</table>

2府8県4庁 1875～1886年
光緒元～12年

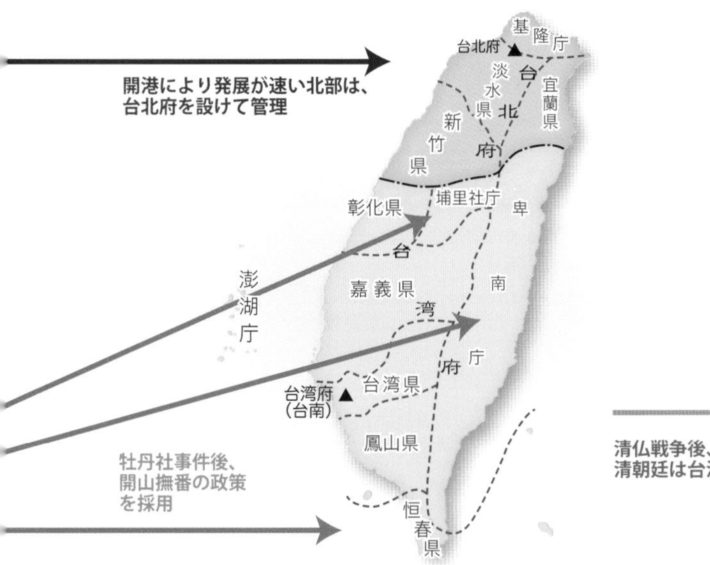

3府1直隷州11県4庁 1887～1895年
光緒13～21年

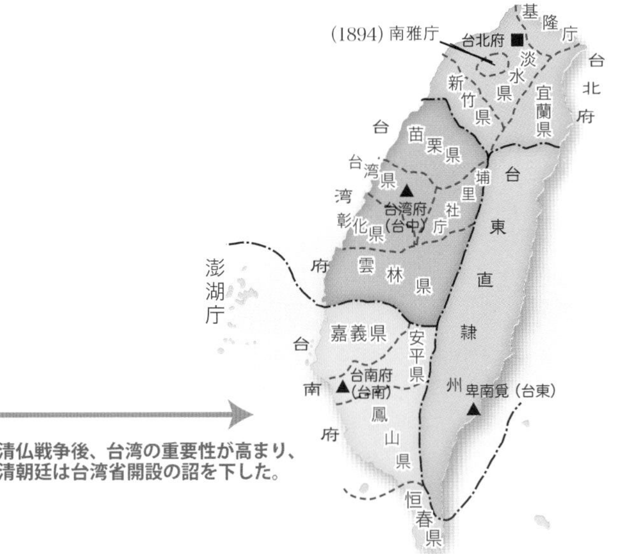

歴史スポットライト

探し絵

下の図は18世紀の台湾府城周辺を描いたもの。右下の方に、かつてのゼーランディア城である安平城があり、右上の方が台湾府城だが、その中に建つ堡塁が赤崁楼だ。ここでは、当時の台南付近の賑やかな様子が生き生きと描かれている。例えば城内にいる多くは役人の身なりだ。城外では大勢の漢人が働いているが、漢人女性は少ない。そして台江内海では多くの船が行き交っている。左や上の方を見ると、シラヤ族の生活風景が広がっている。結婚で婿を迎えに行く人もいれば、狩猟の男性や農耕の女性も見える。高床式の住居などは、漢人の家屋とははっきり異なる。この絵は鹿皮に描かれたもので、作者は不詳。現在、米国のメトロポリタン美術館に所蔵されている。

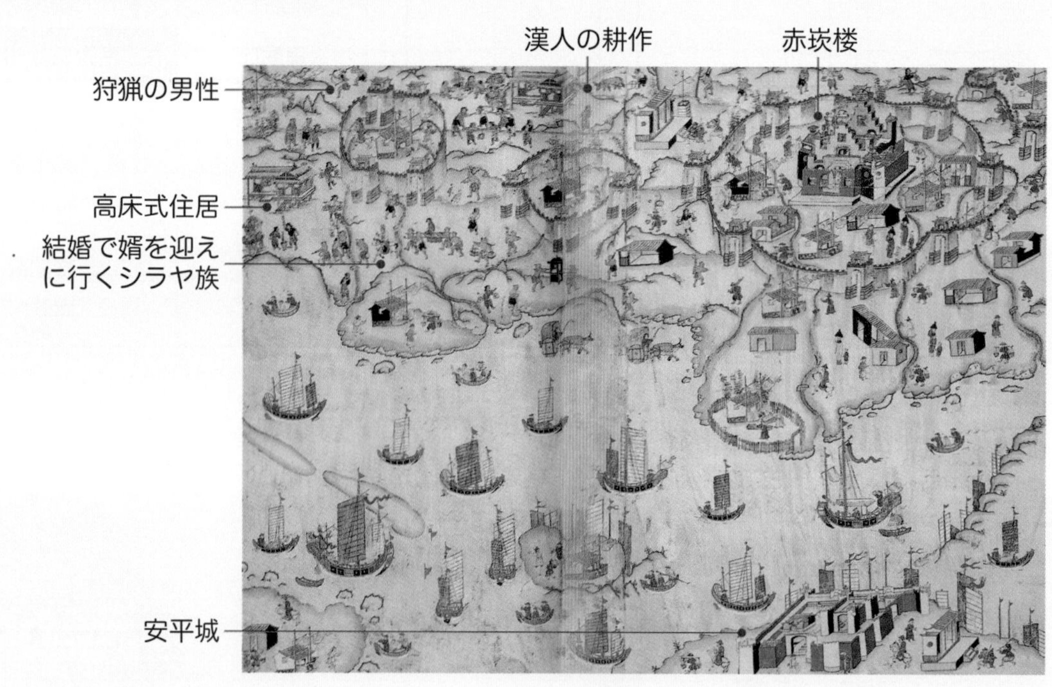

【図3-7】 18世紀の台湾府城

家族同伴　Yes or No?

下の表は「台湾渡航禁令」の変遷を示すもの。これを見て質問に答えよう。

1. 清朝廷が何度も禁令を発したのはなぜか？
2. 家族同伴の解禁を求める主張と、密航厳禁、家族同伴禁止を訴える主張が見られるが、それぞれの理由は何か？
3. 「台湾渡航禁令」の緩和や強化の理由からわかる、清朝廷の台湾統治の原則とは何か？

時期		変化	緩和／禁止
1684 年	康熙 23 年	清朝廷が施琅の主張により「渡台禁令」を出す。	禁止
1702 年	康熙 41 年	台湾知県の陳璸が単身渡台政策を実施し、来台制限を更に厳格化するよう建議。	禁止
1719 年	康熙 58 年	閩浙総督の羅覚満保が密航厳禁を奏請。朝廷は重ねて禁令を出す。	禁止
1729 年	雍正 7 年	再度渡台禁令が出る。	禁止
1732 年	雍正 10 年	広東巡撫の鄂爾達が家族同伴による渡台の許可を奏請。	緩和
1740 年	乾隆 5 年	閩浙総督の郝玉麟が解禁後の弊害多発を理由に再び禁止。	禁止
1746 年	乾隆 11 年	巡台御史の六十七が家族同伴の許可を奏請。	緩和
1748 年	乾隆 13 年	閩浙総督の喀爾吉善が家族同伴は 1 年に限るよう奏請。	禁止
1760 年	乾隆 25 年	福建巡撫の呉士功が 1 年限りの家族同伴の解禁を奏請。	緩和
1761 年	乾隆 26 年	閩浙総督の楊廷璋が渡台の厳禁と家族同伴の禁止を奏請。	禁止
1788 年	乾隆 53 年	陜甘総督の福康安が林爽文事件平定後、家族同伴禁令の廃止を奏請。その後家族同伴者であれ、良民には一律渡航を許可。	緩和
1874 年	同治 13 年	福建船政大臣の沈葆楨は「渡台禁令」の廃止を奏請。翌年正式に廃止される。	廃止

第2節

移民の開拓と経済発展

◎授業前123

1. 漢人移民の台湾での開拓の状況を理解しよう。
2. 清統治時代の水利事業と農業の発展を知ろう。
3. 台湾と中国大陸部との地域分業を理解しよう。
4. 漢人の渡台の苦労、先人の開拓の努力に思いを馳せよう。

一、漢人移民の移動と開墾

㈠漢人移民の出身地と分布

中国大陸から来台した漢人移民を数の順で分けると、泉州人、漳州人、客家人となる。おおよそ泉州人の多くは海寄りに、漳州人は内陸寄りの平原に、そして客家人は山地寄りの丘陵に居住した。こうした分布についてはかつて、台湾に渡って来た時期が早いか遅いかによると強調されたが、実際には大陸の故郷

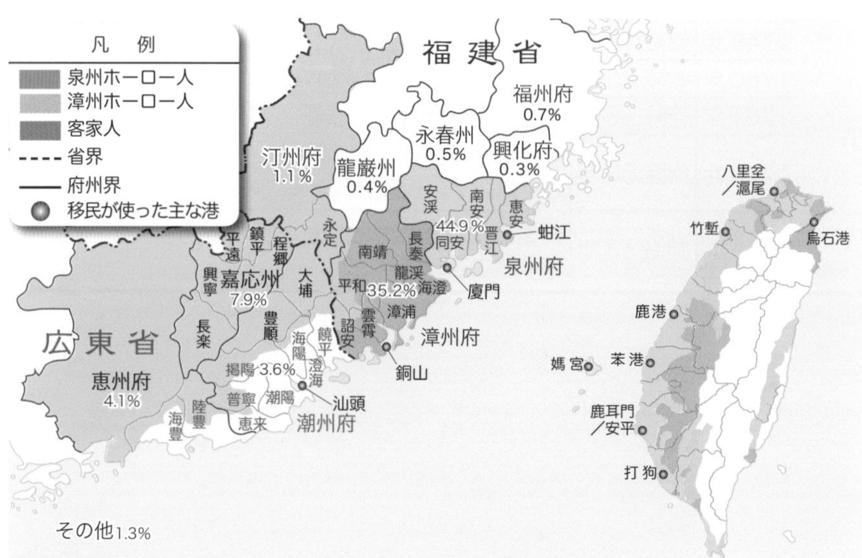

【図 3-8】漢人の出身地と台湾でのエスニック集団の分布地　各府、州の数値は、日本統治時代の調査による台湾の漢人の出身地割合。

における耕作や生活の習慣と深く関わっており、またエスニック集団同士の分類械闘(★)の結果として起こった人々の移動とも関係がある。

㈡赤手空拳で天下を取る

1.一田多主の土地制度

清統治初期、原住民の土地以外の未開墾地は、全て官府の所有に帰した。そこで開墾の許可を得るには、まず官府発給の許可証を取るか、原住民から土地耕作の権利を取得しなければならなかった。

官府から許可証を受けた開拓事業主は「大租戸」と呼ばれた。耕地は面積が広いため、それをいくつかに分け、それぞれで人を雇って開墾したが、その開墾に従事する者は「小租戸」と呼ばれた。小租戸は開墾地の永久耕作権を得ていたが、しかしその土地もまた広く、そこで更に小作農を雇った。そして小作農は小租戸に小租と呼ばれる年貢を納め、小租戸は大租戸に大租を納め、そしてその大租戸から官府は租税を徴収した。一方、原住民から土地の耕作権を取得した者は、官府に納税をすると共に、原住民の地主にも「番大租」を納めなければならなかった。

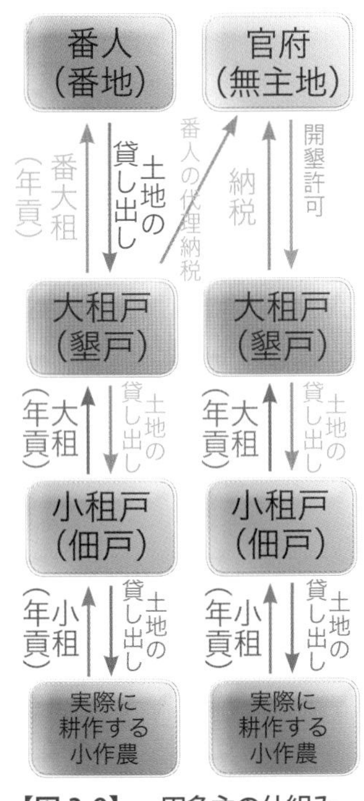

【図 3-9】一田多主の仕組み

このように台湾ではおおよそ、大租戸、小租戸、小作農という複雑な一田二主、あるいは一田多主の土地制度ができ上った。

【図 3-10】金広福公館の大庁　金広福は台湾最大の武装開拓集団。「金」は富裕の意味で、「広」は広東出身の客家人を指し、「福」は福建出身のホーロー人を指す。

2.団結の力は大——共同出資経営

許可された開墾地は広大なため、大きな資金が必要だった。そこで共同出資による経営方式が見られた。例えば、19 世紀中期、客家人の姜秀鑾とホーロー人の周邦正は金広福という開拓集団の墾戸を組織し、今の新竹県東南の山地を開墾している。これは稀に見るホーロー人と客家人の提携の事例だ。また、今の宜蘭県では「結首制」❶が見られた。これは 18 世紀末に始まったもので、小規模経営者らが共同出資した開墾事業だ。

大体において、台湾での共同出資による開墾は、初期には投資的な色合いが濃く、出資者は少数だが、それぞれの出資額は大きかった。だが中期以降は、往々にして投資者自らが開墾に当たった､出資者数は多いが、それぞれの出資額は小さく、本質的には安心立命を求めての出資であり、単なる利益追求とは異なっていた。

1　結首制とは複数人で開拓組織を作るというもので、数 10 人で 1 結とし、数 10 結で 1 囲とした。そして皆で小結首を選出し、小結首の中から大結首が推挙され、対外事務を担当した。

★：「分類械闘」とは集団間の武装闘争。

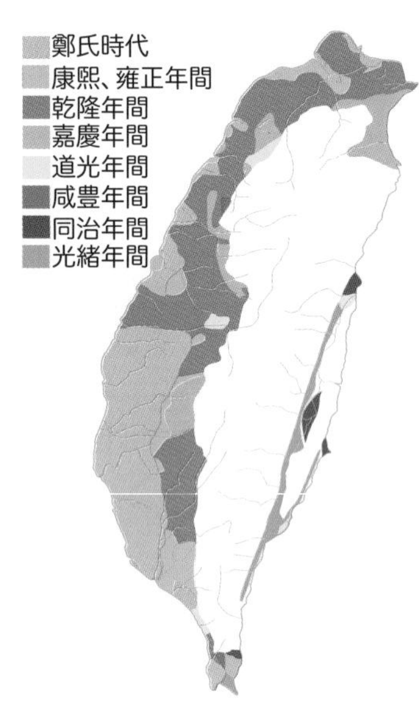

【図 3-11】かつての台湾開拓状況

3.開拓地域の発展

漢人移民による大がかりな開拓地は当初台南が中心で、それ以外の地域では小規模なものが点在していたが、その後大規模な開発により、南北へと広がって行った。漢人は生存空間や利益を巡って対立することが多く、そのため開拓には通常、武装が伴った。

清統治の初期には多くの鹿の群れが見られた濁水渓以北の西部平原も、大量の移民の開拓により良田へと変わって行った。例えば 18 世紀初め（康熙年間末期）、泉州人の王世傑は人々を率いて新竹地方で開墾を行い、開拓集団である陳頼章❷は大佳臘（今の台北）に入植した。これが新竹と台北盆地での開拓の始まりである。もっとも雲林、彰化、台中、新竹、そして台北での大規模な開発が進むのは、乾隆年間（1736 ～ 1795）になってからだ。

移民の開拓は、どうしても元々の土地使用者の権益を損ねることになる。例えば熟番は清朝廷に納税しているにもかかわらず、官府管轄地内でよく漢人移民の侵奪を受けた。また移民が繰り返し禁令を無視し、番界を越えて開墾を行うのを受け、清朝廷は何度も番界を引き直して漢人と原住民を引き離し、治安悪化や動乱を防ごうとしたが、効果には限りがあった。1790 年、呉沙が漳州人、泉州人、客家人を呼んで蛤仔難で開墾を始めたが、これなどは明らかな越境、侵奪の事例である❸。

2
1709 年、泉州人の陳天章、陳逢春、頼永和、陳憲伯、戴天枢が申請してできた開拓集団だ。

3
清帝国は 19 世紀初めにようやく開墾許可書を発給し、この開拓を承認した。

歴史スポットライト

行いは必ず残る

清統治時代、積極的に台湾開拓を行った漢人移民は、多くの地名を今に残しており、中には開拓と関係するものが多い。例えば七股、頭份などの「股」や「份」は、開拓で割り当てられた股份（出資金のこと）が由来だ。六張犁、七張、六甲などの「張犁」「張」「甲」は土地の単位から来ている（1張犁＝5甲、1甲＝9700 平方キロ。甲とはオランダ人が残した土地の単位）。蘭陽平原の結首制も頭囲、五結などの地名を残した。そして竹囲、壮囲、木柵、土城、五堵といった地名は、原住民に対する漢人の防御施設の名残りである。その他、例えば台北や苗栗にある公館という地名は、大地主が人を派遣し年貢を徴収する公務の場所だったのに由来する。

二、水利事業と農業の発展

㈠水利事業

農地開拓で往々にして求められるのが灌漑施設だ。水利は利潤は高いが危険度も高く、維持も困難な事業である。清統治時代に作られた用水路の内、高雄地方の曹公圳以外の大部分は、資金も力もある民間有力者の主導で完成した。例えば彰化平原の八堡圳、台中盆地の猫霧捒圳、台北の瑠公圳などがそれである。用水路の開削で、それまで天候任せだった収獲も、より安定したものとなった。

㈡商品化された農産物

オランダ時代以来、台湾の農業には「商品化」現象が見られた。開港前の台湾の主要作物は米と甘蔗だが、米と甘蔗から作られる砂糖は共に重要な輸出品だった。水田では集約農業による米作が中心で、畑では甘蔗が植えられた。しかし耕地には限りがあるため、もし市場で砂糖の価格が上がれば、水田では市場価値が高くコストの低い甘蔗への転作が行われるなど、市場指向が明らかに強かった。

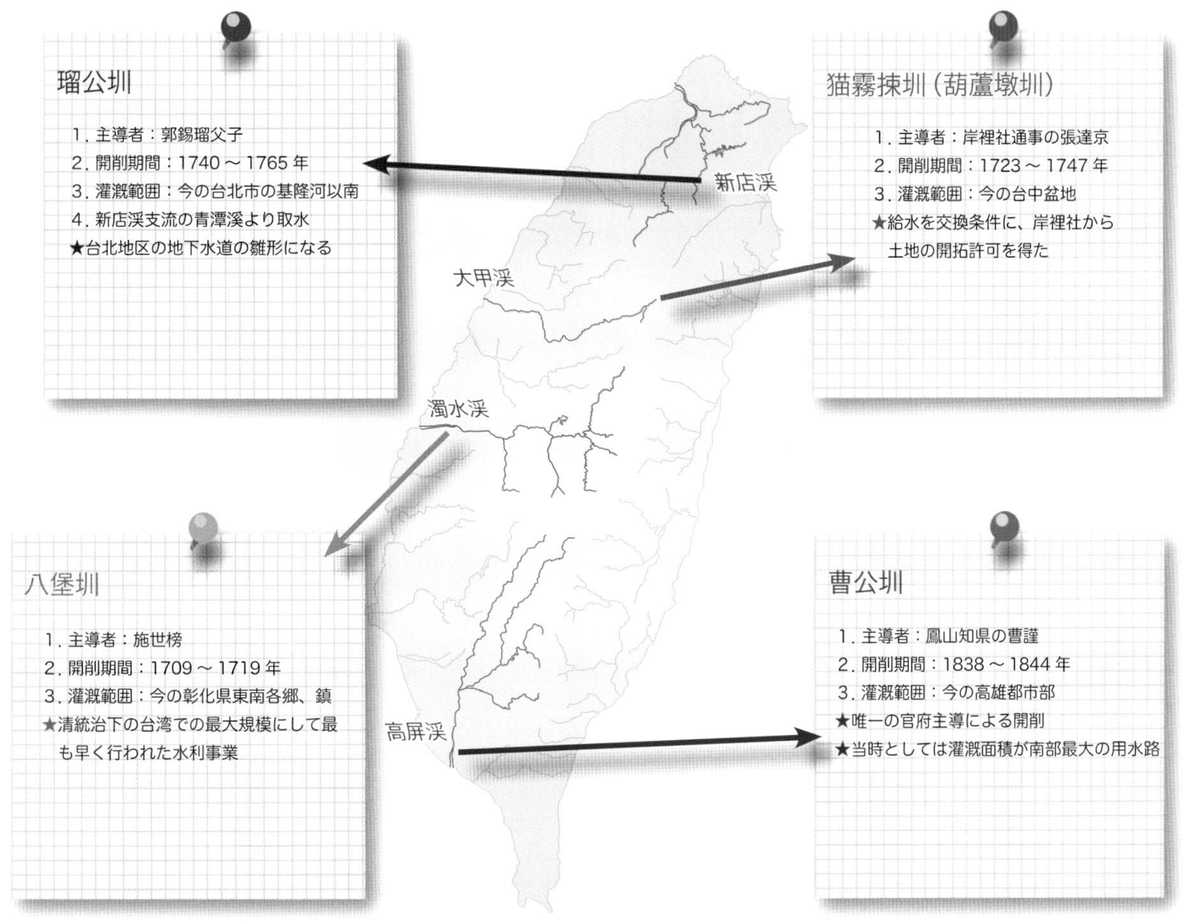

【図3-12】清代台湾の主要用水路の分布図

中部の番界付近では樟脳の採取が行われた。クスノキの破片を煮込んで作る樟脳は薬、香料、殺虫などに用いられ、利潤が大きかった。またリュウキュウアイを染料とする染め物も行われた。台湾では製糖以外にも、こうした重要な手工業があったのである。

【図 3-13】 伝統的な製糖工場「糖廍」 右は「番社采風図」で描かれた漢人の製糖分業の様子。左側の建物では牛を使った甘蔗の搾汁が行われ、右側の建物では糖液を煮込んでいる。

三、地域的分業の貿易

㈠両岸分業でそれぞれが役割を

オランダ統治時代以来、国際貿易が台湾経済の重要な柱だった。しかし清帝国の版図に入った後、日本が対外貿易に様々な制限を設けると、清朝廷も閉鎖的な対外政策を採ったため、台湾は国際貿易網から外れ、清帝国の沿岸交易圏内に編入された。台湾は大陸に米、砂糖等の糧食を供給し、大陸は台湾に綿布、絹、針線、乾物、鉄器等の日用品を供給した。このように台湾は中国経済圏に組み込まれ、地域的分業の一角を担うこととなった。

㈡「正港」と郊商

1.正港の拡張

清朝廷は初期において、府城の鹿耳門を大陸の廈門とを結ぶ唯一の合法的な正式港湾（正港）と規定したため、交易船は必ずそこから出入りするものとされた。そのため府城は一時商業で賑わった。そしてここから移入された商品は「正港の物」❹と呼ばれた。

4 今日、「正港の物」という言葉は、品質が良好で、偽物ではなく本物の上等品という意味で用いられている。

台湾では陸路が未発達だったため、南北間の交通、運輸の多くは海運に頼り、苯港、鹿港、八里坌等の港が繁栄して行った。しかし多くの商人は密輸で儲け、官府の取締りもままならなかったため、清朝廷は次々に福建の港とを結ぶ通商港を増設した。

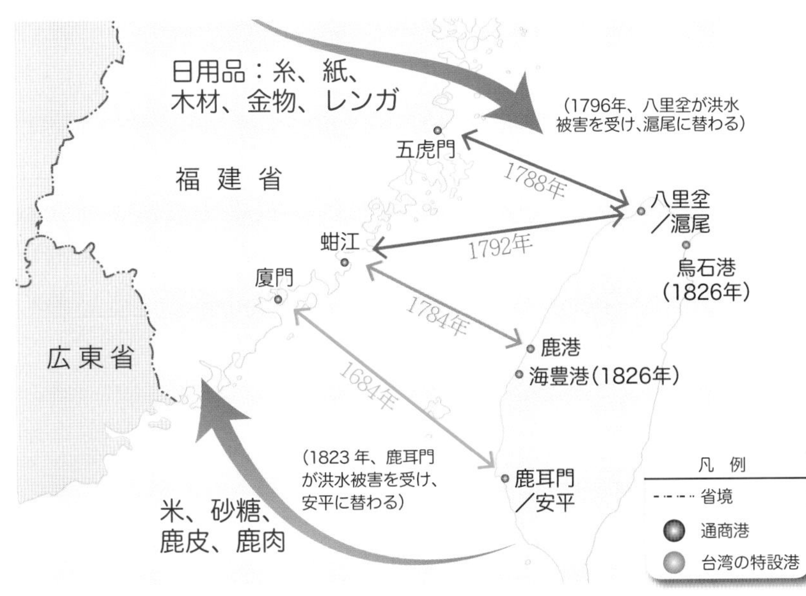

【図 3-14】 清統治時代の台湾と大陸を結ぶ特設港と物資の往来
1810年、五虎門、蚶江、廈門、八里坌、鹿港、鹿耳門の六港の間では、従来の航路規制がなくなり、自由往来が可能に。

例えば鹿港は晋江の蚶江と、八里坌は福州の五虎門と通航できるようにした。そのため鹿港と八里坌での交易は更に盛んになった。

2.郊商の興起

大陸との交易の発展に伴い、港町の市街地には商業集団である「郊」が現われ、商人は共同で交易利益の維持に努めた。早期の「郊」の多くは、交易先の位置を名称にしていた。例えば台南の北郊（江蘇、浙江以北が交易先）、南郊（福建、広東が交易先）❺、そして鹿港の泉郊、廈郊などがそれだ。また商業の発展に伴い、扱う商品ごとの郊も生まれた。例えば糖郊、布郊などだ。大体において郊の商人らの主な移出品は米、砂糖などの農作品で、移入品は日用品だった。

5 北郊、南郊、そして砂糖を主要商品とする糖郊は、台南三郊と称された。

㈢一に府城、二に鹿港、三に艋舺

1.港町の賑わい

開港前、台湾で最も賑やかだった港町は府城（今の台南）、鹿港、そして艋舺（今の台北万華）❻で、「一に府、二に鹿、三に艋舺」とも称された。府城は早期からの台湾の中心地であり、そこが栄えたのは、当然と言えよう。鹿港は正港になると、交通の便の良さから商船が雲集したが、後に港に土砂が堆積し没落した。また八里坌の地位は、開発が進んだ台北盆地の新荘に取って代わられた。だが新荘もやがて土砂が堆積し、代わって淡水河と新店渓が合流する艋舺が港町として重きをなした。

6 かつて平埔族と漢人が淡水河畔で交易した時、平埔族が丸木舟（Vanka）に乗って来たため、それを音訳した艋舺という地名が生まれた。

2.都市と農村の取り引き

人口の増加は港町と小都市や農村との取引を盛んにさせた。農村の米、砂糖などの農産品は小都市に運ばれ、その地の需要に応じると共に、港町にも転送され、郊の商人により大陸へ移出された。大陸から移入された商品は、郊の商人が小売業者を通じ、または卸売業者や各地の小売業者を通じ消費者に販売した。また定期的に開かれた市は、農村の人々にとり、産品の販売や消費財購入の重要なルートとなっていた。

討論しよう

「一に府、二に鹿、三に艋舺」との言葉や、【図 3-18】で示された通商港の開放の年代を基に、当時の台湾がどのように発展して行ったのかを考えよう。

【図 3-15】 台南水仙宮 郊の商人の多くは寺廟で会議を行った。台南でも商人が何度も資金を集めて水仙宮を補修し、そこに三郊の総本部を置き事務を行った。そのため水仙宮は当時、台南の商業の中心となっていた。

【図 3-16】鹿港は空が見えない 鹿港は貿易が盛んで商人がひっきりなしに往来した。そこで商家は、客が日差しや風雨を避けられるよう屋根をせり出させた。そのため「空が見えない街」と呼ばれた。写真は日本統治時代の撮影。

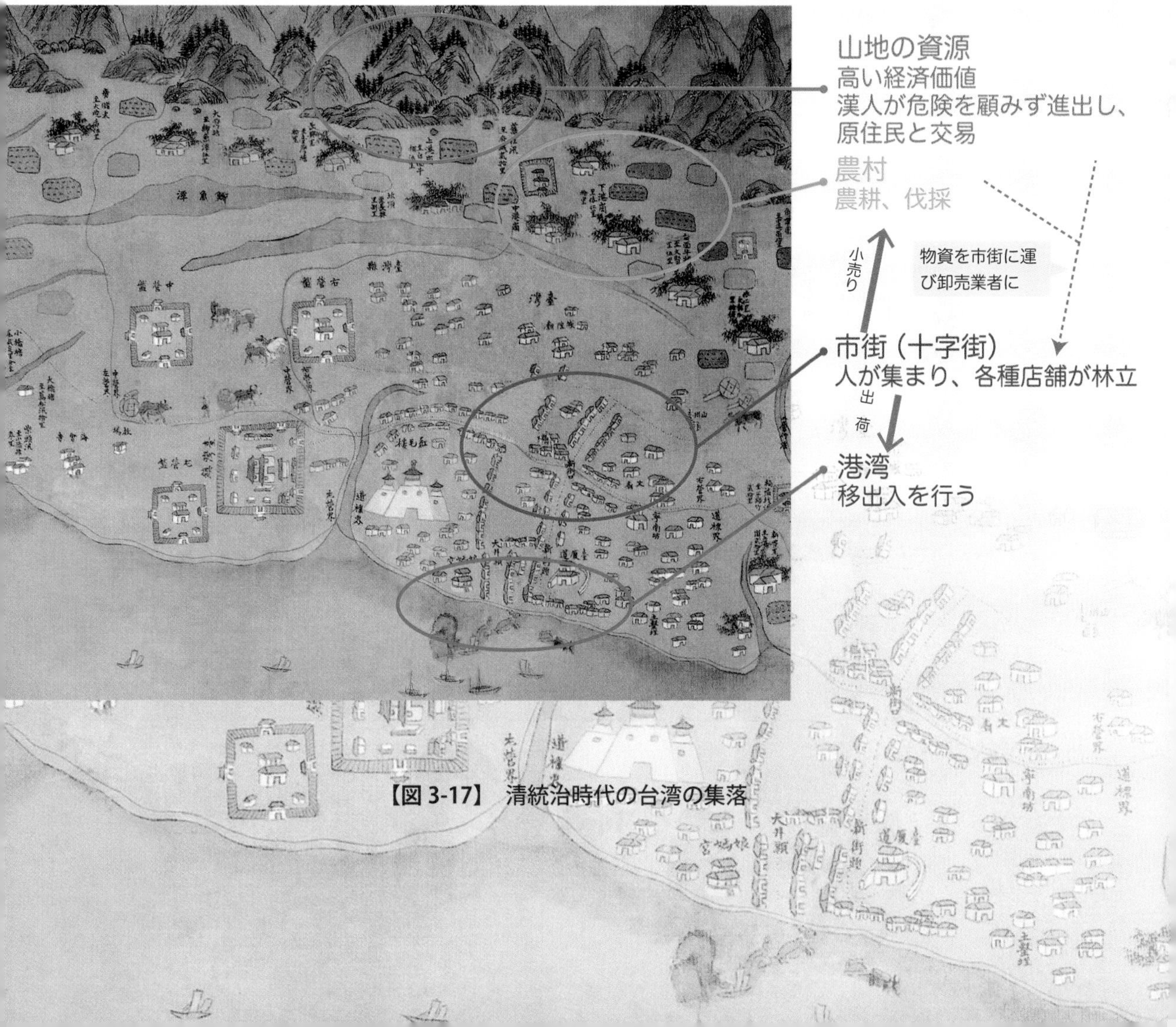

山地の資源
高い経済価値
漢人が危険を顧みず進出し、原住民と交易

農村
農耕、伐採

小売り

物資を市街に運び卸売業者に

市街（十字街）
人が集まり、各種店舗が林立

出荷

港湾
移出入を行う

【図 3-17】 清統治時代の台湾の集落

ゲームワールド──台湾ドリームをつかめ

みんなでゲームデザイナーになり、清統治時代の漢人の台湾への移住と努力をテーマに、提示に従って背景を設定しよう。そしてこうしたミッションが与えられるのはなぜか、更にどのような設定を増やすことができるかを、みんなで討論しよう。

登場人物：人が多ければ仕事はやりやすく、同郷同士なら協力し合える。
→三大エスニック集団を設定：______人　______人　______人

シナリオ：18 世紀の台湾。故郷を離れた人々が新天地を切り開こうと腕前を披露して行く。

1. 早い者勝ち。 この辺りの土地を丸ごと獲得 →官府に開拓許可を申請	各ラウンドの納税 -7000 各ラウンドの年貢収入 + 12000 
2. 土地は全て平埔族が所有。 そこで彼らと交渉。	各ラウンドの納付 − 5000 

1. 田植えには水が必要 ______を開削し田に水を送る +50 	2. 故郷の神々に加護を求める __________を建てる  +50	3. __________と反乱を防ぐ 防御設備の構築 木柵 +200 竹垣 +500　土垣 +1000
4. 大儲けには危険が伴う。 気を付けないと原住民を怒らせる 密かに__________を 越えてミッションを遂行 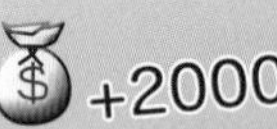 +2000　-2000	5. 本地の代表的産業（農業、 手工業、または商取引）を設定し、 ブランドを打ち立てよう 評判の名産を探そう （例：米、砂糖、染布、 陶器、木工品…）	6. 近隣でケンカ。 どちらかの側に付け 械闘で負けたら去れ （ゲームオーバー ・コンティニュー）

第4章 開港前の社会と文化

開港前の社会、文化

男女比のアンバランス
漢人は男性が多数で女性が少数
→ 羅漢脚が増加
→ 漢人と原住民の通婚

漢人と原住民との関係
土地の侵奪と衝突 → 原住民の移動
通婚と協力 → 同化

生活と信仰
台湾での新たな発展
多くは故郷での信仰を継承

社会での衝突増加
行政不良
会党問題など(★1)
→ 械闘(★2)
→ 反乱

社会階層
士紳が社会の指導層に
階層的地位の変化の速さ

儒教文化の発展
士紳による儒教文化尊重
文教の発展

伝統的な漢人社会が形成

★1:「会党」とは反清の秘密結社。
★2:「械闘」とは武装闘争のこと。

第1節

開拓移民社会下の台湾

◎授業前123

1. 清統治時代での開拓移民社会の人口問題と社会状況を理解しよう。
2. 清統治時代の械闘や反乱などの社会的衝突について知ろう。
3. 清統治時代の漢人と原住民との関係を理解しよう。
4. 清統治時代の開拓移民社会で衝突が頻発した理由を理解しよう。

一、人口問題

㈠渡台悲歌

中国大陸沿海では人口が多く生活も苦しかったのに比べ、台湾は土地が肥沃で、「台湾では足首まで銭に浸かる」との諺まであったため、政府の禁令や危険な「黒水溝(★1)」をも顧みず、移民は次々と海を渡って台湾へ来た。消極的な台湾統治政策により渡航許可を得るのは困難なため、多くの福建、広東の住民は様々な危険を覚悟の上で密航という方法を選んだのだった❶。

1 清時代の文献には、「放生」(密航者を砂州で降ろし、自力で上陸させること)、「種芋」(密航者が砂州にはまり、身動きできなくなること)、「餌魚」(密航者が波に呑まれ死ぬこと)などの表現が見られ、当時の密航ブローカーが算盤尽であり、密航がいかに危険だったかがわかる。

史料エクスプレス

清末期の客家語の長歌である渡台悲歌は次のように、台湾移民が味わった危険や辛酸を語り尽くしている。:「台湾へは決して渡るな。まるであの世の入り口だ。千人が渡って帰る者はない。生死さえわからず、とにかく墓場へ向かうに等しい。台湾とは人を死なすところなのだ。……生番が山林に住み、専ら人の首を刈っては山に持ち去る。……密航業者は台湾とは素晴らしい所で、湧き水のように富が得られるというが、それは縁談仲介屋がする話と同じだ。友らよ、決して信用するな……台湾へ来てみれば物価はみな高く、安いのは人の命だけだ。……」

(黄栄洛『渡台悲歌―台湾的開拓与抗争史話』台北:台原、1997年)

漢人移民は台湾でどのような危険や苦難を味わったか?そしてそれがどうあれ、彼らが台湾で奮闘する道を選んだのはなぜか?

★1:「黒水溝」とは、台湾海峡で見られる青黒く、流れの速い海流(黒潮の支流)のこと。

㈡男女比のアンバランス

台湾渡航禁令があったにもかかわらず、台湾の人口は大幅に成長した。それは密航移民が多かったからだ。ただ男性が女性よりはるかに多く、それが人口構造に不均衡をもたらした。女性があまりに少ないため、男性は結婚が困難になり、「頼れるのは３人の神より１人の妻」との諺まで生まれている。

このような状況から、大勢の漢人男性は終生妻を娶れず、あるいは平埔族の女性と通婚した❷。そのため「唐山公はいるが唐山媽はいない(★2)」と言われた。また平埔族の女性が漢人に嫁ぐため、平埔族の男性も結婚が難しくなり、「番人の男は老いても妻なし」とも言われた。

2
清朝廷は漢人と原住民との通婚を明文で禁じ、違反者への罰則をも規定していたが、阻止はできなかった。

年	人口
1650	10
1680	20
1810	200
1890	250

【表 4-1】台湾人口統計（単位：万人）

㈢羅漢脚の悲哀

台湾は確かに土地は豊かだが、しかし税が重く、一田多主の土地制度もあるため、下層の小作農の負担は大きく、労働者の生活も苦しかった。独身男性は家族も田畑も家も定職もなく、中には浮浪者になり、羅漢脚と呼ばれた者もいた。羅漢脚の生活は不安定で、一部は盗みや女遊び、博打に走ったり、ならず者となったり、中には匪賊に転落する者もいた。行政による管理もままならず、羅漢脚は社会の不安定要素となった。

二、社会階層と社会移動

㈠社会移動の速さ

台湾への移住を選んだ漢人の多くは、故郷では発展が望めず、危険覚悟で新天地を求めた農民、労働者、失業者などだが、その一方で少数ながら、文人や投資目的の開拓者もいた。

台湾の社会階層の移動は大きく、一部の移民は土地の購入や開拓で直ちに富を得て地主となっている。ただし利益の大きい投資には、大きなリスクも伴った。頻発する社会の混乱（自然災害、械闘など）や事業の失敗は、移民に大きな打撃を与えたことだろう。子弟の放蕩で家産が傾くという例は更に多く、「富は三代まで続かず」との諺も生まれている。

★2：「大陸から来たお爺さんはいてもお婆さんはいない」

3

1823（道光3）年、鄭用錫は台湾人として初めて進士に合格した。そのため「開台進士」と呼ばれた。

4

清帝国には本籍地での任官を回避する制度があり、官職を得た士紳が台湾で任用されることはなかったが、しかしその一族は地方の事務に携わり、影響力を拡大した。

㈡権勢家と士紳

開拓移民社会では経済が重視され、土地の開拓、または商売を営む権勢家が、台湾初期社会の指導者層を形成した。これら社会の指導者は、先ず経済力で優位に立った後、科挙、捐官(★1)、軍功を通じて官職を得、士紳階層へと登って行った。例えば板橋林家の林維源（1838～1905）は捐官で官職を得ている。霧峰林家の林文察（1828～1864）は軍功を立てて任官した。新竹の鄭用錫（1788~1858）❸は科挙で進士に合格し、一族の社会的地位を更に引き上げている❹。全体的に言えば、清統治前期の地方社会の指導層の多くは権勢家か富商の出身だが、19世紀中葉に士紳階級が形成され、それらに代わって社会のリーダーとなったと言える。

三、社会的衝突と社会統制

㈠繰り返された分類械闘

漢人移民は使用言語、出身地、姓、職業ごとに集団を形成した。そして他の集団との間で利害の対立や生活上の些細な対立が起こると、それがよく大きな衝突に発展した。

1.原因

基本的に械闘の原因は大きく三つに分けられる。

⑴ 経済的原因：人々はよく農地、水源を巡り、徒党を組んで抗争した。

⑵ 社会的原因：不安定な開拓移民社会では、自己防衛や気勢を上げるため、兄弟の契りを結ぶ風潮が盛んで、会党も結成された。それに加え羅漢脚が大勢いた。これらは性格がとても荒々しく、集団をなし、よく些細な理由で大きな衝突を惹起していた。

⑶ 政治的原因：行政区画や役人の配置の不足で公権力が十分に行き届かず、更には行政が腐敗し、また初期において士紳階層による秩序維持への協力もなかったため、人々は衝突が発生した場合、しばしば役人には頼らず、自ら群衆を糾合し、械門という形で解決を図ったのだった。

★1：「捐官」は官職を買うこと。

史料エクスプレス

巡台御史を務めた高山は、台湾の乱れた状況をこう分析する：「台湾は海の向こうで孤立し、そこに各地から来た人々が住んでいる。元からの住民は少なく、外からの流れ者が多い。……流れ者は飢えや寒さを逃れて来たのでなければ、罪を犯し逃げて来た者だ。単身で台湾へ渡り、定住地を持たず、ほっつき歩いて法を守らず、同類の者と結託し、集まって悪事を行う。台湾ではたびたび変乱があるが、どれもがこうした烏合の衆が引き起こしたものだ」

（高山「清査流民以杜奸匪摺」、雍正11年・1733年）

 資料が指摘する台湾の乱れた状況とは？そしてその原因は？解決の道はなかったのだろうか？

2.形式

分類械闘は、ホーロー人と客家人との間や、漳州人と泉州人との間、あるいは泉州各県人の間で発生するケースが最も多かった。中でも有名なのが彰化の漳・泉の械闘、噶瑪蘭の漳・泉・客の械闘、艋舺の頂郊・下郊の拚（★2）❺だ。しかし時が経つにつれ、先祖の地にこだわる意識が希薄になり、こうした械闘も減少して行った。

同姓集団間の械闘の多くは、互いの積年の恨みに基づく報復性のもので、例えば1875年に西螺で起こった李・鐘・廖という三つ同姓集団の械闘がそれだ。同業者間の械闘の多くは経済的な利益を巡るもので、宜蘭では1830年、荷担ぎ人夫の械闘が発生している。

5
1853（咸豊3）年、泉州三邑（晋江、恵安、南安）出身者の頂郊と、泉州同安出身者の下郊（廈郊）が、艋舺で経済的利益を巡り械闘を行った。同安人はこれに敗れて大稲埕へ移ったが、後にそこで発展を遂げている。

3.地方秩序の統制

当時の地方の行政区分の最小単位は街と庄だが、官府は社会秩序の安定のため、「聯庄」制度を実施し、同じ里や堡（★3）にある街、庄を連合させた。当初の目的は遊民の拘束、教化❻にあったが、やがて盗賊の防止、捕縛など、地域の治安管理に協力するものとなって行った。

6
街、庄の総理や宗族の長は、もし遊民が教化を受け入れない場合、政府に上申してそれを追放するか、あるいは大陸の故郷へ送還することができた。

【図4-2】鹿港の隘門遺跡 隘門とは地域の安全を守る防御施設で、夜間や動乱時にはこれを閉め、盗賊の侵入を防いだ。またこれは各勢力範囲の境界を示すものでもある。「悪人は隘門をくぐれず」と言われたように、分類械闘の時、自分たちの隘門の内側に逃げ込みさえすれば、敵は追っては来れなかった。〔写真提供：王宗楠〕

★2：「拚」は闘争の意。
★3：「里」「堡」は行政単位。

㈡反乱の頻発

台湾はかつて「3年に1度小乱があり、5年1度大乱がある」と形容されたが、反乱の原因は、公権力の機能不全や暴政による混乱の他、政府の会党への対処の仕方があった。住民が猛々しかった台湾は、政府の圧迫に対する反抗がいつでも起きかねない状況だったのだ。

清統治時代には、三つの大規模な反乱が発生している。朱一貴事件、林爽文事件、そして戴潮春事件である。そして、原住民の反乱事件の中では大甲西社事件の規模が最大だった。

討論しよう

清統治中期に反乱や械闘が大幅に増加した理由は？後期に械闘がなくなった理由は？

【表4-2】清統治下での反乱・械闘統計

時期	年数	動乱回数		平均して何年に一回発生したか
		反乱	械闘	
1683～1781年	99	6	2	12.38
1782～1867年	86	33	26	1.46
1868～1894年	27	3	0	9
総計	212	42	28	3.03

1.朱一貴事件

朱一貴（1690～1722）は吏役(★1)を務めた後、羅漢門（今の高雄市内門）で養鴨を営んでいたが、平素から人望を集め、「鴨母王」と称された。台湾府知府(★2)が暴政で民衆の恨みを買う中の1721（康熙60）年、朱一貴は先頭に立って反乱に乗り出し、台湾府城を攻め落とし、自ら王と名乗った。この朱一貴事件は清の台湾統治下における最初の大規模な反乱であり、三大反乱の中で唯一、ホーロー人と客家人が合流したものだった。しかし勢力が拡がる内に、両勢力間で内紛が起こった。清朝廷は台湾へ派兵し、朱一貴は捕らえられ、北京へ送られ刑死した。

この反乱を受けて清朝廷は、台湾の統治機構の見直しを行い、行政区画を調整し、彰化県と淡水庁を増設すると共に、澎湖島へ逃亡した役人を厳重に処罰した。また一部の原住民が反乱に乗じて謀反を起こし、また朱一貴の仲間も原住民地域を出入りしていたため、「封山」を励行し、反乱者が山地へ逃げ込めないようにした。

★1：「吏役」は下級役人。
★2：「台湾府知府」は台湾府の長官。

【図 4-3】林爽文事件の平定 乾隆帝はこれを「十全武功(★3)の一つとし、朝廷は記念に版画を制作した。事件がいかに清朝廷を震撼させていたかがわかる。

2.林爽文事件

林爽文事件の発端は、清朝廷による会党の取締りだ。同じ天地会の仲間を庇護したため、巻き添えとなった林爽文(?～1788)は、1786(乾隆51)年に彰化県大里杙(今の台中市大里区)で蜂起した。その勢力は大きく、全台湾に波及した。清朝廷は何度も増援軍を派遣し、完全に平定するまで1年以上をかけた。反乱中、林爽文は漳州人であるため泉州人の牽制を受けた。そして林爽文に強く抵抗したのが諸羅県の住民だ。清朝廷は「その忠義を嘉す」とし、諸羅を嘉義と改称した。この反乱が清統治下の台湾における最大の抗清事件だった。

台南の赤崁楼にある贔屭碑は、林爽文事件平定の経緯を記載するものだ。

3.戴潮春事件

戴潮春事件もまた、官府の会党への取締りが惹起したものだ。戴潮春(?～1864)の家は富裕で、その兄は土地開発を巡る争いにより会党を作った。1862(同治元)年、戴潮春は会党取締りに巻き込まれるのを恐れ、彰化県で蜂起した(今の台中市の市街区)。戴潮春は漳州人であり、泉州人の支持は得られなかったため、泉州人が中心の鹿港に攻め込み、漳・泉対立の形勢となった。清朝廷は地方の郷勇(★4)と共に掃討を行い❼、戴潮春の敗死後も残党の平定を続けた。三年間にわたったこの事件は、台湾では最も長い反乱となった。清朝廷が初めて台勇(★5)を使い平定した反乱でもある。

7
福建陸路提督の林文察は霧峰林家の出身で、それが率いる台勇は、竹塹の士紳、林占梅が組織した団練(★6)と共に、事件の平定で大きな力を発揮した。

★3:「十全武功」とは乾隆帝の治世に行われ、勝利した十大戦争。
★4:「郷勇」とは地方で結成された義勇兵部隊。
★5:「台勇」とは台湾の郷勇。
★6:「団練」とは地方の有力者が作る民兵組織。

4.大甲西社事件

1731（雍正 9）年、大甲西社（今の台中市大甲区）の原住民が、官府が課す過酷な労役に耐えかね、反乱を起こした。官府の鎮圧と帰順の呼びかけで一時は静まったが、功績目当ての役人が、官府のために食糧を運搬する大肚社の住民を捕らえ、「反乱を起こした生番だ」とでっち上げたため、すでに帰順していた各社の原住民が決起し、彰化県城を包囲した。官府は「番を以って番を制する」の策を採り、岸裡社（今の台中市神岡区）の原住民に協力を求め、鎮圧を行った。反抗に立ち上がったのは、かつて大肚王の傘下にあった諸社だが、その勢力はこれ以降衰退した。

四、漢人と原住民の関係

㈠衝突と侵奪

漢人移民は武力を後ろ盾に開拓を進め、原住民の生活空間を狭めたばかりか、その土地の占拠までしたため、原住民も時には漢人を襲撃するなど、双方の衝突が頻発した。

漢人移民は番界を越えて開墾しただけでなく、しばしば熟番の土地をも侵奪し、あるいは熟番女性との通婚で土地を獲得した。また、番社で徴税を請け負う社商（頭家）や、政令を伝達する通事も、常に番社の利権を独占し、原住民を圧迫した。

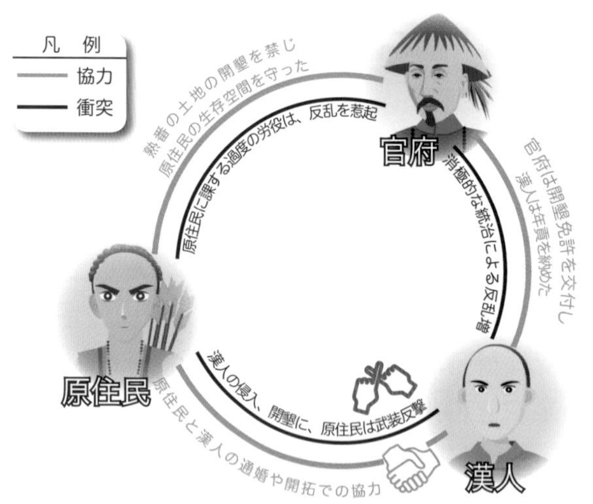

【図 4-4】官府、漢人、原住民の関係

【図 4-5】清統治時代「番社采風図・守隘」
番界の近く位置する平埔族の村にも生番に対する防御施設の隘寮があった。

㈡原住民の移動

清朝廷は再三にわたり、熟番保留地に対する漢人の侵入、開墾を禁じたが、それを阻止するのは難しかった。平埔族は漢人からは騙取、強奪を受けたばかりか、漢人の開拓により鹿の狩場も奪われて行った。鹿を主な収入源とする平埔族は経済的に大打撃を受け、更に重税も課せられていたため、土地を売る以外なくなっていった。

土地を失った平埔族の一部は、内陸の山地や東部へ移動した。中部の平埔族は嘉慶年間に中央山脈を越え、噶瑪蘭へ到達している。また道光年間には、一部の平埔族が資金を集めて埔里盆地へ移民し、開拓を行っている。東北部のクバラン族は道光年間以降、花蓮まで南下し、また南部のシラヤ族の一部も花蓮や台東へ移り、そこで発展を遂げている。

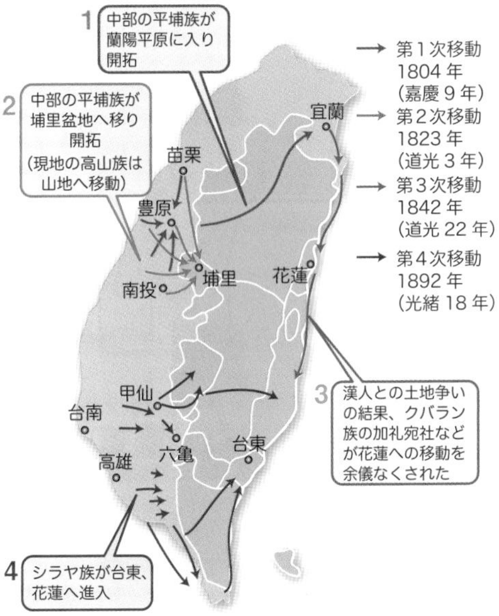

【図4-6】清統治時代の平埔族の移動

㈢開拓協力

漢人と原住民は衝突だけでなく、開拓で協力し合うこともあった。雍正年間には中部で、漢人通事の張達京が投資して猫霧捒圳を開削し、岸裡社❽に水を供給する代わりに、同社の土地開拓の権利を取得している。原住民はこれを「地を割いて水に換える」と言ったが、漢人は「水を供して地に換える」と称した。

8
岸裡社は清朝廷に軍事協力をしたため、大きな土地を取得した。そして漢人と協力して台中盆地を急速に開発するなど勢いがあったが、多くの漢人が入ってきたため、住民はすぐに漢化されるか、他の地域へ移動することになった。

昔話の時間

ことわざや俗諺は先人の生活経験や知恵の結晶だが、過去の社会文化を表すものでもある。みんなで左にある台湾のことわざを声に出して読み、それぞれの記号を右の 7 つの範疇に分類しよう。そしてそれらが持つ意味や歴史背景について話し合おう。

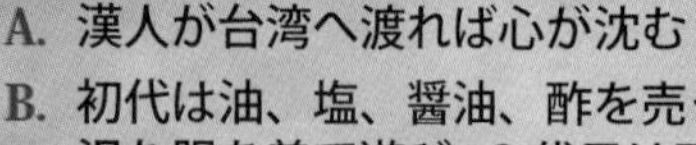

A. 漢人が台湾へ渡れば心が沈む
B. 初代は油、塩、醤油、酢を売って働き、2 代目は贅沢な服を着て遊び、3 代目は田を貸し、売り飛ばし、4 代目は烘爐や茶壺を手放し、5 代目は子を売り妻を売る
C. 任期 3 年の役人は 2 年も働かず
D. 頼れるのは 3 人の神より 1 人の妻
E. 台湾へ行くなかれ。あそこはまるであの世の入り口
F. 柿が売られる寒い季節は、羅漢脚も寂しさに泣く
G. 大陸から来た爺さんはいても婆さんはいない
H. 役人が清廉でいたいなら、飯は塩だけで食うしかない
I. 優秀な者には負けもていいが、1 番下には転落するな
J. 若者は無邪気に台湾へ渡り、野垂れ死にして弔われ
K. 名声は北まで南まで
L. 小反乱は 3 年に 1 度、大反乱は 5 年に 1 度
M. 林姓には死んでも許せぬ陳姓と李姓
N. 3 代で築いた富を 1 代でなくす
O. 肉を食うなら豚のバラ肉、芝居を見るなら乱弾

第2節

文化と生活

◎授業前123

1. 清統治時代の文教の発展ぶりを知ろう。
2. 士紳と庶民の生活、文化、宗教面での発展ぶりを感じ取ろう。
3. 開拓移民社会が伝統的漢人社会へと変化した意味について話し合おう。
4. 清統治時代の士紳文化、園林の美を楽しみ、宗教行事、年中行事が持つ意義を感じ取ろう。

一、文教の発展

㈠地方官学と科挙

清朝廷は台湾を版図に編入すると、ここでも文教事業を推進し、府儒学と県儒学を開設した。そして試験に合格して生員（秀才）となった者は、更に試験を受けて任官の道に進んだ。

1686（康熙25）年、朝廷は台湾にも科挙の合格者数を割り振り、翌年には台湾の生員が福建で3年に1度実施される郷試を受け始めた。朝廷は受験を奨励するため、「台」の字の記号を定め、台湾生員の合格者数を保障した。1823（道光3）年、竹塹の鄭用錫が台湾初の進士となり、「開台進士」と呼ばれた。そして任官者の数が増えるに伴い、士紳階層が形成されて行った。

㈡啓蒙教育と書院

初期の開拓移民社会では学問は盛んではなかった。そこで地方政府は教化を提唱し、農村に社学(★)を設置して啓蒙を進めた。その後社学は衰退し、義学に取って代わられた。義学とは貧しい学童の教育を目的に、地方官や士紳が資金を出して開設したものだ。また官府も初期においては社学で原住民の教化を進めた。平埔族は嘉慶年間にはすでに漢化が進み、漢塾でも学ぶようになったため、原住民の社学は衰退して行った。

この他、書院もまた台湾の漢文化の発展の上で重要な役割を

台湾での童試

福州での郷試

北京での会試

皇帝が催す殿試
（順位のみ決め、不合格者は出さない）

【図 4-7】清統治時代の読書人の受験の流れ

★：「社学」は子供が通う学校。「漢人社学」と、原住民の「土番社学」があった。

果たしている。書院は当初、地方官の提唱で建てられたが、後に士紳が運営に力を入れ、一部の義学も書院に改められた。19世紀前半以降は学問が盛んになり、それに伴い書院は地方における文教の中心となった。有名なものに府城の崇文書院、鹿港の文開書院、そして艋舺の学海書院がある。これらは清統治下における教育の重要機構だった。

二、伝統的士紳の風雅な文化

㈠芸文表現

台湾での詩文、書画などの伝統文化の発展には、大陸から来た官吏、文人が深く関わっていた。彼らは台湾の風土、人物、景観を描いた文学作品を残している。例えば郁永河（生没年不詳）の『裨海紀遊』や黄叔璥（1680～1758）の『台海使槎録』などがそれだ❶。伝記文学には鄭氏の歴史を主題にした江日昇（生没年不詳）の「台湾外記」がある。

台湾本土の文人では、澎湖島生まれの進士、蔡廷蘭（1802～1859）が詩作で、台湾人民の現実生活での苦労を多く描いている。例えば「声を殺して遺児を撫で、涙を呑んで生計を立てる」といっ

1 福建で地方官の幕僚だった郁永河は、硫黄採取の任を受け来台。1697年に府城から淡水まで北上し、今の北投で硫黄を採取したが、その道程で見た風土、民情を書き記したのが『裨海紀遊』だ。『台海使槎録』は巡台御史の黄叔璥が1722年から24年にかけ台湾を巡った時の記録で、現地の民情や漢人と原住民の関係などに関し詳細に書いている。

【図4-8】芝山岩恵済宮　義学は芝山岩恵済宮内の文昌祠義塾が最も有名だ。1840年に設置され、台北の士林地域の学風を形成した。

【図4-9】文開書院　1824年の開設。この名は沈光文の字である文開を記念するもの。鹿港紳商の経済的支援を受け、規模や蔵書は相当なもので、多くの人材を育て上げた。

たようにだ。本土の士紳階層の成長に伴い、伝統的な漢文学は更に台湾で根を張った。新竹の鄭用錫や、その後の台北の陳維英（1811～1869）、彰化の丘逢甲（1864～1912）などは著名な文人だ。19世紀中葉、新竹文学の気風は北台湾に冠たるものがあった。鄭用錫、林占梅（1821～1868）らの熱心な支援の下で詩社が盛んになり、その数は全台湾の半数以上を占めた。

また台湾における伝統的漢文化としての絵画では、当初は主に大陸からの文人が活躍したが、後に本土の士紳の作品も増えている。その多くは水墨花鳥画で、林朝英（1739～1816）の書法と絵画には独特の風格があり、当時は大いに注目された。

㈡園林建築

富商、士紳の一族は住まいの質を求め、または社交上の必要から、自然の山水と人工の庭や建物を結合させた漢式の園林邸宅を作り始めた。例えば、新竹の鄭家の北郭園と、林占梅家の潜園はかつて文壇の中心で、文人らはここで詩を唱和し交流した。今の板橋の林本源の園邸と、霧峰の林家の莱園などは、楼閣にきめ細かな彫刻が施され、庭園の山水は風雅で詩情に富んでおり、当時の台湾士紳の富裕で風雅な生活ぶりを窺い知ることができる。

【図4-10】林朝英の書法 その書法は直立豪放。竹の葉のような筆致から、「竹葉体」と称された。

【図4-11】板橋林本源園邸 園林には書房、観景楼、戯台、宴客庁、招待処、そして人工の山水亭閣がある。台湾では元々の姿を最もよく残す園林建築だ。その様式は華中、華南に学び、建材の多くも大陸から運んだ。

三、庶民、大衆の日常生活

(一)物質生活

漢人移民の生活習慣の多くは、大陸の故郷から持ち込んだものだ。台湾の民間人は大陸のそれよりも豊かで身形も良く、「高価な生地の服を着る者が至る所に見受けられた」とされる。しかし客家移民の生活は簡素で、衣服の多くは黒の布を用いた。女性の多くもホーロー人女性のほとんどが施していた纏足はしなかった。

建築に関しては、一般の漢人は竹を主な建材としていたが、後に土やレンガで作った家屋が現われた。寺廟建築では故郷である華南地方の風格が踏襲させた。

(二)習俗と年中行事

来台移民は、春節、元宵節、清明節、端午節、七夕、中元普渡(ちゅうげんふと)、中秋、冬至など、漢人の伝統的農業社会の年中行事を持ち込んだ。

開拓移民社会では、富を誇示する習慣が生まれた。神明への尊崇の念を示すため、廟の祭礼ではどんちゃん騒ぎをし、「人数では負けない」とばかりに競って艶やかな花飾りの山車や陣頭(★)を練り出した。寺廟での祭礼や冠婚葬祭での大掛かりな宴会(屋外宴会)も、台湾特有の飲食文化を形成した。

台湾には王爺の祭典を尊ぶ習俗があり、3年に1度行っている。疫病を追い払うためだ。……地域内の人々は資金を出し合って王船を造り、3体の張り子の瘟王を置く。道士を招き、2日から3日をかけて儀式を行う。最終日はお供え物をし、芝居を見せ、これら王爺を宴に招く。これを「王をお招きする」と称した……。最後は王を船上にお乗せし、食物、食器、財宝等あらゆる物をお供えする。そして船を進水させ、海の流れに任せる。……ややもすれば一度の儀式で数百金を要し、いかに節約しても100金近くは必要だが、いかに辺鄙な地域の者でも、これを疎かにはしなかった。(『重修鳳山志』巻三風土志、1762年)

なぜ各地の人々は多額の費用を注ぎ込み儀式を行いたがったのか？

★:「陣頭」とは廟の祭りで見られる伝統的な曲芸。

㈢余暇の娯楽

祭の行列、語り物、観劇は、当時の民衆には娯楽の源とも言えた。早期に台湾へ伝わって来た演劇では南管と北管が最も盛んだった。南管は泉州音の吟唱で、北管は北京音で官話を歌い、ホーロー語のセリフと乱弾劇が伴った。中でも賑やかな乱弾劇は民衆に最も人気があった。そのため、「肉を食うなら豚のバラ肉、芝居を見るなら乱弾」との俗諺も生まれた。

四、宗教と信仰

㈠故郷の神への信仰と宗教活動

1.漢人の故郷の神への信仰

危険な海を渡って台湾を開拓した移民は、自らの平穏無事を求め、神明に祈願して災厄を避けようとした。航海の神である媽祖、疫病を取り除く王爺、そして郷土の守り神である土地公への民間信仰は、台湾では普遍的である。

移民は故郷で信仰される神明を移住先で祀った。例えば漳州人は開漳聖王を、泉州の同安人は保生大帝を、潮州人は三山国王をそれぞれ祀っている。故郷の神にも台湾へ来てもらい、引き続き加護があるよう願ったのだ。

【図 4-12】大龍峒保安宮　泉州の同安からの開拓移民の多くは台湾の地に馴染めなかった。そこで故郷で守護神、医療の神と崇めて来た保生大帝をここで祀った。地域の信仰の中心地として参詣者で賑わっている。

2.弔われない魂の供養と宗教行事

来台した開拓移民には苦難が伴い、非業の最期を遂げた人も多い。台湾人はそうした弔われない魂の供養を大切にしている。例えば、中元普渡や建醮(けんしょう)などの祭典は、そうした供養に関係している。供養されない魂を祀る百姓公廟（あるいは有応公廟、万善祠）や姑娘廟などは、台湾各地で見られる。

神明の生誕の日や、それを祝う特殊な習俗は、台湾宗教の年中行事の重点であり、その際の盛大な巡行や巡礼は信徒を団結させて来た。清統治時代以降、媽祖信仰は普遍的に見られ、旧暦三月の媽祖の生誕日には、各地で慶祝行事が行われてい

【図 4-13】大甲の媽祖巡行　毎年旧暦 3 月、大甲鎮瀾宮は 8 日間にわたる媽祖の神輿の巡行を行い、信徒は徒歩で随行する。〔写真提供：© 台湾観光局〕

る。俗に言う「三月は媽祖で熱狂」とはこのことだ。近年では台中の大甲鎮瀾宮(たいこうちんらんぐう)の媽祖巡行が、台湾での一大宗教行事だ。

㈡台湾での新たな発展

1.神の役割、ご利益の変化

元々は移民の故郷の守護神とされていたものが、徐々に台湾の開拓移民社会における集落の守護神として崇められるようになった。こうした神格の変化により信者が増加し、エスニック集団の違いを乗り越えた共通の信仰も生まれた❷。中でも神格の変化が最も明確なのが媽祖だ。元々は海上の守護神とされたが、人々がこれに期待する役割やご利益にも変化が生じている❸。

2.特殊信仰の出現

移民の来台から時間が経つにつれ、大陸では見られない特殊な信仰も現れた。例えば、林爽文事件で郷土防衛のために犠牲となった客家人は、清朝廷から義民と称えられたため❹、それ以来、械闘、反乱での客家人の犠牲者は「義民爺」という客家人共通の信仰対象となり、今やそれが客家文化の特色とされている。

この他、漢人移民と平埔族との通婚、交流が進み、お互いの信仰にも変化が生じた。例えば漢人が祀る「地基主」は、おそらく平埔族の阿立祖信仰と繋がりがある。

3.祭祀圏

宗教信仰の発展に伴い、各地の人々は次第に祖先の地や姓氏の違いを乗り越え、同一の神明を信奉するようになり、その居住地域が一つの祭祀圏となっていった。その最小単位が村落だ。住民が神明祭祀を通じて共同意識や連帯感情を強めたことで、村落は台湾における重要な地方社会組織となっていった。

2 開漳聖王は元々は漳州の地の守護神とされ、漳州からの移民の来台後は彼等の守護神ともされた。やがて人々が各地へ移動して行くと、今度は台湾の地の集落の神とされた。

3 例えば茶業が盛んな地域では茶の神となり、鉱山では鉱山の神となるなど、媽祖信仰は台湾で最も普遍的な信仰の一つになっている。

4 清朝廷は、反乱平定に協力した者は皆義民と位置付けた。例えば漳州人が反乱を起こせば、それへの対抗に協力した泉州人が義民としており、客家人だけが義民とされた訳ではなかった。

討論しよう
移民の故郷で信仰された神に期待される役割やご利益が変わったのはなぜ?

五、伝統的漢人社会の形成

㈠「唐山祖」から「開台祖」へ(★)

漢人移民が台湾で開拓を始めた当時、しばしば求められたのが伝統的な一族の力だ。同郷で同姓の人々は「唐山祖祭祀組織」を作り、遠い昔の同姓の先祖を祀りながら力を結集し、共同で投資、開拓を行った。

その後時間が経つにつれ、血縁の近い人々は台湾へ渡って来た初代の先祖や、その次代などを祀るようになった。そして先

★:漢人の祖先崇拝において祭祀の対象となる中国の祖先を「唐山祖」、台湾へ渡って来た初代の祖先を「開台祖」と呼ぶ。

祖が残した財産の一部を「祭祀公業」へと移した。これは今もなお、台湾の特殊な財産所有の方式になっている。「開台祖祭祀組織」は増加を続けているが、それは台湾を自分の本土と考える一族が多く存在している証である。

㈡「内地化」と「現地化」

開拓移民社会は伝統的漢人社会へと転換して行った。つまり儒家の経典が読まれ、科挙受験者が増加し、それによって一族の発展が見られる内に、台湾の社会文化はだんだんと大陸のそれに近付いて行ったのである。そこでこのような現象を「内地化」と呼ぶ学者がいる。しかしそれに対し、科挙は受けても本籍地欄には台湾と書き入れており、新興の一族が根を張るのもまた台湾においてであり、開台祖祭祀組織も開設されるなど、地縁の上でも血縁の上でも台湾という土地への帰属意識が生じていることから、「現地化」や「土着化」だと説明する学者もいる。もっとも「内地化」であれ「現地化」であれ、いずれも台湾が開拓移民社会から伝統的漢人社会へ転換したことを言い表していることに変わりはない。

討論しよう

清統治下で見られたのは「内地化」と「現地化」のどちらだろう？それとも両方が見られた？

苑裡年節竹枝詞

竹枝詞は一種の文体だ。台湾伝統の竹枝詞は、よく各地の風景や歳時習俗を題材にしていた。下は苑裡竹枝詞からの引用だが、ここでは台湾のどのような情景が語られているだろう。また今日の習俗とも比較してみよう。

灯市が開かれ月光と争い、男女が大勢行き来する。役人も民も隔てなく、奏でられる太平の曲を聞く

供物が並ぶ賑やかな祭で、福徳爺を拝んで焼香する。豊作や商売繁盛を祈り、酔人は抱えられて町内を通る

夕陽村へ出かけて墓を掃除し、戻ってからは旧事を語る。草原で遊ぶことはせず、寿公祠で共に魂を招く

粽を作り続命縷を飾り、舟競争を観て往時を思う。人々はひたすら福を求め、青々とした菖蒲を懸ける

盂蘭盆会を広々と行う慈和宮の中は賑やかだ。僧侶が布施を乞うのは些細なこと。鬼王に盛大なお布施をする

（『苗栗文献叢輯』(1)、苗栗県文献委員会、p 51）

第5章 開港後の変遷

北部

南部

茶

樟脳

台湾開港

砂糖

経済面

1 世界貿易システムの一環に
2 産業調整
3 開拓地域の拡大

4 北部の地位向上
（経済→政治）

社会面

1 買弁の台頭
2 客家人の地位向上
3 生態環境の破壊
4 漢人と原住民の衝突

文化面

1 キリスト教の再伝来
2 近代的な教育と
　医療システムの確立

政治面

外交問題の頻発

牡丹社事件後の
積極的な台湾統治

清仏戦争後の
台湾省設置

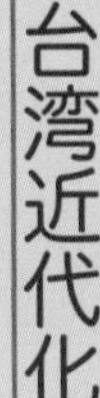

第1節

大船入港

◎授業前123

1. 開港の状況やそれによる発展、そして茶業、樟脳業の急成長について知ろう。
2. 開港後の変化や経済、社会、文化への影響を理解しよう。
3. 台湾の世界貿易システム参入後の異文化との交流や衝突を理解しよう。

一、宝の島・台湾の魅力

㈠台湾の魅力的要素

清朝廷が対外的には閉鎖的な姿勢を採る中、台湾は東アジアの海上輸送路の上で重要な位置を占め、しかも経済的価値の高い樟脳や硫黄を産出し、更には阿片の密貿易も行っていたため、19 世紀の列強はこれに強い関心を寄せた。

㈡列強による探り❶

阿片戦争後に清朝廷が五つの通商港を開放すると、西洋列強、特に米英両国の台湾への関心は更に高まった。台湾は航路上重要で、しかも基隆では石炭を船に供給できるため、英国は石炭の購入や採掘権を求め、更には開港場として福州と台湾の交換まで要求した。一方米国でも台湾占領の主張が見られた。実行には至らなかったものの、同国も台湾を狙っていたことは明白である。

1
阿片戦争(1840 ~ 1842 年)中、英国の艦船が数度に渡り台湾海域に進入。船員が囚われ処刑された。戦後、英国の要求により責任者が罰せられた。

二、世界貿易システムの中の台湾

㈠台湾開港

アロー戦争後、英仏両国は天津条約(1858 年)と北京条約(1860 年)で台湾の開港を規定し、府城(安平)と滬尾(淡水)❷の二港を開放させた。

2
滬尾の開港範囲は商業が盛んな艋舺や大稲埕など淡水河沿岸地域にまで及んだ。

【図 5-1】打狗英国領事官邸
打狗の英国領事館は 1879 年、業務の便宜上船着き場近くに建てられたが、領事官邸は丘の上に建ち、打狗港を見下ろした。〔写真提供：陳麒安〕

【図 5-2】1874 年の打狗港　土砂が溜まり出した安平港に代わり、南部最大の港となった。

1862（同治元）年、淡水税関が開設され、台湾は正式に市場を開放した。また淡水の他、その付属港となった鶏籠、そして府城とその付属港となった打狗と、税関は合わせて 4 ヵ所となり、各国は次々と領事を駐在させた。こうして台湾では、再び国際貿易が経済の重点となったのである。

英国は清朝廷から淡水の紅毛城を借り、領事館を置いた。

㈡貿易の発展

開港後、英国、米国等の列強の資本が次々と台湾に拠点を置き、輸出入を行った。例えば怡和洋行（Jardine, Matheson & Co.）、徳記洋行（Tait & Co.）などだ。中でも英国商人が台湾にとり最も重要な貿易相手となった。

台湾の対外貿易は大幅に成長した。茶業は急速に発展して重要産業となり、輸出総額の半分以上を占めるに至った。北部の外国商人が主に輸出したのが茶葉❸と樟脳で、最大の輸出品である烏龍茶は主に欧米に売られ、それに次ぐ包種茶は特に南洋へ運ばれた。また 19 世紀にセルロイドや火薬の原料として用いられ始めた樟脳も大いに輸出された。南部では砂糖が主要商品だった。輸入品は阿片と紡績品が中心だった。

3　英国の商人、ジョン・ドッド（John Dodd）は新種の茶を導入し、台北周辺の丘陵の農家に栽培を奨励した。

(万海関両)
800
700
600
500
400
300
200
100
0
1870　1875　1880　1885　1890　1895（年）
輸出額は 1878 年以降、一貫して輸入額を上回った
輸出
輸入

【図 5-3】清末期の台湾の輸出入総額の推移

三、開港後の台湾の変化

㈠経済面

1.土地利用の調整

台湾の土地の開拓と用途は、いずれも産業の変化による影響を受けた。主にサツマイモやリュウキュウアイを生産して来た北部丘陵は、高い利潤を生む茶園に変わって行った。クスノキは中部や北部の山地に多く見られ、そこから樟脳を作るために、漢人による山地開拓が推進された。砂糖の生産は下淡水渓（高屏渓）流域の更なる開発を促した。

2.新興都市と港町

産業の変化は多くの新興都市を生んだ。中北部の商品集散地や山に近い市街は、茶業、樟脳業により繁栄した。例えば大稲埕（今の台北市大同）❹、三角湧（今の新北市三峡）、大嵙崁（今の桃園市大渓）、鹹菜甕（今の新竹県関西）、南庄（今の苗栗県南庄）、東勢角（今の台中市東勢）、集集（今の南投県集集）などだ。そして淡水、打狗などの通商港も開港後は急速に発展し、古くからの港町を凌駕するに至った。北部の人口も経済発展の結果、増加した。

3.北部経済の地位向上

北部では茶葉や樟脳の高い生産額によって富が蓄積され、就業機会も増えた。南部の砂糖の輸出が依然として重要視される中、北部の経済的地位も日増しに高まって行った。

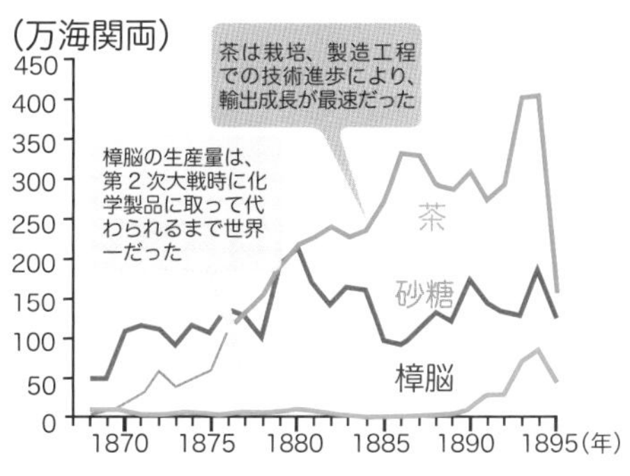

【図 5-4】茶、砂糖、樟脳の輸出額

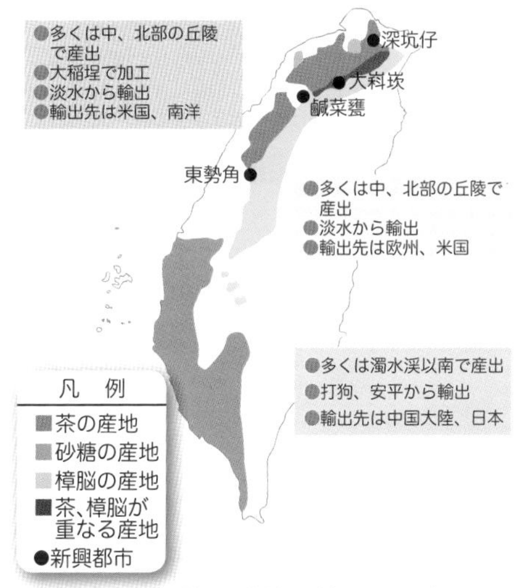

【図 5-5】茶、砂糖、樟脳の分布図

4
茶の製造、加工の中心地で集散地でもあったのが大稲埕だ。なぜなら洋行がここに拠点を置き、北部における貿易の中心地になっていたからだ。

【図 5-6】茶選り作業は若い女性の仕事だった。
〔出典：『日本地理大系 11 台湾篇』山本三生編　改造社 1930 年〕

㈡社会面

1.買弁の台頭と豪紳一族の発展

次々と洋行を設けた外国商人は「買弁」を雇い、取引の仲立ちをさせた。そうした中で、成功を収めた買弁は、優れたビジネス感覚を兼ね備え、独立も果たしている。例えば、大稲埕で茶業を営み富を築いた李春生（1838～1924）や、高雄地区で製糖業を経営した陳福謙（1834～1882）などだ。これらの新興商人は、郊商に取って代わる開港後の新たな富裕層である。

一部の地主、豪紳も新産業の生産に加わり、あるいは官府と協力して一族の財産を蓄積した。例えば、清仏戦争中に戦功を挙げた霧峰林家の林朝棟や、軍の俸給を支援した板橋林家の林維源などは、劉銘伝との関係が深いことから、土地開発や樟脳業など、特定の業種での特権を得ていた❺。

2.客家人の地位向上

客家人の多くは丘陵、山間部に居住していたため、当初は農耕するにも土地に限りがあり、経済面でやや劣勢だったが、開港後は桃園、新竹、苗栗などの居住地域が茶や樟脳の生産地となり、それらの産業で富を蓄えた。こうして経済力が大きく改善されたことで、その社会的地位も高まった。

㈢生態環境と漢人・原住民の関係

茶と樟脳の貿易は北部を発展させたが、しかしその一方で漢人の更なる山の奥地の開拓により、生態学的環境が変わった。原生林が伐採され、代わりに茶のような経済価値の高い作物が植えられたためだ。また、原住民の生存空間も圧迫を受け、漢人と原住民との間が更に緊張し、衝突が増加した。そのため多くの原住民が移動を余儀なくされている。

5

林文察の子、林朝棟は中部での原住民撫育、山地開墾に携わり、現地の人里近い山で開墾権を獲得し、樟脳で巨大な財を成した。林維源は督弁台湾撫墾大臣になり、板橋林家の事業を茶業、樟脳業にまで拡大させた。

㈣文化面

1.キリスト教の再伝来

西洋列強の対外拡張の目的には、経済、政治的なもの以外に布教もあった。台湾でも開港後は西洋の宣教師が通商港で拠点を構えている。

各教派の内、最も早く台湾へ入ったのが打狗を拠点としたカトリックのドミニコ会だ（1859年）。また規模が最大だったのは長老教会❻である。英国長老教会はマクスウェル（James Laidlaw Maxwel，1836～1921）らを派遣し、南部で布教をさせた。バークレイ（Thomas Barclay，1849～1935）は1885（光緒11）年、台湾府城教会報を創刊し、教義の解説、教会の動向や時事の報道を行った。これは台湾で最も歴史ある新聞として今も発行されている（現在の名は『台湾教会公報』）。英領カナダ長老教会は北部を布教範囲とし、その中で最も大きな影響をもたらした人物がマカイ（George Leslie MacKay, 1844～1901）だ。

【図5-7】屏東県万巒にある万金聖母聖殿
台湾に現存する最古のカトリック教会。〔写真提供：江仲驊〕

6
長老教会はプロテスタントに属し、信者は自分の言語で信仰を神に告白できると主張している。当時台湾では識字者が少なかったため、ホーロー語や原住民語など、台湾の各民族の言語をローマ字で綴った聖書を出版した。

2.近代教育と医療システムの確立

布教事業の推進のため、宣教師の多くは医療行為や学校の開設を通じ、台湾人を入信させた。台湾ではこのように、キリスト教の布教に伴う形で、近代的な教育、医療システムが確立されて行ったのだった。

（1872年に）淡水のペンキ職人、呉益裕がキリスト教へ改宗すると、その母は大変怒り、叩き殺してやると彼を脅した。その後のある日、呉益裕の妹がマラリアに罹った。母親は祈祷師、漢方医に縋り、神仏をも拝んだが無駄だった。そこで人から、マカイに西洋の薬を出してもらえと勧められた。呉益裕の妹が服薬すると病気は治った。母親はこれにより態度を軟化させ、息子がマカイの学生になるのを許し、そして間もなく家族全員で入信した。その後この老婦人は、三人目の聖書の女教師になっている。（マカイ『台湾六記』より）

この物語を参考に、キリスト教はなぜ医療行為を布教の手段として重視したかを考えよう。その効果はどうだったのだろう？

【図 5-8】マカイによる抜歯　マカイはよく助手と共に道端で、人々の虫歯を抜いた。抜いた歯の数は 2 万 1 千本を超えたとされる。

【図 5-9】理学堂大書院　現在は淡水真理大学構内にある。〔撮影：永山英樹〕

医療面では、元々医師であるマクスウェルが安平、打狗などで布教を行う中の 1865 年、台湾初の西洋式の病院を開いた（今の台南新楼医院の前身）。マカイも医療で民衆に奉仕し、1879 年には淡水で偕医館を開設しているが、それ以上に美談として伝わるのが、人々の虫歯を抜いたことだ。

教育面では、マカイは現地の布教人員を養成するため、1882 年に淡水で理学堂大書院（Oxford College，牛津学堂）を創立した。これは台湾初の西洋式の学校で、その後は台湾初の女学校である女学堂も設立している。長老教会は台南で布教人員を養成すると共に、中学校、女子中学校を創設した（今の長栄中学、長栄女子中学）。キャンベル（Rev.William Campbell，1841 ～ 1921）も 1891 年、台南で盲学校を設立した。台湾の特殊学校の先駆けである。

貿易分析師

以下は淡水と打狗の輸出入額の比較表だ（単位：万海関両）。
これを見て質問に答えなさい。

年代	1868	1873	1878	1883	1888	1893
淡水（輸入＋輸出）	78	144	297	354	567	786
打狗（輸入＋輸出）	125	183	249	317	286	329

1. 淡水と打狗の貿易状況の推移はどのようなものか？
2. なぜこのように推移したのか？
3. このような推移で、どのような影響がもたらされたか？

第2節

外交問題と近代化

◎授業前123

1. 開港後の外交問題を知ろう。
2. 清朝廷の台湾統治政策が牡丹社事件以降、積極姿勢に転じたことを理解しよう。
3. 沈葆楨、丁日昌、劉銘伝の台湾近代化への努力を理解しよう。
4. 清朝廷官吏と外国人との認識の差異を感じ取り、双方の立場と台湾への影響を理解しよう。

一、外交問題の頻発

台湾の開港で外国人が次々と貿易のために来台したが、その一部は相互理解の不足や利害対立により、政府や現地住民との争いを避けられなかった。

㈠ローバー号事件

1867（同治6）年、米国船ローバー号（The Rover）が暴風雨に遭い、琅𤩝(今の屏東県恒春)近海まで漂流した。上陸した船員たちは原住民に襲撃され、生還者はわずか一人だった。米国は清朝廷に抗議し、駐廈門領事のリゼンドル（Charles W. Le Gendre, 1830～1899)を交渉のため台湾へ派遣した。清朝廷側の消極的対応を見たリゼンドルは、英国商人ピッカリング（Pickering, 1840～1907）と番界を越え、瑯嶠十八番社の頭目から、原住民は、今後遭難した米国船を必ず救助するとの約束を取り付け、その旨を官府に通知した。この事件により列強は清朝廷に対し、原住民の居住地域を実効支配しているか否かを問い質し始めた。

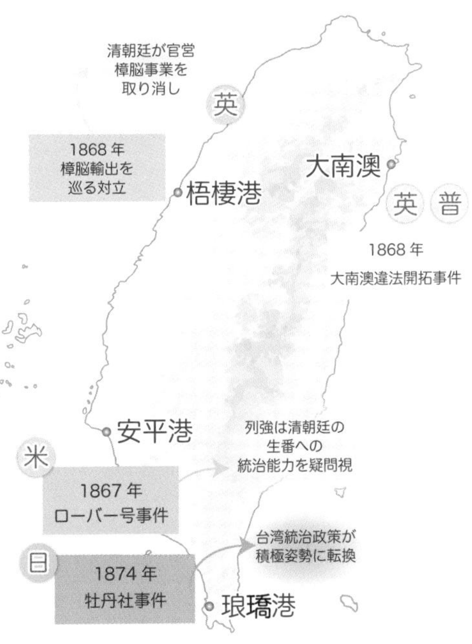

【図 5-10】台湾の外交問題

(二)禁令違反事件

開港後、一部の外国人は大きな利益に目が眩んで違法な貿易を行い、または禁を犯して東部で開拓に着手し、清朝廷側との間で摩擦を起こしている。その中で最も有名なのが、1868（同治7）年の樟脳の輸出を巡る紛糾事件と、大南澳（今の宜蘭県南澳）での違法開拓事件だ。

1.樟脳をめぐる紛糾

当時官府は樟脳を専売とし、民間による輸出を禁じていた。ところが1868年、英国商人のピッカリングは不法にも、通商港に指定されていない梧棲で樟脳の取引を行い、取締りに来た官府側と衝突している。当時は艋舺や打狗でも英国商人と官民との衝突事件が起こっていた。そこで英国は軍艦を送り、安平を砲撃した。その後の交渉で清朝廷は樟脳取引を解禁し、布教の自由を認め、英国側は出兵の不当性を認めた。

2.大南澳違法開拓事件

同年、淡水のプロシア商人は英国人のホーン（James Horn，生没年不詳）に資金を提供し、大南澳で開拓を行った。翌年、総理衙門(★1)はプロシアと交渉を行い、その結果プロシア商人は大南澳を離れ、そしてホーンは水難事故で死去し、この件は終結した。

史料エクスプレス

資料一：阿片禁止のための戦役が始まると、英船は鶏籠へ赴き、密かに阿片と樟脳とを交換した。反逆者は利益を得て栄え、法令で禁じるのは困難になった。……10年が経ち台湾は開港し、外国商人が渡来し始め、樟脳は輸出品となり、年に20万円の利益を上げた。そこで台湾兵備道の陳方伯は官営を主張し、局を置いて管理した。同治2年、艋舺の軍工料館を脳館と改め、……官営となったために外国人商人は利益を得られなくなった。（連横『台湾通史』巻十八）

資料二：最後の調査の結果、私（ピッカリング）が無実であることが証明された。種々の紛糾は全て、あの台湾兵備道の不法、不義、不仁の行為が必然的に招いた結果なのだ。英国人は天津条約の規定を遵守し……法に従い貿易を行っているのである。
（必麒麟『歴険福爾摩沙』）

資料に基づき、樟脳を巡る紛糾の原因を考えよう。清の官吏とピッカリングの天津条約への理解は同じか？

★1：「総理衙門」とは清の外務を司る官庁。正式には「総理各国事務衙門」。

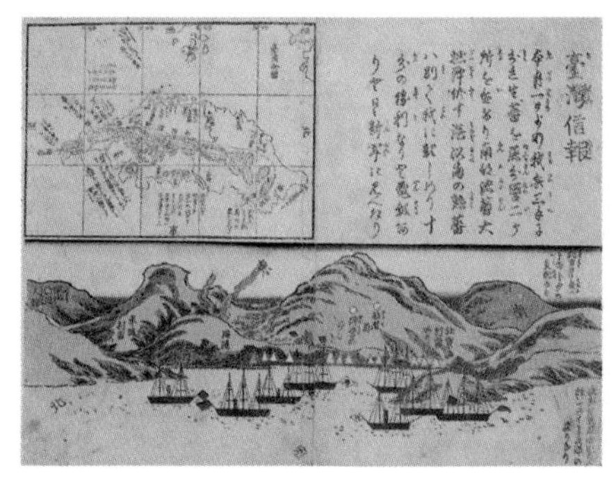

【図 5-11】日本人による牡丹社事件の報道
日本軍による「生番」攻撃の勝利を報じる 1874 年の「台湾信報」。台湾地図も付記されている。

【図 5-12】「大日本琉球藩民五十四名墓」 屏東県車城にある。牡丹社事件の終結後、日本軍は殺害された琉球船員の墓碑を建てたが、政治的な意味合いが濃厚だ。〔出典:『日本地理大系 11 台湾篇』山本三生編　改造社　1930 年〕

㈢牡丹社事件

1.背景

1871（同治 10）年、琉球❶漁船が台風に遭い、恒春半島に漂着した。地点は今の屏東県満州だ。船員の多くは高士仏社のパイワン族に殺害され、わずか少数のみが翌年琉球へ戻った。それから二年後、日本政府はこの一件を持ち出し、清朝廷の出方を探った。清の官吏は、琉球、台湾はみな中国に帰属しており、日本を煩わすまでもないとしながらも、その一方で「生番は化外(★2)のため、調査がしにくい」とも漏らした。それは清朝廷が原住民の居住地域を実効支配できずにいることを意味した。そしてそれが日本側に、出兵の口実を与えたのである。

1
琉球は 17 世紀初期より、中国と日本の薩摩藩の双方に朝貢を行った。日本は明治維新後、琉球に対し清帝国との宗藩関係を断つよう強要したが、清朝廷はそれを認めなかった。

2.経過

1874（同治 13）年、日本政府は積極的に征台の準備を進めた。そして日本軍が琅璚に到達すると、清朝廷は日本に抗議を行い、船政大臣の沈葆楨（1820 ～ 1879）を台湾へ急派した。日本軍は上陸後、武力で牡丹社、高士仏社を屈服させた。

しかし現地の気候風土に馴染めず、しかも財政に余裕がなかったため、長期戦は無理だった。更には列強への配慮も働き、講和目的の戦争としたかった。同年 10 月、日清両国間互換条款が調印された。そこにおいて清朝廷は、日本の出兵は「保民義挙」であるとの主張を否認せず、また遭難者に見舞金を送り、日本軍による琅璚での道路、建物の建設費用を補償することに同意した。この条款によって日本は、晴れて琉球の領有を主張できるようになった。そして牡丹社事件の衝撃はまた、清朝廷の台湾統治政策にも決定的な転換を促した。

★ 2：「化外」とは中華文明が及んでいないという意味。清が台湾の「番界」を「化外の地」と称したことは、そこが領土でないと認めたに等しかった。

二、積極的な台湾統治と近代化の展開

㈠統治姿勢が積極的方向へ

牡丹社事件中、日本は清朝廷へ番地に関する主権の有無を疑ったが、一方の清朝廷自身は台湾の重要性を身を以って知った。そこで、沈葆楨の建議を受け入れ、台湾統治政策を消極的なものから積極的なものへと転換し、実効支配と開発を進めて、外国人の台湾への野心を阻止しようとした。

㈡沈葆楨が推進した変革

1.**「開山撫番」**：東部を開発するには、先ず交通不便の問題を解決すべきとし、北路、南路、中路という３本の道路を敷設し、開拓民を呼び寄せた。原住民には武力で帰順を迫る一方で、「番学」の開設、風習の改変といった慰撫の政策も推進している。目的は外国人の領土的野心を断ち切ることだが、茶、樟脳産業を発展させる狙いもあった。

2.**台湾渡航禁令の廃止**：開拓強化のため、清朝廷は 1875 年、沈葆楨の建議を容れ、台湾渡航禁令を廃止して漢人の台湾への渡航を自由化し、更には家族同伴の渡航、番地への立ち入り、原住民との通婚なども許した。

3.**行政区画の調整**：開港後の北部の発展を受け、台北府を設置した。また牡丹社事件を契機に恒春県を設けた。そして卑南庁と埔里社庁を増設し、東部、中央山脈の統治を強化した。このようにして行政区画は２府８県４庁へと拡がった。

4.**洋務新政の展開**：基隆では新式の機械で石炭を採掘し、また新式の輸送船を購入して台湾、福建間を運航させた。更には台湾の防衛も強化し、安平と旗後で新式砲台を構築した（安平の砲台は億載金城と呼ばれる）。

【図 5-13】億載金城　沈葆楨がフランス人技師を招き設計させた砲台で、1876 年に完成。〔写真提供：陳麗卿〕

㈢丁日昌による整頓計画

福建巡撫(★)の丁日昌（1823～1882）が1876年に来台した。そして滞在期間中、不健全な行政体質を整頓し、広東の潮州、汕頭から移民を呼んで開拓に当たらせ、更に「撫番」政策を推進している。近代化建設としては府城、旗後（高雄）間、府城、安平間に電信線を敷いた。その他にも多くの改革、建設を計画したが、滞在期間が短く、実行されなかった。

三、清仏戦争と台湾省設置

㈠背景――清仏戦争

清帝国とフランスとの間で1883（光緒9）年、ベトナム問題を巡る戦争が起こった。翌年4月、仏軍艦が石炭購入を口実に基隆に近づくと、清朝廷は劉銘伝を福建巡撫として台湾へ派遣し、軍務を指揮させた。劉銘伝は来台後、北部の防衛強化のため、基隆、淡水を重要拠点とした。仏軍提督のクールベ（Anatole Courbet，1827～1885）は基隆と獅球嶺を占領し、そして淡水にも進攻したが、守備軍の強力な抵抗を受けたため、台湾海峡の封鎖を命じた。1885（光緒11）年、仏軍は澎湖諸島を占領した。6月に講和条約が締結されてようやく、台湾は封鎖を解かれた。

清朝廷はこの戦争で更に台湾を重視するに至った。1885年には台湾省の設置を命じ、劉銘伝を初代の福建台湾巡撫に任じて、その準備を進めさせた。そして1888（光緒14）年、台湾は省として正式に福建省から分離した。

【図5-14】クールベの澎湖島にある墓　クールベは澎湖島の馬公で死去した。遺体は後にフランスへ運ばれたが墓碑は残されている。
〔出典：『日本地理大系11台湾篇』山本三生編　改造社　1930年〕

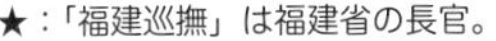

★：「福建巡撫」は福建省の長官。

㈡劉銘伝による新たな建設

1.「開山撫番」の拡大

劉銘伝は大嵙崁（今の大渓）に撫墾局を設置し、開拓や原住民に関する事務を行った。漢人の移住、開拓を奨励した他、漢人と原住民の衝突があれば討伐、慰撫の両策を用い、反抗する原住民は征討する一方で教育も興し、台北で「番学堂」を開設している。

討論しよう

沈葆楨、丁日昌、劉銘伝がみな積極的に「開山撫番」を進めた理由は何か？

2.行政区画の拡充

統治強化のため、再度行政区画を増やし、台南、台湾、台北の３府と台東直隷州を設置した。

（63ページ、【図３－６】参照）

3.土地改革の推進

台湾の財政を整頓するため、劉銘伝は「清賦」、つまり実際の耕地面積や田地の状況の精査を行い、それと共に大祖戸の廃止を主張した。しかし土地の測量作業が不公正なため、彰化の施九緞事件のような反乱が起こった。また大祖戸の廃止については大祖戸による反発があり、最終的には「減四留六」❷で決着を付けた。不徹底な改革ではあったが、それでも台湾の税収は大幅に増加した。

2 大祖戸の小祖戸からの大租収入は従来の６割に下がったが、政府への納税義務は大祖戸に代わり小祖戸が負うことになった。

4.洋務建設の展開

劉銘伝は台湾において積極的に洋務運動を推進した。交通面では鉄道❸の敷設や電信線（台湾と大陸の間の海底ケーブルを含む）の敷設、新式郵便制度の創設を行った。軍事面では機器局を設け、火器の自力生産を行っている。教育面でも新式学校、電報学校等を開設した。その他、基隆の炭鉱では大規模な採掘を行っている。

沈葆楨や丁日昌と比べ、劉銘伝は在台期間が長く、推進した建設数も多かった。このようにして台湾は、清帝国の中で最も近代化が進んだ省にもなったのである。

3 劉銘伝は任期内に台北から基隆までの区間を完成させ、台北から新竹までの区間は後任の巡撫、邵友濂の時に開通した。

	沈葆楨	丁日昌	劉銘伝
来台期間	牡丹社事件を受け来台。 1874～1875年	1876～1877 (わずか五ヶ月間)	清仏戦争を受け来台。 1884～1891年
行政実績	1. 2府8県4庁 2. 延平郡王祠を創建	行政体質を整頓	1. 台湾省設置 2. 3府1直隷州11県3庁 (1894年に南雅庁を置き、4庁に) 3. 土地改革(清賦)の推進
積極的開発	1. 台湾渡航禁令を廃止 2. 開山：北路、中路、南路との道路を東部まで敷設 3. 撫番：番学を開設、風習を改良	移民を呼び寄せ東部を開拓	1. 大嵙崁で撫墾局を開設 2. 原住民に討伐と慰撫の両用政策 3. 台北で番学堂を開設
洋務建設	1. 基隆の炭坑を採掘 2. 安平、旗後で砲台を構築 3. 新式輸送船を台湾、福建間で運航	1. 府城から旗後、安平へ電信線を架設 2. 基隆の炭坑を採掘	1. 鉄道を敷設(基隆→台北) 2. 電信線を敷設 (海底ケーブルを含む) 3. 新式郵便制度を創設 4. 機器局を開設し武器を製造 5. 新式学校、電報学校を設置 6. 基隆の炭坑を採掘 7. 電灯など近代建設を実施

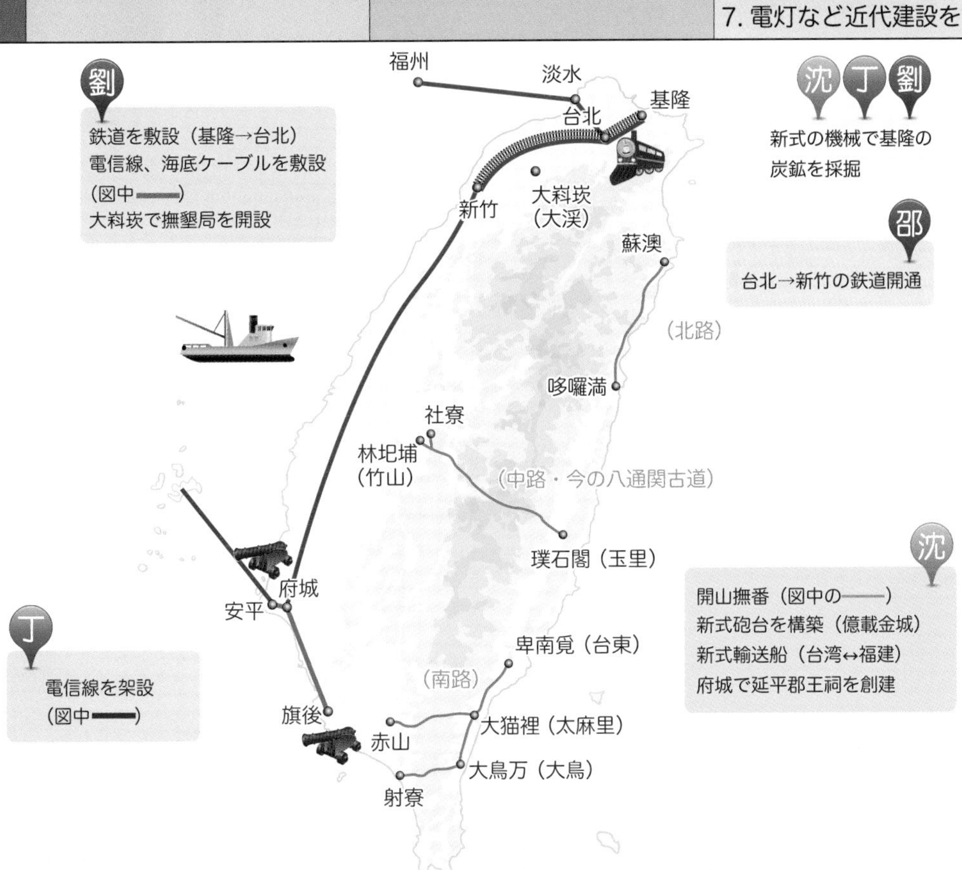

【図5-15】沈葆楨、丁日昌、劉銘伝の台湾での施政

㈢邵友濂の保守路線

1891（光緒 17）年、邵友濂が巡撫を継いだ。当時台湾では新政策を大規模に進めていたため財政が窮迫し、また清朝廷も積極的な建設を行う余裕がなかったため、邵友濂は多くの新政策を抑止し、保守的で平穏な路線に転じた。

劉銘伝は省都を橋孜図（今の台中市の中心）に置く計画だったが、財政の逼迫により準備が遅れ、巡撫は暫時台北に駐在することとなった。邵友濂は省都建設の未完成と北部の経済的繁栄を踏まえ、正式に台北を省都と定めた。台湾における政治、経済の中心としての台北の地位は、このようにして確立されたのである。

討論しよう

邵友濂が新政策を抑止した理由は何か？

【図 5-16】台湾第 1 号機関車一騰雲号　運行当初、騰雲号は人々から「黒い妖馬」と呼ばれた。現在は台北の二二八平和記念公園で展示されている。〔所蔵：国立台湾博物館／写真提供：林芝卿〕

歴史コメンテーター

各種のトーク番組やニューストピックでは、よく歴史事件をテーマにしたコーナーがある。そこで番組のコメンテーターになったつもりで以下のフリップを使い、劉銘伝の土地測量政策の得失について解説してみよう。

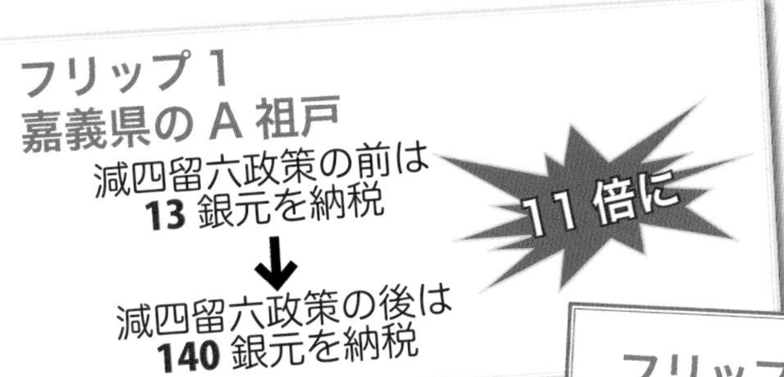

フリップ 2
劉銘伝の想定

隠田の摘発 ＋ 確実な測量 ＝ 政府の税収増加

フリップ 3
『台湾通史』の記載

72.8%増

「1892 年 5 月に清賦局が廃止されるまで、台湾全土の測量により税収額は 674468 両にも達し、測量前より 491102 両も増加した」

あなたのコメント：

（フリップ 1 と 2 の出典：李文良「晩清台湾清賦事業的再考察．—減四留六的決策過程与意義」、「漢学研究」第 24 巻第 1 期、p387 ～ 412）

第三篇

日本統治下の台湾

台湾総督府
日本統治時代の台湾における権力の中枢。

前期武官総督 → 文官総督

- 1895年 清帝国が台湾、澎湖諸島を割譲し、台湾官民が抗日
- 1896年 「六三法」公布
- 1898年 「匪徒刑罰令」公布
- 1906年 「三一法」可決
- 1908年 縦貫鉄道が全通
- 1913年 苗栗事件
- 1914年 台湾同化会が発足
- 1915年 西来庵事件
- 1919年 初の文官総督が就任
- 1921年 「法三号」公布
- 1922年 蓬莱米の開発が成功 中学校以上で日台共学が許可
- 1923年 治警事件

後期武官総督

- 1927年 台湾民衆党が結成
- 1930年 霧社事件 嘉南大圳が完成
- 1934年 日月潭第一発電所が完成
- 1935年 台湾初の選挙が実施
- 1936年 皇民化運動が始まる
- 1937年 盧溝橋事件
- 1939年 生産高で工業が初めて農業を上回る
- 1940年 日本式への改姓名運動
- 1941年 皇民奉公会が発足
- 1942年 志願兵制度が実施
- 1943年 義務教育が実施
- 1944年 徴兵制が実施
- 1945年 天皇が降伏を宣布

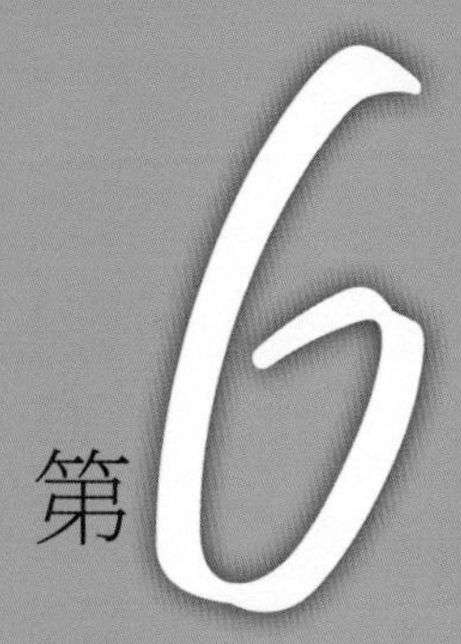

第6章 総督主導の新時代

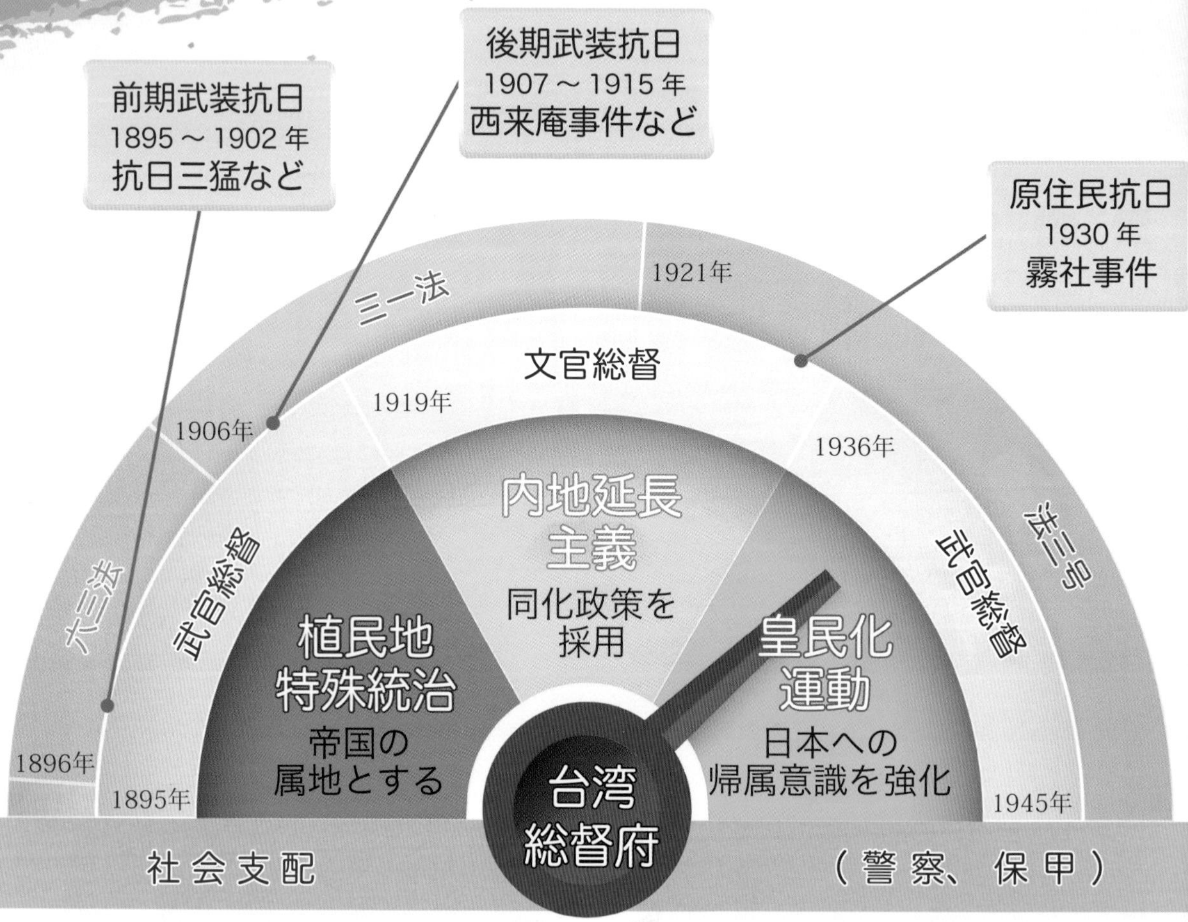

第1節

日本人が来た

◎授業前123

1. 台湾割譲後の台湾人の抵抗と前期武装抗日について知ろう。
2. 日本の植民統治政策の変遷と総督府体制を理解しよう。
3. 後期武装抗日の状況と原住民の高圧的統治への反抗を理解しよう。
4. 武装抗日を理解し、台湾人の郷土防衛の思いを感じ取ろう。

一、日清戦争の犠牲品

㈠台湾民主国

1.乙未の台湾割譲

1894年、清朝廷は朝鮮問題を巡り、日本との間で日清戦争を起こした。1895年（乙未の年）、日本の勝利で双方は下関条約を締結。遼東半島、台湾、澎湖諸島は日本へ割譲された。条約の発効から2年間、台湾人民は国籍を選択することができた❶。

1897年、4500人余が清国籍のまま台湾を離れることを選んだが、その数は台湾全人口の0.2％。多くの台湾人は留まって日本の臣民となった。

2.台湾人の自救行動

台湾に日本への割譲の報が伝わると、官吏、士紳は清朝廷に撤回を求めたが果たせず、自救を迫られ台湾民主国を樹立。巡撫の唐景崧（1841～1903）を総統とし、日本による接収に抵抗した。そして「永清」なる元号を定め、大清を忘れず「正朔を奉じて遥かに藩屏となる」との意志を清朝廷に示した。またそれと同時に国際社会の同情を集め、日本に台湾放棄を余儀なくさせようともした。

上陸した日本軍に対し、台湾人はわずかな抵抗だけを見せて敗退し、唐景崧、邱逢甲ら台湾民主国の主要リーダーは相次ぎ大陸へ去った。そして台北城は混乱に陥り、一部の士紳は日本軍に入城を求めることを決めた。日本軍が

【図6-1】藍地黄虎旗　清帝国の国旗は黄龍旗であるため、台湾民主国は藍地黄虎旗を国旗とし、清帝国への尊崇の念を示した。

台北城を獲ると、初代台湾総督の樺山資紀（kabayama Sukenori、1837～1922）は6月17日、始政式を挙行した。しかしその後も台南の劉永福（1837～1917）や各地で郷土を守る義軍は抗日で奮戦することを止めなかった。

3.日本軍の武力占領

日本軍の南下を受け、義軍は先ず桃園、新竹、苗栗で抗戦し、それに失敗すると一部は彰化へ転進し、八卦山の役で激しい抵抗を見せた。日本軍は勝ちはしたが兵力が打撃を受けた。そこで速やかに抗日行動を制圧するため、援軍を送って南側からも攻めた。このように、台南が挟撃されると、劉永福は廈門へ逃走した。これを受けて11月18日、樺山資紀は台湾全島の平定を宣言した。

日本軍は東北角から上陸した。塩寮には現在抗日記念碑が建っている。

5ヶ月余にわたる抗日で約1万4000人の民衆が犠牲になった。日本軍でも近衛師団長の北白川宮能久親王（Kitashirakawanomiya Yoshihisashinnō、1847～1895）が台湾で死去している。しかし各地で次々と起こる武装抗日は止むことがなかった。

【図 6-2】北白川宮能久親王（椅子に座る人物） 1895年5月29日、日本軍は澳底から上陸。親王がこれを指揮した。

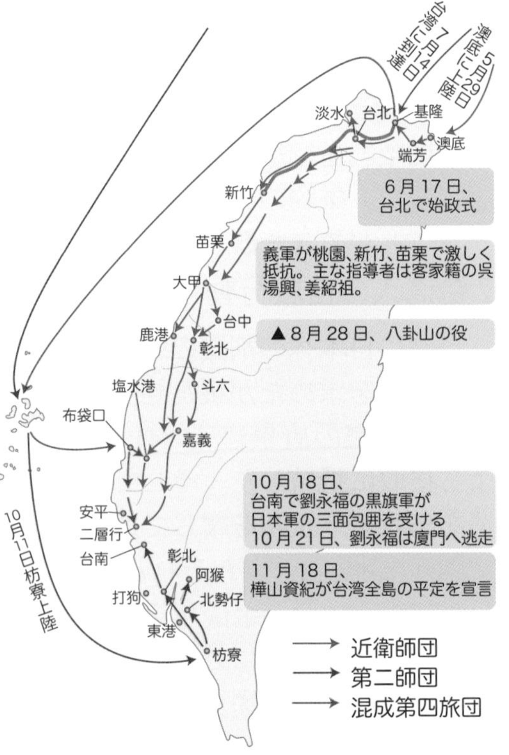

【図 6-3】日本軍の台湾攻撃と民衆の抗日

(二)前期武装抗日

漢人の武装抗日は、原因が異なる二つの段階に分けられる。1895～1902年が前期で、1907～1915年が後期だ。

1.抗日の原因

前期の抗日行動は、基本的には乙未の抗日の延長と見ることができる。1895年末から1902年までの間、各地で不断に抗日が行われたが、その原因は(1)日本統治初期における残酷な鎮圧と失政が人々の怒りを招いた。(2)総督府の経済運営が台湾人の既得利益や就業の機会を奪った。(3)多くの台湾人はなおも清帝国への復帰や防衛自立の考えを持っていた。

2.次々と発生した抗日

前期の抗日ゲリラの行動範囲は全台湾に及んだ。北部では主に陳秋菊、簡大獅らが中心で、中部では簡義、柯鉄(柯鉄虎)らがおり、南部では林少猫が最も有名だ❷。しかし各地域に跨る支援協力はなく、戦死者、捕殺された者は1万人を超えた。1902年、日本軍が後壁林(今の高雄市小港)で帰順した林少猫を殺害した後壁林事件を以って、この段階の武装抗日行動はようやく幕を下ろした。

2 簡大獅、柯鉄虎、林少猫は「抗日三猛」と呼ばれた。

3.日本の圧制的な政策

日本の鎮圧行動では当初、警察と軍隊の職権が不明確で、職務執行の上でよく対立が生じた。そこで乃木希典(Nogi Maresuke、1849～1912)総督は1897年6月より、「三段警備制」を採用した。つまり危険地帯は軍隊と憲兵が担当し、不安定な地域は憲兵と警察が共同で担当し、安全地帯は警察が担当するというものだ。

1898年、児玉源太郎(Kodama Gentarou、1852～1906)が総督を継ぐと、三段警備を廃止し、治安維持は全て警察の任務とした。そして匪徒刑罰令を制定し、重い刑罰を以って住民の反抗を鎮めた。民政長官の後藤新平は積極的に招降を行い、帰順者を礼遇する一方で、なおも反乱の恐れがある者は虐殺した。こうした恩威並用の手法で、総督府は効果的に抗日行動を抑え込んだのだった。

【図6-4】後藤新平 児玉には兼職があり常に台湾におらず、その深い信頼を受けた後藤新平が台湾の政務を取り仕切った。

討論しよう

後藤新平は台湾統治で「アメとムチ」の策を用いたが、この「アメ」や「ムチ」はそれぞれ何を指しているだろう?

二、総督府体制と統治政策

㈠「六三法」と「土皇帝」

日本では台湾を獲得した当初、台湾を内地とは異なる帝国の属地と見て特殊な方法で統治するべきか、それとも内地の一部分とし、本国の法律を適用するべきかと、統治の在り方を巡り議論が見られたが、最終的には過渡的な特殊統治を実施し、武官を総督に充てることが決まった。止むことのない抗日に対処するためである。

1896 年、日本政府は法律第 63 号（六三法）を可決し、台湾総督府に律令を制定する権力を付与した。こうして台湾は日本の憲法条文や法律の多くが適用されることのない、日本本土とは異なる「特殊法域」となった。台湾総督は行政、立法、司法、軍事大権を掌握することになり、「土皇帝」などと呼ばれた。

㈡警察大人と社会支配

総督府は 1898 年、警察制度を改革し、大量の派出所を各地に置き、治安維持に当たらせた。民衆から「大人(★1)」と呼ばれた警察官の任務は幅広く、民衆の日常生活にも深く関わっていた。台湾の警察官は 1901 年の段階で 5600 人以上に達し、派出所は 930 ヶ所を数えた。警察力はここまで充実しており、武装抗日行動の鎮圧ばかりか、台湾社会を厳密に支配することも可能だった。

総督府は警察制度と戸口制度を通じ、清統治時代以来の保甲(★2)制度を強化した。そして保甲を利用し、連座制を以って台湾社会を効果的に支配している。また保正や甲長の職の付与は、日本人による士紳の籠絡、あるいは地方指導者の育成の手段ともなっていった。

【図 6-5】台湾総督府 総督府の建物は 1919 年に落成。今も総統府として、台湾の政治権力の中枢を担い続けている。

【図 6-6】警察が管轄しないものはほとんどなし 日本統治時代の警察権力は大きく、総督府にとり植民統治の執行力だった。

史料エクスプレス

後藤新平は生物学の原則を持ち出し、こう述べている。「台湾統治の方式は、成功した日本の経験を台湾人民に実施しようということでは決してない。生物学上ヒラメを例にとると……ヒラメの目が頭の一方に二つ付いているのは、生物学上その必要があるからである。政治の上でもまた同じで、先ずは台湾人の慣習を理解し、その慣習に基づいて管理方法を決めてはじめて有効となるのだ」（台湾統治救急策、1898年）

後藤新平の発想をもとに、彼がどのような植民統治政策を思い描いていたかを考えよう。

㈢植民統治政策の転換

1.植民地特殊統治（1895〜1919年）

「六三法」により、台湾人はたとえ日本国民になっても、台湾総督府体制の下では日本の憲法による権利の保障を受けられず、台湾住民の不満を引き起こした。また一部の日本の国会議員や学者も「六三法」を国会の立法権を侵害するものとして批判した。

1906年になり、法律第31号（「三一法」）が可決され、総督府の立法権が制限されるようになった。つまり総督の制定する律令は、すでに台湾で施行されている法律に反することや、台湾で施行するため本国で制定された法律及び勅令に抵触することはできないと規定されたのである。

2.内地延長主義（1919〜1936年）

第一次世界大戦後、国際社会では民族自決の風潮が高まり、日本国内は大正デモクラシーの時代に入った❸。1918年、早くから文官の総督への起用を主張していた原敬（Hara Takashi、1856〜1921）が首相になると、台湾統治方針を調整して内地延長主義❹を取り入れ、文官を総督に充てることにした。

そして1919年、田健治郎（Den Kenjirou、1855〜1930）が初の文官総督となり、温和な台湾統治政策を採用した。1921年に公布された「法三号」にしても、日本本土の法律を台湾に適用するとの原則の下、台湾総督の律令制定権を、特殊、緊急の状況下における補助的なものとして制限するものだった。この

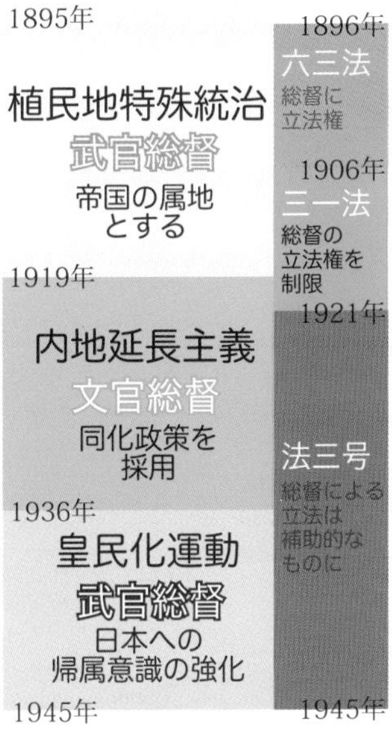

【図6-7】総督府植民政策の転換

3
大正デモクラシーは1918（大正7）年の原敬内閣の発足で始まり、1932（昭和7）年の犬養毅（Inukai Tsuyoshi、1855〜1932）首相の暗殺で終わった。この時期の内閣は政党が主導し、開明的だった。

★1：「大人」とは役人の敬称。当時は警察官の別称で、親が聞き分けのない子を叱る時、よく「大人が来るよ」と脅かしたほど、威圧感の伴う呼称と言えた。

★2：「保甲制度」とは行政機関の最端末で、10戸で1甲、10甲で1保とし、甲は甲長を、保は保正をそれぞれ責任者とした。日本統治下では警察の補助機関として機能。

4 内地延長主義とは内地と同じ制度を台湾で実施することを主張するもので、同化政策とは台湾人が日本文化を受け入れるよう期待するものだった。

ように日本の台湾統治の政策は植民特殊統治から内地延長主義の方向へと移行して行ったのである。

3.皇民化運動（1936～ 1945年）

1936 年、日本は将来の東アジアでの戦争に備え、再度武官を総督に任命することになり、小林躋造（Kobayashi Seizou、1877 ～ 1962）が就任した。そして1936 年末より皇民化運動を展開し、台湾人の更なる日本化を進め、それと同時に動員準備を強化するなど、台湾統治政策は戦時下の要請に応じるものとなって行った。

三、圧制と反発

㈠後期武装抗日

1.抗日の原因

1907 年以来、再び武装抗日が繰り返された。その原因としては、総督府の林野調査の結果、多くの林野、土地が奪われ、あるいは日本資本の台湾での拡張により生活が苦しくなったため、反発が起こったことが挙げられる。また 1912 年以降は、中国での辛亥革命の成功も抗日行動を鼓舞している。

2.武装抗日の終結

当時すでに台湾総督府の統治は堅固なものになっており、厳密な社会支配の下、抗日活動の多くは未然に抑え込まれた。その規模も、羅福星（1886 ～ 1914）の苗栗事件や余清芳（1879 ～ 1915）を首魁とする西来庵（噍吧哖）事件以外はみな小さかった。

【図 6-8】西来庵事件　2000 人に近い被告の内、866 人に死刑判決。本土で批判された総督府は余清芳ら 95 人の処刑後、その他については減刑した。

羅福星は中国革命に参加して同盟会のメンバーとなり、1912 年に台湾で抗日を画策したが、翌年計画が漏れて逮捕された。主に苗栗で活動をしていたため「苗栗事件」と称された。余清芳らは 1915 年、台南の西来庵で大明慈悲国の樹立を密謀したが露見したため、民衆を率いて噍吧哖（今の台南市玉井）で蜂起したが、その後敗れて捕らえられた❺。

この蜂起が失敗に終わると、台湾総督府は大々的な制圧に乗り出し、大勢の民衆が殺害された。あまりにも強大な軍事力を前に、漢人の武装抗日はこれ以後見られなくなった。

5
総督府は事件後、台湾の伝統的信仰を把握するため、各地で宗教調査を実施し、各寺廟の沿革、祭祀や、教育、社会への影響に関し調べている。

㈡「理蕃政策」と霧社事件

1.原住民への高圧的統治

日本統治初期、日本は清統治時代の隘勇制度（★1）を踏襲して原住民の隔絶を図ったが、1906年に佐久間左馬太（Sakuma Samata、1844～1915）が総督に就任すると、より多くの山林資源を求めて「理蕃事業」（★2）を正式に開始し、繰り返し兵力を送り原住民を攻撃すると共に、隘勇線を設置して原住民を山岳の奥地へと押し込んだ。

そして総督府は長期間の武力制圧を経て、1915年には全域の原住民を支配するに至っている。大量の理蕃警察官を通じた高圧的な統治を行う一方で、教育による同化も進め、入学を誘導したり、顔の入墨、抜歯などの伝統的な文化、習俗を禁止した。

2.霧社事件

日本の高圧的な「理蕃」政策の下、官吏による統治は横暴で、労働奉仕も負担が大きく、更には警察官と原住民女性との感情問題等も重なり、至る所で原住民は不満を高めた。そうした中で発生した最も代表的な原住民の抗日事件が、1930年の霧社事件だ。

【図6-9】隘勇線　日本は険要地域に隘寮、隘路を設置し、高電圧の鉄条網をも張り巡らして、原住民の各部落を包囲した。

【図6-10】総督官邸前での原住民の集合写真
日本は原住民の頭目を召集し、あるいは日本見物に招待して、総督府の原住民への統治能力を示し、原住民に威厳と近代的な発展ぶりを思い知らせた。

★1：「隘勇制度」は原住民の襲撃を防ぐための防衛制度で、総督府は長大な隘勇線を引き、原住民を封じ込めた。
★2：「理蕃」とは、原住民に対する統治や施策のこと。

【図 6-11】霧社事件のリーダーでマヘボ社頭目のモーナルダオ（中央）。

歴史スポットライト

和服の下のセデック魂

丹念な教育を受けて日本文化を身に付けたセデック族の花岡一郎と花岡二郎は、総督府の理蕃政策下における模範的な人々だった。二人は共に部落で警官となり、やはり日本教育を受けた同じ社の女性を娶っていた。ところが霧社事件が起こると、セデック族と日本人との間で板挟みとなり、一郎は妻と稚児を連れ、また二郎は身重の妻を残し、それぞれ自尽して祖霊の下へ帰って行った。二人が共同で認めた遺書には、「我等は此の世を去らねばならぬ。蕃人の公憤は出役の多い為にこんな事件になりました。我等も蕃人達に捕らわれどうすることも出来ません」とあった。二人は蜂起を事前に知っていたか否か、またそれに関与していたか否かは、今以って謎である。

（周婉窈『台湾歴史図説』（増訂本）、台北、聯経、2009）

1930年10月、セデック族❻のモーナルダオ（Mona Rudao、1882～1930）は同族の人々を率いて霧社で蜂起し、公学校で運動会に参加していた日本人を襲撃した。これを受け総督府は、大々的な鎮圧に乗り出し、陸軍と警察を出動させ、航空機による空襲も行った他、他の原住民部落の人々をも動員して協力させた。モーナルダオはこれに敵せず、自決した。

6 当時はタイヤル族に分類されていた。

翌年4月、日本は近隣部落に集められた蜂起参加者の生き残りに対し、それと敵対する部落の人々を煽り襲撃させている。歴史上これを「第二次霧社事件」と呼ぶ。これにより激減した蜂起参加者の遺族たちは、総督府によって川中島（今の南投県仁愛郷清流部落）へ移された。霧社事件により、総督府の政策は日本本土で強く批判され、石塚英蔵（Isizuka Eizo、1866～1942）総督などの官吏は引責辞任した。総督府も理蕃政策の見直しを行った。

南投県の霧社事件記念公園には記念碑が建つ。晩冬から初春にかけては桜が一面に咲く。

【図 6-12】霧事件発生前の霧社

警察の任務

「警邏」は日本の警察にとり毎日欠かせない任務で、以下の資料は警邏での確認事項と注意事項だ。これを見て質問に答えよう。

確認事項	1. 保甲、壮丁団の状況 4. 公衆衛生の状況 7. 道路、橋梁、鉄道の状況	2. 法律、命令の実施状況 5. 禁制品の取締り 8. 電信、電話の故障の有無	3. 宗教、風俗の調査 6. 監視対象者の挙動
注意事項	1. 警邏の線路には重要な集落及び交通結節点を含めること。 また「警邏票」を備え、警邏の時刻を記入し、捺印すること。 2. 保甲の簿冊を検査し、警邏の印を押すこと。		

1. 日本統治時代の警察が担った任務には何があるか？

2. 日本の植民体制全体の中で、警察はどのような役割を担ったか？

第2節

植民体制下の経済発展

◎授業前123

1. 日本植民統治下での建設、開発の目的を理解しよう。
2. 日本人による調査事業とインフラ建設を知ろう。
3. 日本統治時代における経済発展の状況を理解しよう。
4. 日本統治時代の「近代化」施設の台湾への影響を感じ取り、客観的に評価しよう。

一、「植民化」と「近代化」

植民統治の主要目的は、政治制度、社会、文化、経済の各面において、母国の需要と利益に奉仕することにある。経済面では台湾の資源を効率的に獲得するため、総督府は統治の強化を図る一方で、インフラ建設や経済開発にも力を入れた。その結果、台湾は物質、経済の面で著しい進歩を遂げている。また総督府が経営する台湾の近代化は、植民地的な色彩が濃厚だった。つまり「植民化」と「近代化」の二つが植民統治の指針となっていたのだ。

二、全台湾大調査と専売事業

㈠調査事業

台湾は日本とは自然環境も風土民情も異なるため、台湾を理解すべく、全台湾で大規模な調査事業が進められた。例えば施政方針の策定や法令施行のため、漢人の法制、経済面での旧制、習慣や原住民の風俗文化に関する旧慣調査を実施した。更には統治上必要な情報を掌握するため、土地調査、林野調査や人口調査を行った。

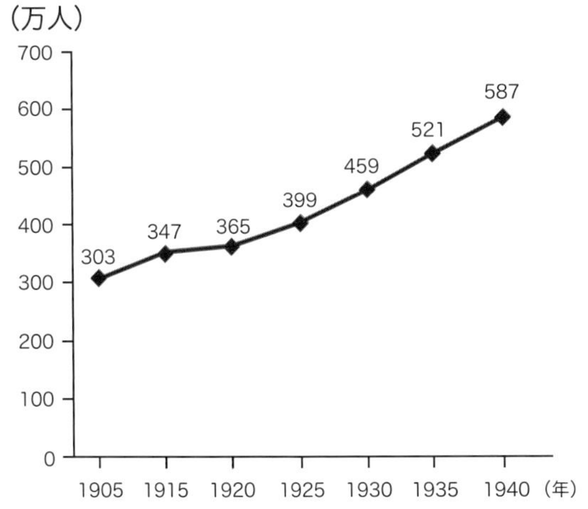

【図 6-13】日本時代の人口調査 最初の2回は台湾だけで実施されたが、その後の5回は国勢調査として日本本土と同時に行われた。

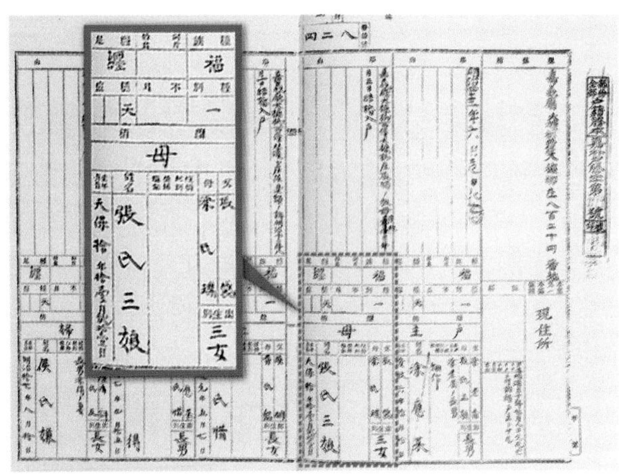

【図 6-14】戸口調査簿 戸口調査簿は記入事項が多く、本籍の他に阿片吸引、纏足、種痘の有無なども詳細に記録された。

1898年、総督府は土地の面積と所有者を確定するため土地調査を展開した。その結果、田地面積が従来言われていたものより遥かに上回っていることが判明した。そしてそれにより、土地の使用状況が明確になり、税収も増加した。また、それと同時に土地改革を行い、「一田多主」制度を廃止して、小租戸を土地の唯一の所有者とした❶。所有権の確立は土地売買の安全性を保障し、日本資本の台湾への投資を誘致するのに役立った。そして林野調査によって判明した財産権が不明確な大量の林野は、無主地として官有に帰させ、日本人を中心とする資本家に払い下げられた。

1 大租戸には低額の公債で補償した。

この他、総督府は1905年に第1回「台湾戸口調査」❷を実施した。これは台湾初の戸数・人口の調査で、その後も定期的に実施され、精確な人口統計資料が作成され、台湾の社会状況が掌握された。

2 全台湾の人口は303万9千751人だった。ただし山地の原住民は含まない。

㈡専売事業

阿片吸引者が多かった1897年から、総督府は阿片の専売を実施し、また吸引を免許制にした。そしてその後、専売品は次第に増加した。塩、樟脳、煙草、酒、度量衡器、マッチ、石油など、生活必需品もあれば利益率の高いものもあり、専売は総督府にとり主要な収入源となった。

三、インフラ建設の展開

討論しよう

日本統治の初期、台湾の財政は窮迫し、国会では台湾売却を訴える主張まで出ていたが、台湾総督府は1905年にようやく収支を釣り合わせている。もしあなたが日本人の統治者ならどうした？収入が増加した原因は何だろう？

㈠関税と金融改革

日本からの投資を誘引するため、日本と同様の関税制度が導入された。これにより台湾経済の日本との融合、関係強化は更に進み、日本が台湾の最大の取引先となった。そしてそれに次ぎ、台湾銀行が設置された。これにより台湾の貨幣は統一され❸、日本企業の台湾での投資が助成された。

3 台湾銀行券は日本円と等価だった。

㈡交通建設

交通建設は近代における重要な指標だ。総督府は統治の実行、人や資源の流動を潤滑にするため、これを積極的に進めている。

1908年、基隆から高雄へ至る縦貫鉄道が全通し、南北間の交通が大いに便利になった。民営鉄道もでき、例えば各製糖会社は鉄道を敷き、甘蔗を輸送すると共に乗客も載せた。また山岳部の伐採場の林木は、阿里山線などの森林鉄道により運び出された。そして道路の整備も急速に進んだ。中でも最も重要なのが1925年に完成した縦貫道路だ。基隆から西部を貫き屏東に達する全長400余キロの道路である。道路網は陸路交通の利便性を更に高めた。

また本土との移出入の拡大のため、基隆港と高雄港の築港を繰り返し、これらを台湾海運の二大門戸とした。

【図 6-15】縦貫線

㈢民生インフラ建設

水利は農業の発展に極めて重要だ。そこで総督府は灌漑用水路の管理を強化し、その後更に官設の計画を立て、北部の桃園大圳を含む14の用水路の工事を補助した。そして最も重要とされたのが、八田与一（Hatta Yoichi、1886～1942）が設計した嘉南大圳の工事だ。1920年に起工して曽文渓と濁水渓から水を引き、1930年には烏山頭ダムを完成させ、嘉南平原の灌漑の水源問題を解決した。

年	水田	畑
1929	34.5%	65.5%
1931	34.6%	65.4%
1933	45.1%	54.9%
1935	57.4%	43.6%
1937	70.3%	29.7%

【表 6-1】嘉南大圳完成前後の嘉南平原での水田と畑の比例変化

総督府は水力発電を主とした電力施設も次々と建設し、電灯用など民生用電力を提供した。1905年には台北市街で電灯が点されている。1934年に日月潭第一発電所が完成したことは、台湾の電力工業には重要な一里塚となった。それにより電力使用が更に普及したからだけでない。工業発展の基礎も築かれたからである。

㈣都市計画

統治上の必要から、総督府は1899年より各地の大小の市街で「市区改正」計画を進め、真っ直ぐ伸びる幅の広い道路を敷くと共に、西洋風の建築を取り入れた。例えば、台北ではこれにより城壁が取り払われ、電灯の設置、水道の敷設、道路の拡張、家屋の改築が進み、市街は一変した。台中でも碁盤の目のような街路が作られた。

【図 6-16】日月潭水力発電所　日月潭は三方を山に囲まれており、残りの一方に堰堤を作れば貯水ができた。

四、経済発展の状況

㈠製糖業の発展

総督府は日本企業の台湾での発展のため、そして日本企業の砂糖の輸入額を減らすため、台湾ですでに基礎を持つ製糖業を経済発展のための重点とした。そして積極的に近代的な新式の製糖業を保護した。資金援助、原料採取地域の指定、市場保護といった措置により、日本の資本家によるの台湾製糖業への投資は大幅に増加した。

日本当局は新式製糖業の原料コストを削減するため、甘蔗農家の買取先や買取価格を規制し、「最も割に合わないのは、甘蔗を製糖会社の秤にかけること」との諺も生まれるほど、農家の利益を圧搾した。総督府は更に1912年、台湾人だけで会社を興すのを禁じ、日本企業の独占的優勢を支えた。

【図 6-17】台中の新盛橋通り（現中山路）にはかつてすずらん型の街灯が。

「甘蔗の価格は植えた我々が決めるもので、公平な取引こそ当然だ。横暴な連中は値切ることをせず、我々農民を奴隷にする気だ。……契約をして甘蔗を植える農奴となり、苦労を訴える所もない。弱者同士で手を取り合うしかなく、道理に基づき自由を勝ち取ろう」（李応章「甘蔗歌」より）

この資料が語る甘蔗農家が直面していた境遇とは？

㈡農業の発展とその問題

1.農業改良

日本統治時代、総督府は近代的な技術を導入し、品種改良の試験や研究を進めると共に、化学肥料を普及させるなど、農業生産の向上を図った。1922年には蓬莱米の開発に成功している。これは日本の品種に近く、在来米より弾力性のある食感が日本人の口に合うため、増産政策を進めた。この他、農業人材の育成にも力を入れ、嘉義農林学校（今の嘉義大学の前身）などの農業学校を設置した。

2.米糖相克

蓬莱米は日本市場で歓迎された。また米生産は製糖業と違い日本側に独占されておらず、台湾本土資本には利益が得やすかった。そこで多くの地主や小作農が稲作に力を入れたため、米か甘蔗かで耕作地を争う「米糖相克」問題が浮上した。そのため総督府は嘉南平原で、水を区域に分けて供給する米、甘蔗、雑穀の三年輪作制度を採用し、作り手の作物の選択を統制した。ただし米であれ砂糖であれ、日本への移出の多くは日本の商社が行った。

㈢移出商品と移出入

1.商品作物の開発

商品作物に関しては、かねてからの茶や樟脳の生産が引き続

【図 6-18】新式の製糖工場 台湾製糖株式会社が1902年に今の高雄市橋頭に開設した橋仔頭工場。台湾初の新式製糖工場だった。

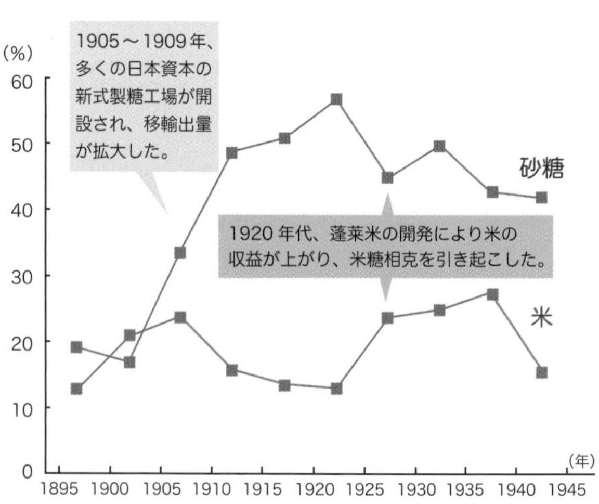

【図 6-19】1896 ～ 1943 年に米と砂糖が移輸出総額に占めた割合。

き拡大された他、台中、台南、高雄を主要産地とするバナナやパイナップルも重要視された。また原住民が居住する山岳部への日本の支配が確立されると、森林開発が積極的に進められた。特に阿里山産の高価なヒノキは、大量に伐採されて日本本土へ運ばれた。

2.島外とのビジネス取引

日本統治時代の台湾の移輸出入の相手は主に日本本土だった。日本で生産された工業製品、雑貨は基隆から移入され、米、砂糖を中心とする日本向けの農作物や農産加工品は高雄港から出荷された。移出品にはその他、バナナ、アルコール、パイナップル缶❹、樟脳などがあった。

㈣農業と工業

全体的に見ると、日本統治時代の農業と工業は共に成長を持続していた。初期の工業は主に農産加工業で、新式製糖業が最も重視された。1930 年代の農業生産額は蓬莱米の増産により急増した。1939 年には工業生産額が初めて農業生産額を超えた。だが人口構造で見ると、農業人口はなお工業人口を上回っており、台湾が工業社会に転じたという訳ではなかった。

【図 6-20】毎年大量のバナナが日本へ移出された。

【図 6-21】阿里山営林場のヒノキ 当時日本では神社など伝統的な建築が台湾のヒノキを大量に用いた。

パイナップルは腐りやすく保存が難しい。そこで缶詰にして移輸出された。

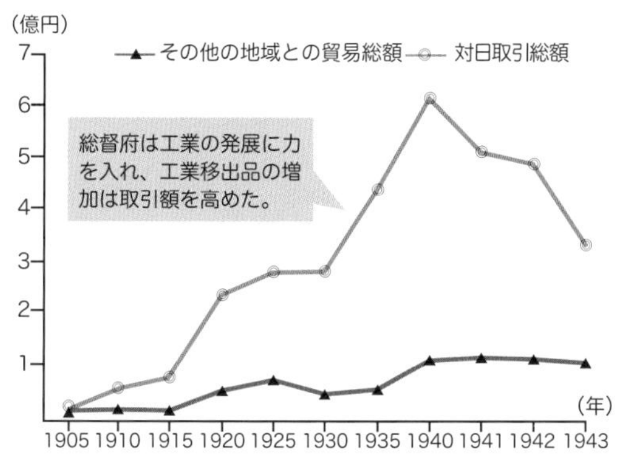

【図 6-22】日本時代の対日移出入

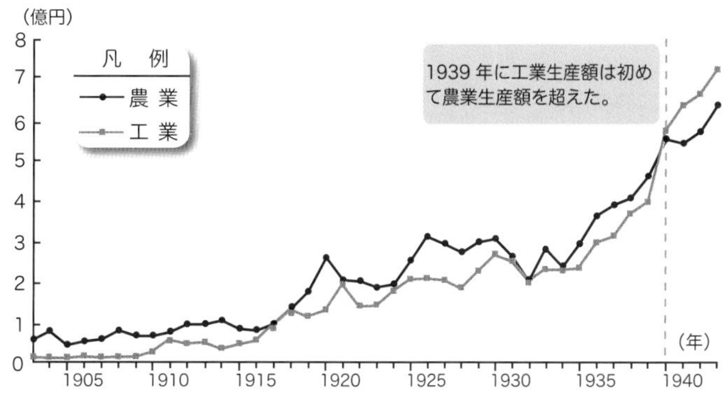

【図 6-23】日本統治時代の農業と工業の生産額の変化

歴史 Talk Show

宝島台湾にはあちこちにお宝が

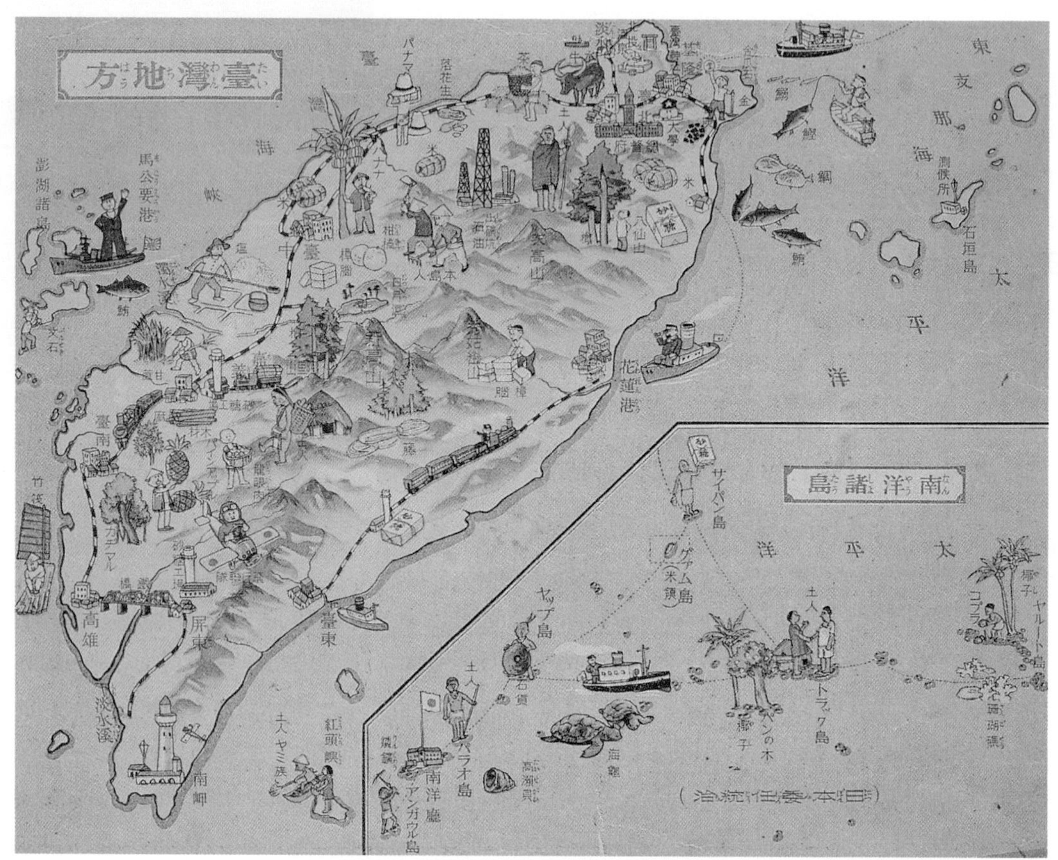

【図 6-24】台湾の特産と風情（1930 年代）

上の図を参考にして質問に答えよう。

1. どのような地方の特産、建設、ランドマークがあるか探してみよう。今日もそれらは見られるだろうか？
2. 日本統治時代、政府はよくこのような産業地図を作製して台湾の物産の豊かさを示し、あるいは何度も博覧会を盛大に催したが、それらには宣伝の意味合いが強かった。それでは総督府は、なぜ台湾を盛んにアピールしたのだろう？政治的、経済的、社会的な狙いを推測しよう。

第7章 日章旗下の台湾社会

教育

1. 日本人と台湾人で異なる教育体制
   → 日台共学、国民教育
2. 専門学校の開設で技術者を育成
3. 高等教育機関の不足で
   台湾人は留学へ

文化と芸術

1. 旧、新文学の発展と衝突
2. 西洋近代美術 → 新美術運動
3. 西洋近代音楽、台湾語歌謡の風靡、歌のアレンジ
4. 庶民演劇の歌仔戯の出現と文化、啓蒙を重視した新劇

特色 → 西洋文化＋郷土への情感
＝多元的発展

生活様式

1. 旧俗改良
2. 医療衛生観念の養成
3. 法治観念の確立
4. 生活リズムの改変
5. 余暇活動の始まり

社会構造

1. 人口の成長、都市の発展
2. 士紳を籠絡し地方のリーダーに
3. 新知識エリートの出現
   ＝新たな社会のリーダー

指導 → 社会文化運動
台湾議会設置請願運動

1921　1927　1931　1934

台湾地方自治連盟

台湾文化協会　台湾民衆党
新文協
台湾農民組合
台湾共産党
左派弾圧
1931年に解散

第1節

差別待遇下の社会発展

◎授業前123

1. 近代教育の進展の特色と教育上の差別待遇を理解しよう。
2. 社会構造と社会の指導者階層の変化を理解しよう。
3. 日本統治時代の台湾人の政治抗争運動を知ろう。
4. 台湾人の植民統治下での差別待遇を感じ取り、当時の知識人の平等権獲得への努力の意義を認めよう。

一、近代教育の推進

㈠初等教育と差別待遇

1.重点が置かれた初等教育

日本統治初期、統治、建設上の必要から、総督府は初等教育を重視し、またそれを通じて忠君愛国思想の注入を図った。1896年、日本は各地で国語伝習所を開設し、日本語を教えた。1898年には更に近代教育を推進した。しかし隔離政策が採られ、在台の日本人児童が小学校で義務教育を受けたのに対し、

【図7-1】皆で体操　総督府は学校での体育の授業で運動を教え、生徒に健康な身体と快活な精神を保ち、規律を順守する習慣を養わせた。

【図7-2】新竹の公学校と小学校の合同運動会　着衣でどちらの児童か見分けがつく。

台湾人の児童は授業料を納めて公学校に通った。

日本人は初等教育を終えると中学校へ進学できたが、台湾人の進学コースは、初期においては教員養成の国語学校か医療職養成の医学校に限られた。その後農林、工業、商業等の実業教育により、初級技術者の訓練が受けられるようになった。1915 年には、台湾総督府が、士紳の寄付や訴えを受け、初の台湾人向け中学校である台中中学校(今の台中一中)を開設した。

2.「日台共学」と教育の進展

総督府は 1922 年、内地延長主義に基づき新たな台湾教育令❶を公布し、中学校以上での「日台共学」を認め、台湾人と日本人の教育での差別待遇を形式的には撤廃した。初等教育では「国語」(日本語)の常用者は小学校へ、非常用者は公学校へと分けたが 1941 年になり、いずれも国民学校へと改められている。1943 年に義務教育が実施された。その翌年の学齢児童の就学率は、すでに 7 割を超えていた。

1
台湾教育令の第 1 回の公布は 1919 年で、台湾籍と日本籍の別学の原則の下、台湾人が学べる公立学校は普通学校、実業学校、師範学校、専門学校となった。

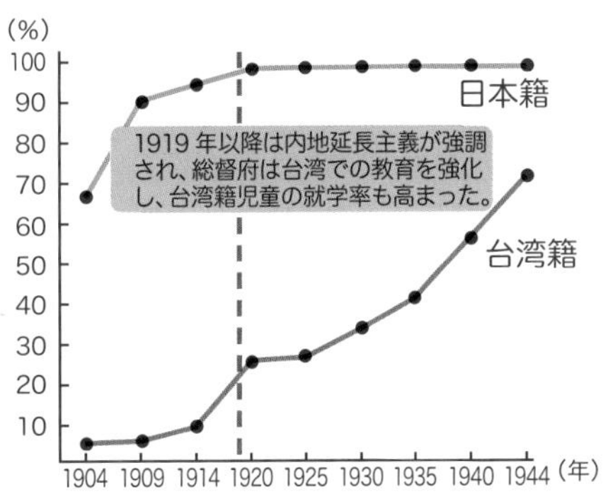

【図 7-3】日・台籍の学齢児童就学率

資料一:1922 年に公布の新しい台湾教育令が「許した小学校で学ぶ台湾児童の人数は、1 学級の日本籍児童数の 3 分の 1 だった」

資料二:日本時代の台湾子弟はみな「公学校」へ上がり、役人、医師、弁護士、富商など上流家庭の台湾人子弟の内、入学試験に合格した者だけが、定員極少数の狭き門をくぐり、日本の子弟と「小学校」で学ぶことができた。

(『杜聡明与我—杜淑純女士訪談録』)

「日台共学」を定めた法令は、台湾子弟の就学の権利にどのような影響を及ぼしたのか?本当に台湾子弟への規制は解かれたのか?

㈡高等教育の確立

総督府は1919年、医学校を医学専門学校へ、国語学校は師範学校へと改制し、また農林、商業、工業などの専門学校を開設して、技術者の育成を進め、1922年には台北高等学校❷を設立している。そして1928年には台北帝国大学（今の台湾大学）を開設した。これは当時の台湾では唯一の大学だった。しかし、高等教育を受ける台湾人は限られており、大学設立の目的も、主に在台日本人子弟の需要に応じることにあった。

進学の機会の不足により、経済的に許される大勢の台湾人子弟は海外で学ぶ道を選んだ。留学先の主流は日本で、医学を学ぶ者が最も多く、法律政治、商業、経済を学ぶ者がそれに次いだ。

2 台北高等学校は大学の予備教育の学校で、入試の倍率が高かった。卒業生は日本の各帝国大学に進むことができた。入学を果たした台湾人は極少数だった。所在地は今の台湾師範大学だ。

【図 7-4】台北帝国大学 1928年の最初の入学者55人のうち、台湾人は6人だけで、それ以外は日本人だった。

二、社会構造と差別待遇

㈠社会構造の変化

1.人口と都市の発展

1920年代以降、医療の進歩に伴い死亡率が低下し、社会は安定して、人口が大幅に成長した。1897年に約280万人だった人口は、1924年には400万人を突破し、1940年には600万人を超えた。その多くは農業で暮らす漢人である。在台の日本人は主に公務員、教員、軍人、警察官や技術者、商人などが主で、その数は少なく、1940年の全人口のわずか5.3%に過ぎなかった。

都市に関しては、港湾が拡張された基隆、高雄が港町として繁栄した。また縦貫鉄道、道路などの交通建設も、台中ような沿線の都市を発展させている。特に発展したのが政治、経済の中心地だ。1940年当時の五大都市は台北、高雄、台南、基隆、台中だが、基隆以外はみな州庁所在地である。

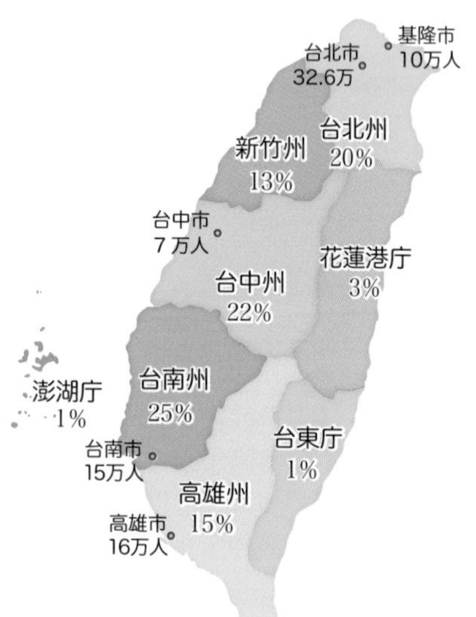

【図 7-5】1940年の人口分布

2.士紳階級の籠絡

総督府は初期において、効果的な統治を行うため、積極的に地方の士紳と富豪を籠絡し、保正、甲長などの公職への就任を願い、その支持、協力を得ながら地方秩序の安定を図った。1896年には紳章制度を設け、科挙に合格し官職を得た者、学問や声望のある者に紳章を授与し、文化、道徳を貴ぶ姿勢を示した。

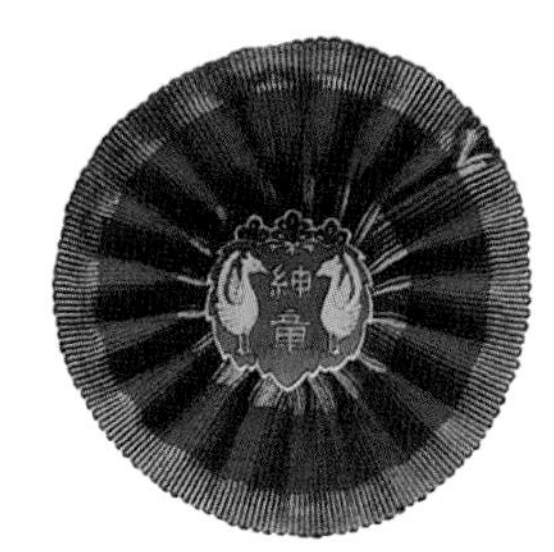

【図7-6】紳章 士紳、名士に授与された紳章は社会的地位の証であり、栄誉の象徴とされたが、「臭い狗のメダル」などと陰口も叩かれた。

日本軍の台北入城に協力した辜顕栄は紳章を授与され、阿片、塩販売の特権を獲得し、更に製糖会社を経営するなどで、短期間で富を築き、しかも日本の貴族院議員にまで選ばれている。板橋林家の林熊徴も、日本に抱き込まれて公職に就き、製糖会社や華南銀行を経営していた。こうした士紳、富豪が日本統治時代における地方の指導者階層を形成した。

3.新知識エリートの出現

近代教育や海外留学を通じて、本土知識人のエリート階層が徐々に形成された。これら新知識を持つエリートたちは近代高等教育を受け、または家柄が高く、あるいは医師、弁護士、教師といった職業の関係で、社会的な地位と声望を得、地方社会で次第に重きをなした。そして台湾人の権益のために発言するようになり、新世代の社会的リーダーとなった。

【図7-7】辜顕栄（右）と林熊徴（左）

㈡日本人と異なる台湾人への差別待遇

植民体制の下、統治者である日本人より遥かに人口が多い被統治者の台湾人に対する差別待遇が経済、教育、社会の面で見られた。例えば公共機関に勤める台湾人は数が少なく、しかもその多くは末端の職員であり、日本人とは同じ等級でもそれよりも報酬は低く、昇進にも制限があった。国家の政策にしても日本資本ばかりに手厚かった。それに加えて教育の機会は不均衡で、言語、文化も異なることから、双方の間には壁やわだかまりがあった。

【表7-1】台湾人と日本人の賃金比較（1936、台北） 単位：円/日

職業別	台湾人	在台日本人	職業別	台湾人	在台日本人
木工	2.3	3.5	靴工	0.9	2.2
石大工	1.8	3.5	左官	1.6	3.5
蓆縫い	1.8	3.0	臨時工	0.8	1.5
植木屋	2.0	3.0	染工	0.8	1.7

討論しよう

台湾民報は、後藤新平の「台湾人は銭を愛し、死を恐れ、面子を重んじる」との言葉を掲載した。それでは後藤新平は、こうした見方に基づく施政を行ったのだろうか？台湾民報はなぜこのような言論を載せたのだろうか？何か目的があったのだろうか？

三、自己権益獲得の努力

㈠背　景

日本の台湾での植民地特殊統治は、台湾の有識者や一部の日本人から批判を浴びていた。第1次世界大戦後、全世界で民族自決の風潮が広がり、朝鮮では三一独立運動❸、中国では五四運動が起こり、また日本は開放的な大正デモクラシー時代に入った。こうした空気は台湾へも伝わり、それに鼓舞されたエリート階層は政治抗争を通じて不満を訴えはじめた。

3 1919年3月1日、朝鮮で大規模なデモが行われ、愛国志士が独立宣言を読み上げたが、朝鮮総督府の強力な制圧を受け、多くの死傷者を出している。

㈡社会文化運動の展開

1.初期の政治抗争

1914年、日本人の板垣退助（Itagaki Taisuke，1837～1919）の提唱により、林献堂（1881～1956）らが台湾同化会❹を発足させて政治抗争を開始し、台湾住民は日本国民と同様の待遇を受けるべきだと訴えた。

日本本土では憲法で権利が保障されるため、台湾のエリートらは東京を抗争の拠点とした。例えば林献堂は1920年、新民会を設立し、「六三法」❺を撤廃して日本の憲法を台湾にも適用するよう求めた。

4 温和路線の台湾同化会は翌年、総督府により解散させられた。台湾での政治的活動空間の狭さがわかる。

5 当時の三一法は、性質的に六三法と似ていたため、台湾人は依然として「六三法」と呼んだ。

2.台湾議会設置請願運動

しかし、仮に「六三法」が撤廃され、日本の法律、制度が台湾に適用させても、台湾文化の独自性が守られる訳でもなく、また台湾の人口に応じた議員定数には限りがあり、それで台湾人の利益が守られる保証もなかった。そこで民族自決の風潮の

【図7-8】治警事件　蒋渭水、蔡培火らは最終的には懲役3、4ヶ月の判決を受けたが、これがきっかけで民衆の同情と支持が集まり、請願運動での署名者数は大幅に増加した。

中、林呈禄（1886～1968）は台湾議会を設置して台湾の独自性を確保すべきだと主張した。それがその後の台湾人の政治抗争の重要目標となって行く。しかし総督府は内地延長主義を理由に、議会設置の主張には強く反対した❻。

林献堂らは1921年より、署名を集めて東京へ赴き国会に請願を行う運動を開始した。1923年には蒋渭水（1891～1931）、蔡培火（1889～1983）らが、台湾で請願運動の団体を作ろうとしたが不許可とされ、そこで東京へ活動の場を移した。総督府は12月になり、政治結社を規制する治安警察法違反を理由に、請願に加わった蒋渭水、蔡培火らを逮捕した。世に言う「治警事件」である。しかしこの事件によって請願運動は停止されなかったばかりか、逆に民衆の政治的熱情が掻き立てられることになった。

請願運動は結局国会の支持が得られず❼、1934年9月には総督府の強い圧力を受け、中止に追い込まれた。1921年から1934年までの間、請願は15回行われ、その間に1万人以上もが署名に応じている。

6
もし立法や予算審査の権限を持つ台湾植民地議会が設置されれば、台湾住民は選挙で議員を選出し、法律を定め、財政を抑え、総督府に対してチェックアンドバランス機能を発揮することができただろう。

7
日本から見れば、議会設置には植民地を独立させる危険性すらあった。そのため請願は拒否され続けたのだ。

3.台湾文化協会

（1）目標——新思潮の導入

1921年、台湾議会設置請願運動に呼応し、林献堂、蒋渭水の指導の下、台湾文化協会が台北で発足し、メンバーは1000人を超えた。「台湾文化の発達の助長を目的とする」とし、講演、新聞や雑誌の閲覧、映画上映などの文化活動を行い、また新知識エリートたちによって新思潮、近代文化が紹介され、総督府体制とその不良施政への批判も行われた。

【図 7-9】台湾文化協会第 1 回理事会 1921年に第1回理事会が霧峰の莱園で開催された。

【図 7-10】「美台団」による映画上映 文化協会は「美台団」を結成し、各地で映画を上映し、理念を宣伝した。

歴史スポットライト

台湾人唯一の代弁者

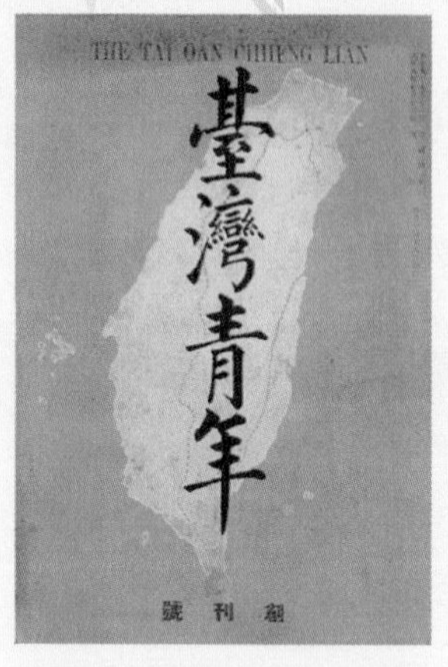

1920年、東京の台湾人留学生が新民会を創立し、漢語、日本語を半々にした機関誌「台湾青年」を発行し、理念の宣揚を行った。編集者の中心は蔡培火と林呈禄で、総督府批判の内容だったため、台湾島内では学生の間で広まったが、敏感な問題に触れた号は発禁とされた。1922年に「台湾」と改称し、積極的に民族自決などの思想を紹介した。

林呈禄は1923年、更に一般庶民にも読みやすいよう、東京で口語漢文を中心にした「台湾民報」を創刊し、台湾で販売した。台湾議会設置請願運動への支持を続けた他、新知識、新思想、中国政情、世界情勢などの紹介も行った。しかし入手が困難だったため、台湾文化協会は読報社を開設し、民衆の閲覧の便に供した。1927年、「台湾民報」はついに台湾での発行が許可され、2年後には「台湾新民報」と改称した。しかし1937年、総督府により漢文欄が廃止され、また戦局の進展に伴い言論統制が強まり、「台湾人唯一の代弁者」とされて来た力を、ついに発揮することができなくなった。

【図7-11】「台湾青年」と「台湾民報」の創刊号表紙

（2）分裂

台湾文化協会のメンバーの思想、主張は発足当初から完全には一致していなかった。蔡培火らは合法的な政治運動を主張したのに対し、辛亥革命の影響を受けた蒋渭水らは民族運動を求め、連温卿らは社会主義を主張するなどで徐々に対立が深まった。そして1927年、文化協会は分裂し、左派（「新文協」と称した）が実権を握ったため、林献堂、蒋渭水、蔡培火らは相次ぎ退会した。

4.台湾農民組合

文化協会が進めた一連の活動は、台湾人意識の覚醒や経済社会への批判を促しただけでなく、左派団体をも発展させている。1925年に各地で農民組合が生まれ❽、その翌年には更に全島性の台湾農民組合が発足し、農民の権益のために抗争する農民運動を展開した。

8
1925年、二林蔗農民組合が今の彰化県二林で発足し、林本源製糖株式会社に甘蔗の買取価格の引上げを要求。その結果、甘蔗農家が警察と衝突し、多数が逮捕され有罪判決を受けた。これは「二林事件」と称され、その後の農民運動の進展に影響を及ぼした。

5.台湾共産党

1928年、日本共産党の支部である台湾共産党が発足し、謝雪紅（1901～1970）がその主要リーダーの一人となった。台湾共産党は総督府専制の打倒、台湾共和国の樹立を主張し、積極的に新文協と台湾農民組合に介入し、その主導権を握った。

【図7-12】謝雪紅　元の名は謝阿女上海、モスクワへ行き共産主義思想に触れ、台湾へ戻って政治活動に取り組んだ。二二八事件後に中国へ渡った。

6.台湾民衆党

1927年、文化協会を離脱した林献堂らは台湾民衆党を作り、「民本政治の確立、合理的経済組織の建設、社会制度の欠陥改除」を党の綱領とした。これが台湾人により初めて組織された合法的政党である。

民衆党は講演活動を継続する一方で、総督府には政治改革を訴えている。また蒋渭水は、労働者と農民の支持を得るため、積極的に労働運動、農民運動との結合を図り、台湾工友総連盟を組織している。1930年、穏健路線を主張する林献堂と蔡培火らは台湾地方自治連盟に加盟し、民衆党は分裂した。その後民衆党は更に過激化して行く。

7.台湾地方自治連盟

1930年、楊肇嘉の提唱で台湾地方自治連盟が組織され、合法的手段による台湾地方自治の追求という目標を掲げ、議会設置請願運動を推進したが、1934年に総督府の圧力により中止を余儀なくされた。

ただし総督府は制限付きの政治参与は認めていた。1935年には、地方自治体❾の選挙を実施。これが台湾人にとり最初の選挙となったが、選挙権の制限は厳しく、25歳以上で納税額5円以上の男子でなければ投票できなかった。そのため投票率は96％に達したが、有権者はわずか2万8000人で、500万人余の台湾人の内の極少数に過ぎなかった。台湾地方自治連盟は積極的に選挙に参与したが、しかしその政治的主張を実現に向けて更に一歩進めることはできなかった。

9
街協議会、庄協議会、市会の定数の半分は民選で半分は官選だった。また州会の定数の半分は街、庄協議会及び市会の間接選挙で選ばれ、半分は官選だった。

臺灣日日新報　號外

初選擧の開票終る
臺北市會議員當選者
最高點は蔡式穀氏

臺北市（定員十八名）

基隆市議當
基隆市（定員十四

【図7-13】選挙結果を報じる1935年の「台湾日日新報」。

㈢政治抗争運動の終わり

大正デモクラシー時代の終わりと日本の右派勢力の隆盛に伴い、日本政府は 1931 年、大々的に左派運動の粛正に乗り出し、台湾共産党、台湾文化協会、台湾農民組合、台湾民衆党などの団体はみな取締りを受け、活動を停止した。日中戦争の勃発後は高圧統治の空気がますます濃厚となり、台湾地方自治連盟は自主的に解散し、日本統治時代の体制内での政治抗争もこれにより幕を閉じた。

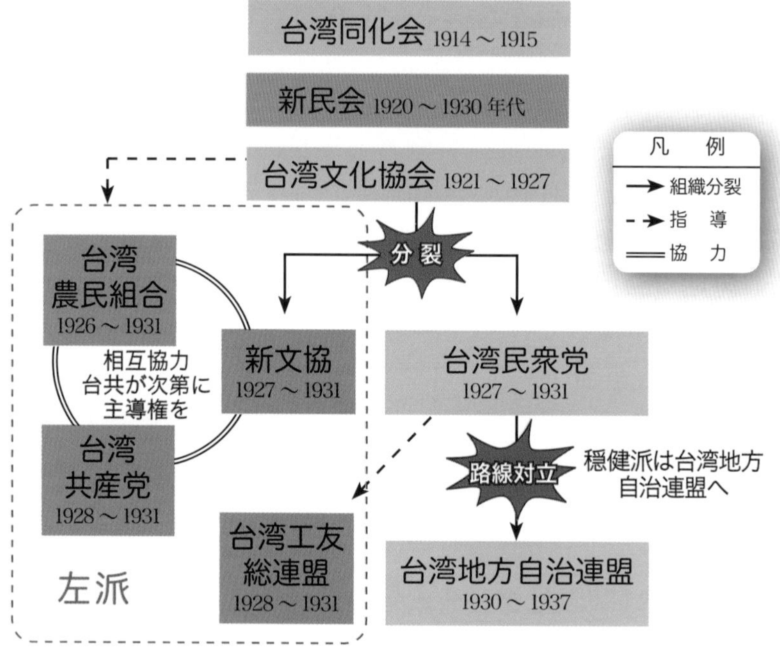

【図 7-14】日本統治時代における台湾人の政治社会運動組織

台湾診断書

次の文章は蒋渭水が 1921 年、文化協会会報に載せた「臨床講義」で、台湾の問題の所在を診断したものである。これを読み、以下の質問に答えよう。

1. 文中の「日本帝国に転居して以来、不完全なる対症療法を受け」とは何を指すか？
2. 蒋渭水は台湾の病気の主因は何と見ていたか？彼はどのような具体的療法を用いようとしたのか？それに対する総督府の態度はどうだったか？

姓　名：台湾島　性：男

年　齢：現住所に移転してより 27 才

原　籍：中華民国福建省台湾道

現住所：大日本帝国台湾総督府

番　地：東経 120 ～ 122 度、北緯 22 ～ 25 度

職　業：世界平和第一関門の守衛

遺　伝：黄帝、周公、孔子、孟子等の血統を受けたる遺伝性著し

素　質：前記の如き聖賢の後裔なる故、素質強健、天資聡明

既往症：幼少の時、即ち鄭成功の時代には身体頗る強壮にして、頭脳明晰、意志堅実、品性高尚、動作快活であったが、清朝時代に入ってより政策中毒の為、漸次身体衰弱し、意志薄弱となり、品性卑劣、節操低下した。日本帝国に転居して以来、不完全なる対症療法を受けて稍々恢復に向かったが、何分二百年の長きに亘る慢性中毒症なる故、容易に治癒の見込み立たず。

現　症：道徳廃頽、人心澆漓、物質的渇望に富み、精神的生活に乏し、風俗醜陋、迷信深く、頑迷不抜、衛生全く欠乏し、智慮浅く、永久の大計を立つることを知らず、只管眼前の小利を争う。堕落怠惰、腐敗、卑屈、怠慢、虚栄、破廉恥、四肢倦怠、惰気満満、意気消沈にして全く生気なし。

主　訴：頭痛眩暈、腹内飢餓感

先ずこの様な患者であるが、これを診察するに、頭部は身体の割合に大きくて、思考力大なるべき筈なるも、二三の常識的質問を試みれば、その返答は不得要領である。して見るとこの患者は愚かで低能児であることが想像される。これは頭骨が大きい代わりに、いまだ内容空虚にして、脳髄充実せないからである。それ故に、少し難しい哲学なり、数学なり、科学なり、または世界の大勢論を聴くと、目眩して頭痛する。

それから手と足が大へん大きく太く発達している。これは過度に労働した為めであろう。……

診　断：世界文化における低能児

原　因：智識の栄養不良

経　過：慢性病なる故、経過長し

予　後：素質純良なる故、適当なる療法を施せば、速やかに治療すべし。これに反し療法を誤り、又は荏苒遅延することあれば、病膏肓に入り、死亡する虞あり。

療　法：原因療法、即ち根治療法

処　方：正規学校教育――極量、補習教育――極量、幼稚園――極量、図書館――極量、読報社――極量。これを合剤調和し、連用すること二十年にして全治すべし。その他効くべき薬品あるも、これを略す。

大正十年十一月三十日

主治医師　蒋渭水

第2節

生活の変化と芸文の発展

◎授業前123

1. 日本統治時代の台湾人の生活様式の転換を知ろう。
2. 日本統治時代の台湾の新旧文学の論争と文学の勃興を理解しよう。
3. 日本統治時代の西洋近代文化の伝来が台湾芸術に与えた影響を理解しよう。
4. 日本統治時代の生活様式、文化的雰囲気を感じ取り、この時代の生活、芸文の発展の意義を中立的立場で評価しよう。

【図 7-15】阿片吸引の特別許可証　常習者に阿片を購入させる「漸禁」政策は、総督府に巨大な収益をもたらした。

一、生活様式の改変

㈠伝統的習俗の改良

日本統治初期、日本は纏足、弁髪、阿片吸引を台湾社会の三大陋習（ろうしゅう）と呼んだが、政策的には周知、啓発に留まる放任の姿勢で、阿片に関しては漸禁政策を採り、専売を実施した。

1900 年、纏足の反対を唱える士紳があり、1914 年には台湾各地で風俗改良会が発足して旧俗の変革に乗り出し、纏足、弁髪に反対する声を巻き起こした。総督府はそれに乗じ、翌年保甲の規約で纏足と弁髪を禁止したため、その数は大幅に減ることになった。二度と纏足をする必要がなくなった女性は行動しやすくなり、生産に加われるようになった❶。また教育を受ける機会も増加し、女性の地位向上に繋がった。

1 経済発展や近代化建設により、看護師、車掌、教員、女工など、新しい女性の職業が生まれた。

㈡近代医療衛生観念の導入

総督府は近代医療システムの確立のため、公立病院を開設した。例えば台北病院（今の台湾大学付属医院）がそれで、1921 年の改築後は東南アジアで最も大きく最も近代化された病院となった。

【図 7-16】今日の台湾大学付属医院

【図 7-17】消毒を受けるコレラ患者の住居 住居の消毒の他、患者も隔離治療を受けた。

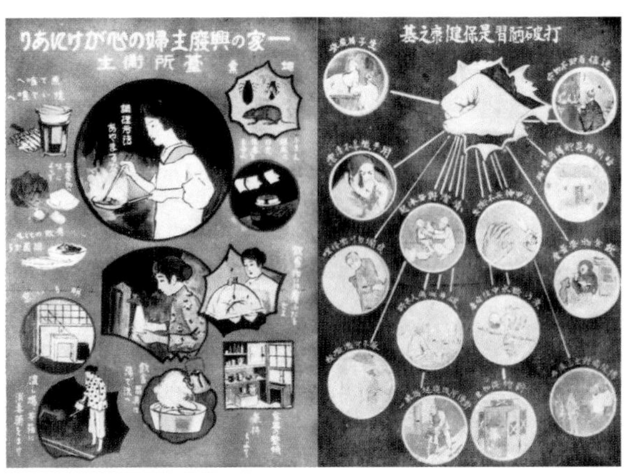

【図 7-18】衛生の宣伝指導 政府は衛生教育宣伝に力を入れた。例えば所構わない大小便や痰吐きの禁止、便所の改良、食品衛生への注意、歯磨きや入浴の習慣の確立を呼び掛けた。

公共衛生の面では、病気予防のため水道を敷設して清浄な水を供給すると共に、下水道を整備した。また警察の協力下で検疫の他、予防注射、ネズミ退治、消毒、市場衛生検査、更には住居の強制清掃まで行い、清潔さの維持に努めた。こうした措置は台湾人の衛生習慣を改変し、天然痘、ペスト、コレラなどの感染を防いだ。そのようにして 1900 年代に 30％以上だった死亡率は、1930 年代には 20％前後へと下がっている。

㈢法治観念の確立

植民体制下では、西洋近代法と司法制度も導入され、裁判所、弁護士など、関連制度も置かれた。当時の法規の全てが近代的な人権尊重の理念と合致していたとは言えないが、公務はおおよそ法に基づき行われており、台湾人の法治の観念、遵法の習慣が徐々に確立されて行った。

㈣生活リズムの改変

かつて台湾人は農作業に合わせた生活を送り、時間は十二支で表したが、総督府は 1896 年 1 月、グリニッジ標準時を基準とする標準時制度を台湾で施行した。1910 年代初期には全台湾で報時が行われ、政府機関も企業も標準時間に合わせて動き、鉄道、道路等の交通機関も時刻表を定めた❷。そして政府の宣伝、指導により、人々は時間の観念を身に付けて行ったのである。

2 1921 年より日本の規定に合わせ、6 月 10 日は「時の記念日」となり、時間の重要性が強調された。

【図 7-19】新竹駅 当時の駅や主要な街路では時計が設置され、民衆に時間を知らせた。

その他、太陽暦と１週７日制も導入された。週休、法定休日も定着し、新たな生活の規律が生まれて来た。特にその傾向は、都市部において顕著だった。

㈤余暇活動の出現

定例休日が生まれると、政府は余暇施設計画に乗り出し、公園を開設した。例えば台中公園や台北新公園（今の台北市二二八平和記念公園）は、民衆の格好の行楽地となった。そして野球や、映画、美術展の鑑賞など、余暇活動も推し広めた。また日本人は、温泉文化を台湾へもたらしている。

当時はコーヒー、ダンスといった西洋近代社交文化も台湾へ伝わった。都市部では女性が社交活動や、新式スポーツを楽しむ姿も見られるようになった。ゴルフや競馬などは上流社会に好まれた新スポーツだ。1932 年には台北で菊元百貨店が、台南ではハヤシ百貨店が相次ぎオープンし、こうしたデパートが現地の日本人や上流の台湾人に、新たな消費スタイルをもたらした。

また鉄道交通の発達に伴い、上流社会の関心は登山や旅行といった余暇活動にも集まり、1927 年には台湾日日新報が「台湾八景」選定の投票を呼びかけ、話題を呼んだ❸。

討論しよう

【図７－22】にある「モダン」建築は、日本統治者が理想とした「現代」的都市の容貌だ。こうした建築の風格、機能を参考に、当時の台北の住民はどのような「現代」的生活を送っていたかを考えよう。

3 台湾八景とは、八仙山、鵝鑾鼻、タロコ峡、淡水、寿山、阿里山、日月潭、基隆旭岡だ。その他「別格」として台湾神社と新高山（玉山）の二つがある。

【図 7-20】台南の関子嶺温泉　関子嶺には珍しい泥漿温泉があり、当時は台北の北投温泉、草山（陽明山）温泉や屏東の四重渓温泉と共に台湾四大温泉と称された。

図 7-21「モダン」台北漫遊

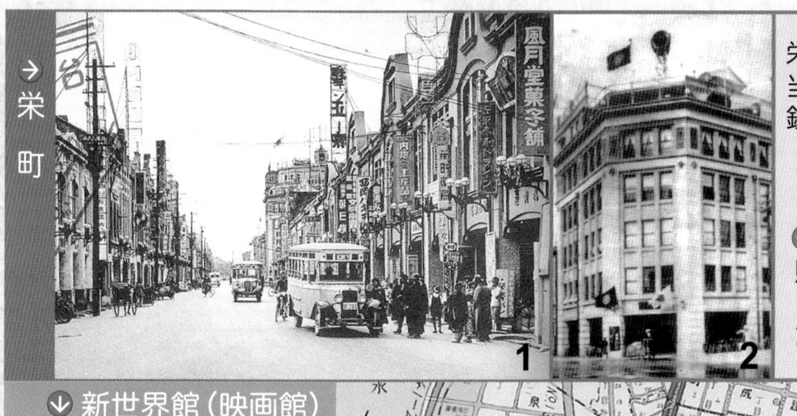

栄町

1

2

栄町は今の台北市北衡陽路の一帯。当時最も賑わった地域で、「台北銀座」と呼ばれた。

菊元百貨店
販売部、喫茶室、食堂、エレベーターを備える台湾初のデパートだった。

新世界館（映画館）

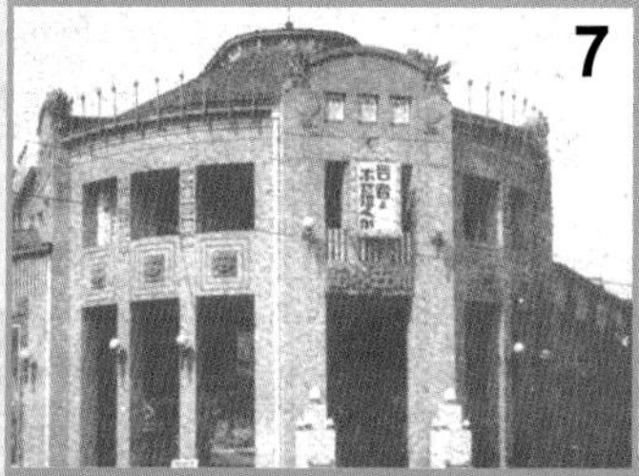

7

西門市場

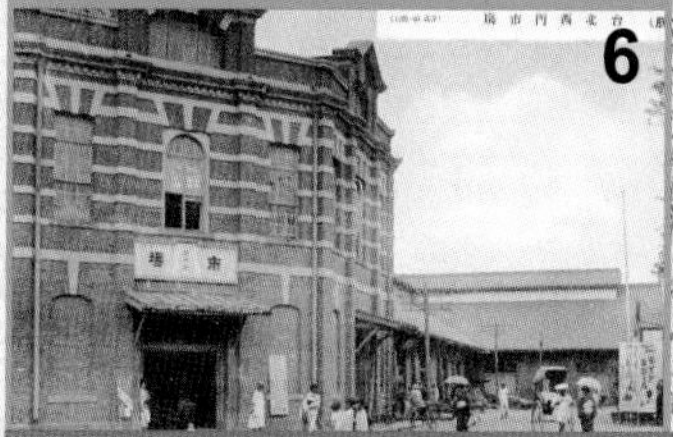

6

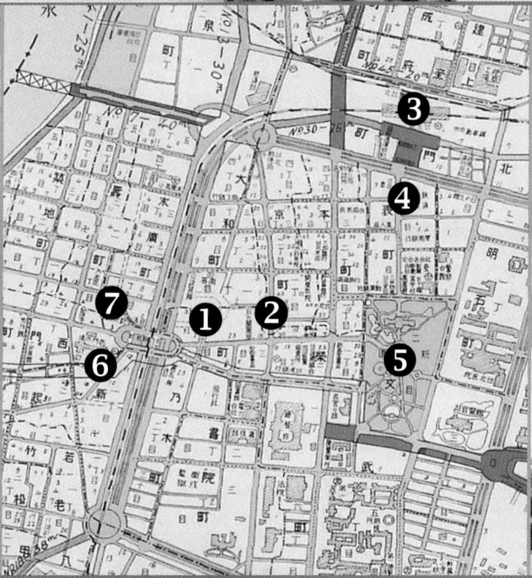

台北駅

3

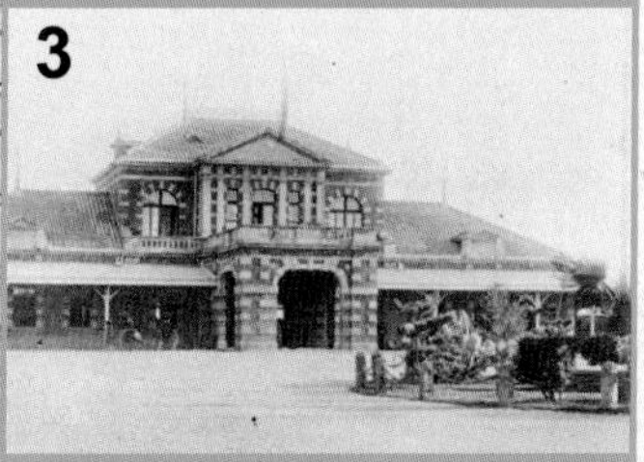

台湾鉄道ホテル

4

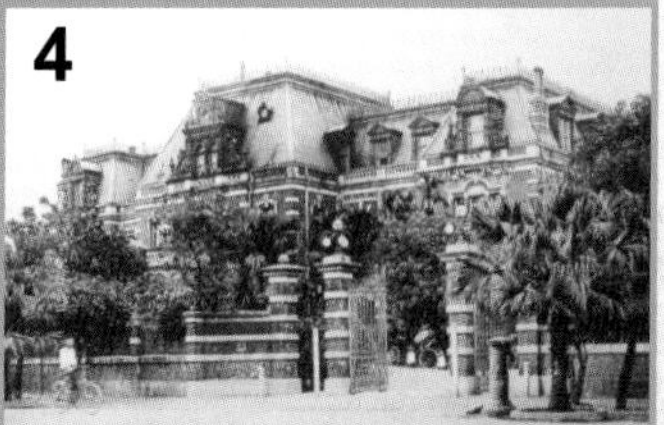

野外音楽堂

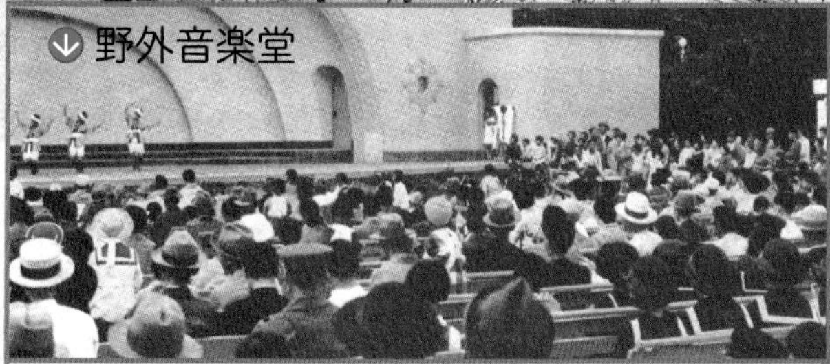

総督府博物館（今の国立台湾博物館）、野外音楽堂、野球場を持つ台湾初の洋風近代都市公園。

5

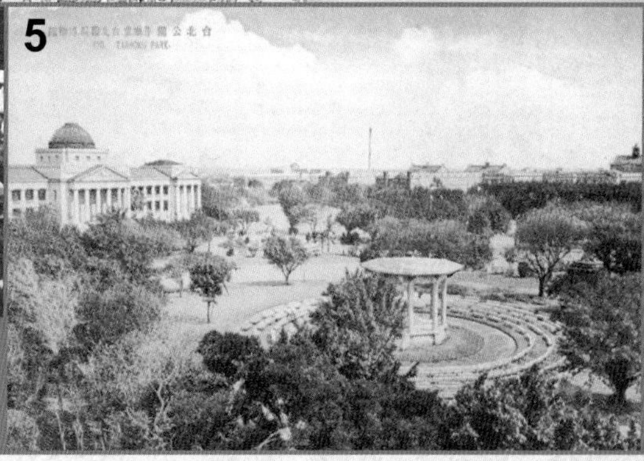

新公園

歴史スポットライト

映画がやってきた

1900年6月、台湾で無声映画が初上映 台湾映画史「よーい、スタート！」

映画館の誕生

1910～1920年代、台北の西門町で映画専門劇場である芳乃亭、世界館、新世界館が相次ぎオープン。

舶来品>本土産

資金、技術不足で台湾本土産の映画は少なく、大半は他地域からの移輸入作品で、その4分の3は日本映画が占めた。上海で製作された作品も人気があった。

映画を語って聞かせる

初期の映画は無声のため、上映時はスクリーンの両側からそれぞれ弁士の画面説明と楽団の演奏が聞こえ、観客を引き付けた。優れた弁士は人気があるため、多くの映画館は高いギャラで有名弁士を雇い、観客を呼び込んだ。

新世界館

二、文化と芸術の発展

日本統治時代は伝統的な漢文化だけではなかった。日本が教育と政策を通じ、日本や西洋の近代文化を導入したため、台湾文化は多元的な様相を呈した。そして新旧文化の対立や適合の問題も起こった。

㈠文学

1.伝統文学の持続

日本統治初期、伝統的漢文化は書房などの私塾で継承されていた。当時は時事に関し所感を述べ、または詠嘆する漢詩が最重要視されていた。日本の懐柔政策を受け、詩人の集う詩社が台湾全土に多く現れ、その中で霧峰の林家で1902年に発足した櫟社❹が最も有名だ。

連横(1878～1936)は『史記』の紀伝体に倣い『台湾通史』(1920年)を纏め、隋代から台湾民主国に至るまでの歴史を書き記した。毀誉褒貶はあるが、植民地統治下で同化が鼓吹された中、漢人意識を強く打ち出したこの書には、やはり歴史的な意義がある。

4
「櫟」とは「役立たずの木」を指し、「我が学問は世の役に立たず、すでに棄材だ。もしこれで落胆すれば朽木となろう」との感慨が籠っている。重要メンバーである林献堂らが政治抗争運動の重鎮でもあるように、政治批判の色彩が濃厚だ。

2.新旧文学の論争

中国の新文化運動と日本の近代文化思潮の影響を受け、台湾でも伝統的漢文に対する批判や新旧文学の論争が見られた。

1920年代初め、東京にいる台湾人エリートは民衆啓蒙の観点から、口語文への文体改革を主張した。1924年には北平（今の北京）へ渡っていた張我軍（1902～1955）が「台湾民報」で旧文学を批判して改革を訴え、台湾新旧文学論争を引き起こした。新文学支持者は、口語文は文化啓蒙に有利だと考え、「台湾民報」も新文学発展のため紙面を提供した。この論戦では旧文学派が押され気味だったが、しかし台湾で新文学をいかに発展させるかについては結論が得られなかった。

大正十三年四月二十一日　臺灣民報　第二卷第七號

致臺灣青年的一封信

北京　張我軍

最親愛的青年諸君！

【図7-22】張我軍「台湾青年へ致す一通の手紙」 張我軍は1924年4月、「台湾民報」でこの一文を発表し、伝統文学は保守的で文体が硬直化していると批判し、新文学を発展させるべきだと主張した。

3.新文学の勢いある発展

1930 年代初め、総督府が社会運動に高圧的となったため、知識人層のエリートは文学に力を注ぐようになり、それによって台湾新文学が勃興した。一般人慣用の台湾語で創作して社会的現実を映し出すなど、郷土台湾の描写に重点を置くべきだとの主張も現れた。「台湾新文学の父」と称される頼和（1894 ～ 1943）の作風は写実的で、社会への思い遣りに満ちていた。その口語体小説の代表作、「一桿『称仔』」は、庶民と警察との衝突を題材にし、日本の植民体制を批判している。

総督府が「国語」の普及を図る中、文学作品も日本語を使用せざるを得なくなっても、依然として台湾人の現実生活へに関心を寄せるものが主だった。楊逵の（1906 ～ 1985）「新聞配達夫」と呂赫若（1914 ～ 1951）の「牛車」は日本の文壇で受賞し、張文環（1909 ～ 1978）、龍瑛宗（1911 ～ 1999）の作品も大いに注目された。しかし戦局の進行に伴い総督府が統制を強化すると、作品のジャンルや内容も制限を受け、台湾文学は暗澹とした時代を迎えた。

史料エクスプレス

この小説の場面から見て取れる日本統治時代の台湾文学の特色とは何か？

「牛車」の主人公、楊添丁は牛車を使って運輸業を営んでいたが、交通運輸の進歩に伴い、牛車では競争できなくなり、時代の変化の犠牲者となった。「石標には――道路中央四間牛車不可通行――と書いてあった。道心は自動車が走るからである。『俺だって税金は納めてるんだぞ。道路はお互の物だ。自動車が通るとこを、俺たちが通っていかぬことがあるもんか。』だが、そう思ったものゝ日中は大人が怖いだけに、そこを通る勇気がなかった。……自動車奴に押されたからだと、いくら無学の彼等だって知っていた。機械奴、畜生ッ、俺達の強敵だ。日本物ッ――心の中から敵愾心が燃え上がっているのだった。
（呂赫若『牛車』、1935 年）

㈡美術

1.新美術運動

日本統治時代の台湾では新美術運動が起こっている。学校での西洋近代美術教育により優秀な芸術家が育ち、またその一部は更に日本へ渡り芸術を学んだ。天才彫刻家の黄土水（1895～1930）は日本留学中、「蕃童」で帝国美術展覧会（帝展）に入選した。これは初の台湾芸術家の入選で、その作品には郷土への強い思いが込められていた。

当時は日本人の美術教師の指導により、日本画（膠彩画）と西洋画（水彩画、油絵）が創作の主流となった。台北師範学校の教師、石川欽一郎（1817～1945）は、西洋の水彩技法で台湾の風景を描き、多くの優秀な画家を育てている。

2.美術展の推進

1927年から政府主催の美術展❺が始まり、芸術家にとって重要な舞台となった。そしてそこからは日本画の林玉山（1907～2004）、陳進（1907～1998）、郭雪湖（1908～2012）❻や、西洋画の陳澄波（1895～1947）、廖継春（1902～1976）といった人材が輩出されている。写生で台湾の風土民情を描くなど、彼らの作品には地方的な色彩が備わっていた。

一方民間では1934年、台陽美術協会が発足し、翌年には政府主催の美術展に対抗するかのように、第1回台陽美術展覧会を開催した。この展覧会は戦後の今日も続けられている。このように日本統治時代の美術の発展が、台湾の近現代美術の基礎を築いたのだ。

5
1927年、台湾教育会が台湾美術展覧会（台展）を開催。1938年からは総督府の主催となり、台湾総督府美術展覧会（府展）へと改称された。

6
第1回台展に入選したこの三人は、「台展の三青年」と呼ばれた。

【図7-23】黄土水「水牛群像」（1930年） その最後の代表作で、夏の農村での子供と水牛とののどかな一時を描き、落ち着いて優しい台湾の郷土の香りを感じさせる。後に台北公会堂（今の中山堂）に飾られた。

【図 7-24】石川欽一郎「台湾次高山」（年代不詳） 遠山、樹叢、民家、渓流、農民と、のどかで静かな光景を描いている。

【図 7-25】陳澄波「夏日街景」（1927 年） よくこのように故郷の嘉義の風景を作品の題材にした。日照りで黄金色の広場が南国の炎熱を放出し、木陰の清涼感と対比を成している。第８回帝展入選。

㈢音　楽

当時の学校の音楽の課程では西洋近代音楽が中心で、日本の曲も取り入れられていた。台湾の音楽家はこうした教育を受けて頭角を現し始めた。例えば江文也（1910～1983）の『台湾舞曲』は1936年、国際音楽コンクールで受賞し、その名を海外で上げた。

流行曲も盛んになったが、これは映画と深い関りがある。台湾初の流行歌は上海映画『桃花泣血記』の同名主題歌だ。その後、台湾語の流行歌も台湾全土を風靡する。鄧雨賢（1916～1944）の『望春風』や『雨夜花』などの歌は、今日もなお歌い継がれている。呂泉生（1916～2008）は『丢丢銅仔』を採譜し、五線譜でこの古いメロディを保存した。

㈣演　劇

日本統治時代には従来からの南管、北管、布袋戯❼が引き続き発展を遂げているが、何より特筆すべきは歌仔戯の出現である。宜蘭で誕生した歌仔戯は、その口語のセリフと伝統歌謡のメロディが人々の生活感覚に合ったため、20世紀初頭には大人気となった。1920年代には更に発展し、従来の野外舞台だけでなく、劇場内でも上演されるに至った。

7 日本統治時代の布袋戯は、歌の部分を減らして義侠的な場面や立ち回りを大きく増やし、更に観客を引き寄せている。

また1920年代には、大衆化された歌仔戯とは対象的な知識人主導の「新劇」も出現した。演劇を通じて社会改革や教化を訴えるもので、台湾人エリートによる文化啓蒙活動の重要な宣伝手段だった。台湾文化協会のメンバーはよく文化劇を上演し、時の政治を風刺し、または理念を宣伝したが、しばしば取締りを受けている。

【図7-26】1920年代の野外劇

図を見て語ろう

日本文化の流入は様々な生活様式をもたらした。以下の図を見て日本統治時代の生活の特徴を説明しよう。

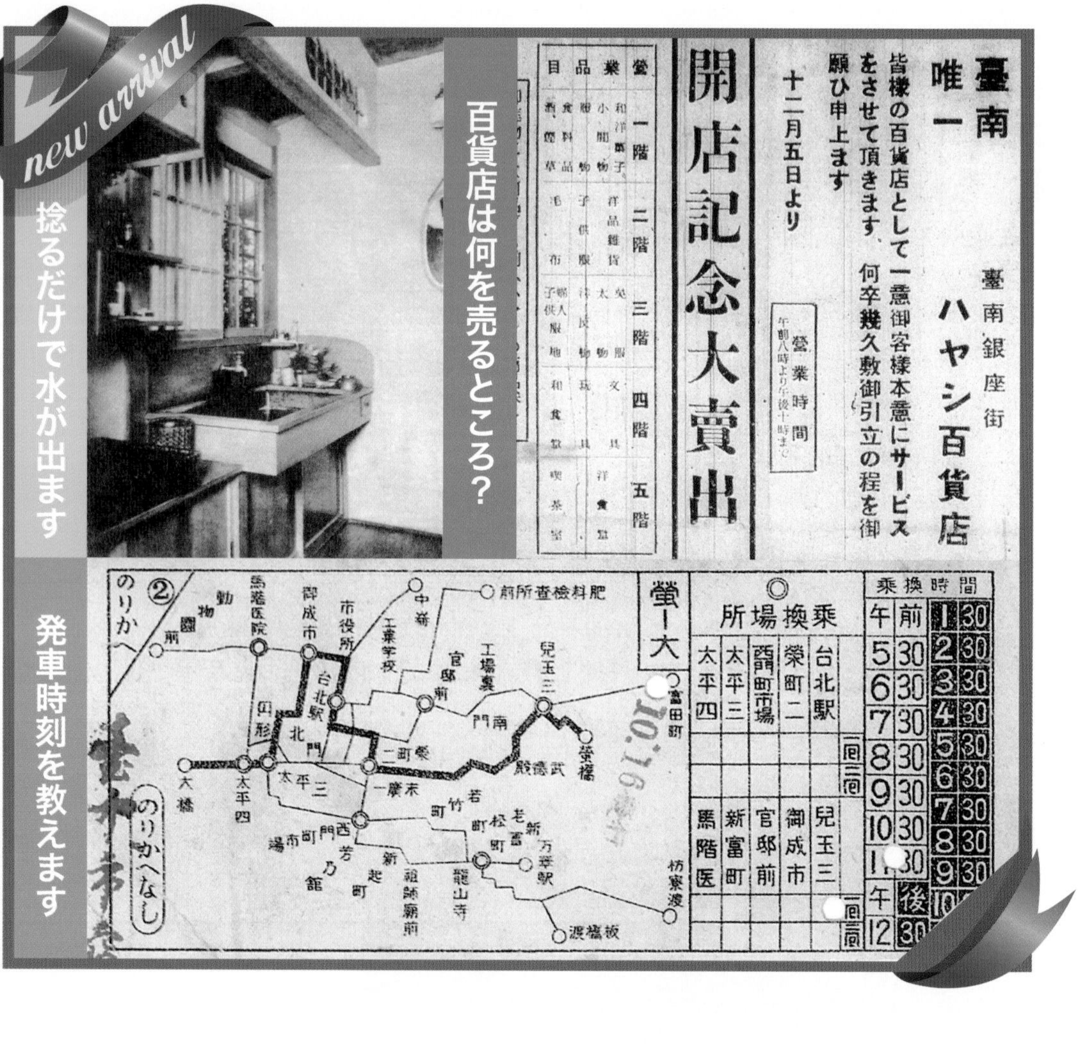

new arrival

捻るだけで水が出ます

百貨店は何を売るところ?

臺南唯一

臺南銀座街 ハヤシ百貨店

皆様の百貨店として一意御客様本意にサービスをさせて頂きます、何卒幾久敷御引立の程を御願ひ申上ます

十二月五日より

營業時間 午前八時より午後十時まで

開店記念大賣出

発車時刻を教えます

乗換場所

乗換時間

第8章 戦火蔓延下の台湾

第1節

日本帝国の補給基地

◎授業前123

1. 日本の対外拡張下での台湾統治政策の転換を知ろう。
2. 日本が台湾を南進基地とし、併せて工業化を進めた状況を理解しよう。
3. 日本が台湾で進めた皇民化運動の状況や効果を理解しよう。
4. 皇民化運動中の台湾人の帰属意識を巡るジレンマを感じ取ろう。

一、日本の対外拡張

㈠軍国主義の台頭

1929年、世界的な大恐慌が起こり、日本もまた衝撃を受けた。そこで台湾と日本の農産品競争を回避させ、日本の米価を下支えするため、少壮軍人と政治家は1931年から、台湾米の移入制限を盛んに主張した。

また日本も海外発展に目を向け、1931年には日本軍が満州事変で中国東北を占領し、少壮軍人が政府に政策に影響を及ぼし始め、翌年には軍の過激分子が犬養毅首相を暗殺した。それ以降、軍は内閣を主導し、武力で対外拡張を進めた。

㈡台湾が直面した転換

日本が積極的に対外拡張の準備を進める中、台湾の社会、経済にも転換が見られた。政府による統制はますます強化され❶、ついには戦時体制へと向かって行った。1936年には武官総督が復活した。就任したのは小林躋造総督で、工業化、皇民化、南進基地化の政策を打ち出した。それは日本の対外拡張政策下における台湾統治政策の正式な転換を象徴するものだった。

1 大正デモクラシー時代の制限付きの政治活動空間も押し潰され、合法的な政治抗争運動は1937年以降は行われていない。

二、南進基地と工業化

(一)南進政策

1.戦火燃え立つ

日本は軍事拡張の目標を当初は朝鮮と中国東北に置く一方で、南洋への経済進出も果たしていた。そこで目指されたのは南方の豊かな天然資源の獲得である。政府は1936年には「南進」を根本国策と位置づけた❷。翌年盧溝橋事件が起こり、その後中国と日本は全面的な戦闘状態に入った。

2 日本の根本国策は「東亜大陸における帝国の地歩を確保するとともに南方海洋に進出発展するに在り」とされた。

2.台湾が南進基地に

東北アジアと東南アジアの接点に位置する台湾は、戦略的に南進の跳躍台と位置付けられており、台湾総督府は早くから台湾の福建、華南や南洋との繋がりに注目していた。1919年には台湾と海外の資本の合弁による華南銀行を開設した。これは日本経済の南進には重要な金融機関だった。また1928年に設立された台北帝国大学も南洋研究には重点を置いていた。日本政府は1936年以降、東南アジアへの投資、拡張を積極的に推し進めた。またその年には、広く華南、海南島、東南アジアなどを投資対象とする台湾拓殖株式会社を開設した。

そしてそれと同時に、軍事的拡張と歩調を合わせ、台湾において軍事基地の工事を進めた。例えば高雄港の再拡張や左営軍港、後勁の煉油廠の建設などがそれで、どれもが南進政策と密接に関わるものだった。

【図8-1】1920年発行の宣伝絵葉書

3.大東亜共栄圏

1938年、日本政府は東亜新秩序の建設を打ち出し、「日満支三国相携え、政治、経済、文化等各般に亘り互助連環の関係を樹立する」との声明を発した。1940年には「大東亜共栄圏」の呼称を公式に用いた。その範囲は、日本に中国、満州を加えて中軸とし、東南アジア、大洋州、オーストラリア、ニュージーランドにまで及ぶとした。

16、17世紀以降、東南アジアのほとんどは西洋列強の植民地となっていた。そこで1941年、武力で南進を進めた日本は、当初は解放者を以っ

【図8-2】台湾拓殖株式会社の株券

【図 8-3】「支那事変」記念印
1939 年、日本では盧溝橋事件 2 周年を記念した記念印が押された。そこには「東亜新秩序建設」の文字が見える。

【図 8-4】日本(中)、満州国(左)、中国(右)の友好を宣揚するポスター

て自任し、形式的には各民族の独立を承認したが、実際に占領を行うと、現地の資源を吸収したため、逆に新たな圧迫者、搾取者として、東南アジアの反日的な民族感情を激発させた。

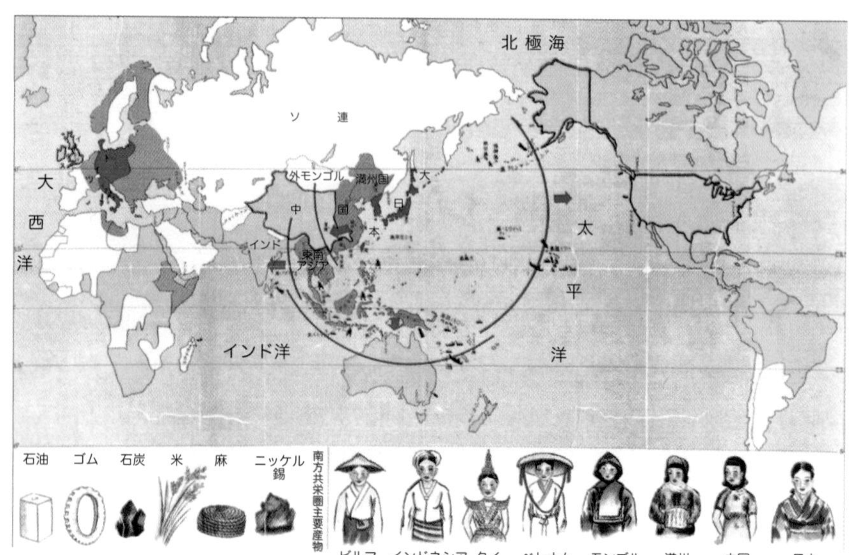

【図 8-5】大東亜共栄圏

㈡工業化

1.電力がもたらした工業発展

総督府は初期においては製糖業など、農産加工業の発展に力を入れたが、その後は現実的な需要に応じ、インフラ建設を推し進めた。そして日本は 1930 年代から積極的に台湾の工業化に乗り出し、1934 年に日月潭第一発電所を完成させたことは、その重要な一里塚となった。豊富で廉価な電力供給により、セメント、金属、化学肥料産業が更なる発展を遂げている。1937 年には電力需要の増加受け、日月潭第二発電所も完成させた。これによって機械、造船、石油化学工業の工場が次々と開設された。また、麻製品などを製造する繊維業や大規模なセメント業も台湾へ導入された。

2.軍需に応じて

1938 年、総督府は「生産力拡充五ヶ年計画」を推進し、台湾の重工業の基盤をレベルアップさせ、高雄などで石油精製所やアルミ、セメントなど重工業の工場が作られた。

【図 8-6】浅野セメント株式会社高雄工場
1917年に操業開始。台湾のセメント産業の嚆矢となる。戦後は台湾セメント高雄工場に。

軍需工業やその関連産業の他、移入が困難となりつつある状況や植民地自立の政策を受け、従来日本から移入していた日用品の自給を図る軽工業も興った。このように日本政府が台湾の工業化に力を注いだ結果、工業生産額は 1939 年、農業生産額を超えている。

三、皇民化運動

戦争動員中、植民地の人々の日本への帰属意識が重要視されると、総督府は 1936 年末から、国民精神総動員運動の一環として、台湾人の精神、文化面での帰属意識の強化と、漢文化の影響の払拭を求めた。そこで主に推進されたのが国語運動、改姓名運動、宗教・風俗の改革だ。

【図 8-7】「国語家庭」の表札

㈠国語運動

国語運動の究極的な目標は、全ての台湾人が「国語」(日本語)を話せるようにすることだった。台湾総督はその奨励に力を入れた。例えば一家全員が日本語を話せた場合、「国語家庭」の申請を許し、栄誉と共に生活上の優遇を与えた。またその一方で台湾の言語を抑圧し、学校の漢文の授業や新聞の漢文欄を廃止している。

㈡改姓名運動

1940 年、日本式の姓名に改める運動が実施された。この改姓名は許可制で、戸主が一家全員の申請を行うのだが、「国語家庭であること」が申請要件の一つだった。ただし姓氏の変更は漢人の伝統に反していたため、日本当局の再三にわたる奨励にもかかわらず、改姓名者は総人口のわずか 2%に留まった。

㈢宗教、社会、文化の改革

日本政府は政策上、日本の神道を以って先祖崇拝を含む台湾既存の宗教に代えようとした。そこで総督府は台湾各地に神社を創建し、学校に集団参拝を求める一方で、「寺廟整理」政策を実施し、寺廟の整理、統合を通じ、民間宗教を消滅させようとした。そのため寺廟数は大きく減っている。

社会、文化の面では、総督府は日本式の生活様式を奨励している。例えば和服の着用、太陽暦の使用などだ。台湾の伝統文

【図 8-8】台湾神社
1901 年の創建で、北白川宮能久親王を祀った。高みから下を見下ろせる位置に建ち、植民者の威勢を感じさせた。現在は円山ホテルになっている。

【図 8-9】キリスト教系の学校の教員、生徒による神社参拝 1934 年 10 月、台南の長老教中学校(今の長栄中学)の教員、生徒は政府の強い要求を受け、台南神社に参拝した。

化は圧迫され、例えば伝統的な演劇は厳格な統制を受け、台本すら検閲された。歌仔戯や布袋戯は皇民劇に「改良」しなければならず、和服、日本式立ち回り、西洋音楽が持ち込まれた。新劇も帝国精神を宣揚して政策に奉仕する皇民劇しか許されなくなった。

【図 8-10】皇民化された布袋戯 皇民化運動の下では、人形にまで和服が着せられた。〔写真提供：陳政徳〕

四、帰属意識ともがき

㈠台湾人の反応

台湾総督府は皇民化運動を強く推進し、教育や社会動員を通じて成果を上げたが、しかし台湾人はこれに反発もしており、依然として祖先を祀り、伝統的信仰に従っていた。そこで総督府は 1940 年、台湾人の反感を和らげるため、台湾文化への抑圧を見直し、偶像や寺廟を撤廃する政策を緩和した。

この他、大部分の台湾人は、漢族の血統でありながら、国籍は日本であるため、戦争中は時代の狭間に置かれている感覚を拭い得なかった。

呉濁流（1900 ～ 1976）は著書の『アジアの孤児』で、台湾人が当時直面した帰属意識の問題に触れている。

史料エクスプレス

呉濁流が描く台湾の知識人、胡太明が日本留学時に中国人留学生の集まりに参加した際、話をしていた相手が彼を台湾人であると知ると、「顔色がさッと変わった。…たった今までの親し気な調子はどこへやら、みるみる侮辱の色を漲らせると、口を歪めて『何。フン、台湾かね』。そういうと、これ以上話すのもいまいましいといった様子で、太明のそばを離れていった。この二人のやりとりはたちまち周囲につたわった。『台湾人だ』『スパイかもしれない』というような囁きが、波のようにひろがっていった。そして、ひとしきりしてそれがおさまると、いいようのない重苦しい沈黙があたりを支配した」。（呉濁流『アジアの孤児』、1946 年）。この物語の最後で、胡太明は戦争の残酷な現実と長い間蓄積された挫折感で、ついに発狂する。

自分が「場違い」な人間であると感じた胡太明。彼は日本統治時代、日本や中国へと流れて行った時、どのような境遇に置かれたと考えられるだろう？

㈡中国で活躍した台湾人

日本の勢力の拡張に伴い、台湾人の一部は満州国や汪政権下で事業を発展させた。また一部は日本統治への不満から、国民政府や中共の陣営に身を投じて抗日活動に参加している。こうした中国で活動した台湾人の内、特に国民政府陣営に加わった者は、「半山」（半唐山の意）と呼ばれた。

国民政府陣営の台湾人組織の中で、李友邦が率いた台湾義勇隊が最大の武装抗日勢力だった。また台湾革命同盟会という組織は国民政府に対し、抗日戦争勝利後の台湾接収を要求していた。戦後、副総統となった謝東閔（1908 ~ 2001)、長期にわたり省議会議長を務めた黄朝琴（1897 ~ 1972)、そして民衆側に立つジャーナリストで省議員だった李万居(1901 ~ 1966)といった戦後の政界の著名人は、「半山」の代表的人物である。

誰が金の卵を産むめんどり？

以下は各種工業の生産額がその年の工業総生産額に占めた割合である。
この表を見て、以下の問いに答えよう。

	工業総生産額(千円)	紡績	金属	機械	窯業	化学	食品	その他
1923 年	161,992	1.8%	1.4%	2%	4.4%	8.5%	76.7%	5.2%
1930 年	232,055	1%	1.6%	2.5%	3.5%	6.5%	78.9%	6%
1938 年	394,147	1.5%	5.3%	3.4%	2.5%	10.1%	67.4%	9.8%

1. 工業総生産額に占める割合が逐年増加した工業はどれか？
その増加の要因は何か？
2. 1923 年から 1930 年までと、1930 年から 1938 年までの工業総生産額の変化をそれぞれ比較し、そうした変化の原因を分析しよう。

第2節

戦時体制下の統制と動員

◎授業前123

1. 戦時体制下で総督府が政治、経済面で強化した統制を理解しよう。
2. 戦時体制下で総督府が積極的に進めた社会的、軍事的な動員を理解しよう。
3. 台湾人の戦争に怯えながらの生活の様子を感じ取ろう。

一、太平洋戦争勃発

日本軍は中国での戦況が膠着状態に陥ると、更に多くの資源❶を求め、西洋の国々の東南アジアでの勢力の排除を決め、対英米の作戦計画に乗り出した。1941年12月、日本は米国ハワイの真珠湾基地を奇襲した。これに大損害を受けた米国は直ちに日本に宣戦布告を行い、太平洋戦争が勃発した。

日本軍は急速に勢力範囲を拡大し、東南アジア、ニューギニアおよび太平洋の島嶼へと南進し、その勢いは留まるところを知らないかに見えたが、1942年6月のミッドウェー海戦で敗退し、戦局に変化が生じた。米軍は反攻に転じ、戦争が激しさを増すに伴い、戦時体制下の台湾でも母国の需要に従い動員が強化された。

1 東南アジアには石油、ゴム、錫、アルミなどの天然資源が豊富にあった。

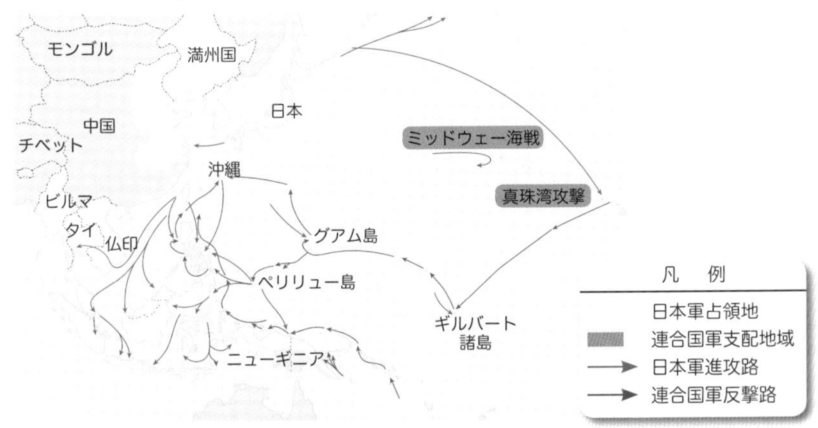

【図 8-11】太平洋戦争における日本軍の進攻路

二、政治、経済統制

【図 8-12】新竹州防諜協会の宣伝ビラ　戦時体制下では「防諜」は政府の重要な宣伝項目だった。

㈠政治面

1.台湾人エリートの取り込み

総督府は民心を懐柔するため、日本統治体制に批判的な台湾人エリートの取り込みを試み、その結果、林呈禄は 1941 年に総督府の諮問機関に招かれ、林献堂も 1942 年、貴族院議員に勅選されている。1945 年、日本は法改正で台湾人の国政参政権を認めると共に、保甲制度を廃止して管制を緩めた。しかしこの時期はすでに戦争末期であり、国政選挙権が行使されることはなかった。

2.「反乱」事件の強力な制圧

台湾人は総督府による強力な動員下で、戦争には相当の協力をしていたにもかかわらず、日本側からは不信感を持たれ続けた。総督府は戦時体制の下、台湾人エリートの政治抗争の動きを抑え込んでいたが、それ以上に通敵、反乱の動きがあると疑われる者に厳しく対処した。

例えば 1940 年、鉱業界の重鎮である李建興（1891 ～ 1981）が抗日組織を作ったとの疑いで逮捕され、それに 500 人が巻き添えとなり、その内 300 人以上が獄中死している（瑞芳事件）。翌年には、欧清石（1897 ～ 1945）、郭国基（1900 ～ 1970）らが、国府軍上陸の協力を計画したと疑われ、数百人が逮捕された（東港事件）。1944 年には蘇澳の漁民 71 人が米軍の潜水艦に情報を提供したとして逮捕され、全員が死亡している（蘇澳事件）。しかしこれらの事件の大方は、警察や検察のでっち上げや誇張された情報によるものである。一部の日本人が台湾人に対し、いかに強圧的だったか、または不信感を抱いていたかを物語っている。

【図 8-13】貯蓄奨励の宣伝ポスター

㈡経済面

戦時中はあらゆる資金、資源の有効な管理が求められた。そこで総督府は 1937 年から台湾の経済統制を強化した。

1.金融統制

総督府は銀行の資金運用に制限を加え、民間金融機関を統制下に置き、国による資金の調整に協力した。またその他にも様々な措置を採っている。例えば警察官を通じ、勧告という形の半強制的な手段で台湾人に「戦時国債」を購入させ、また貯蓄、献金を奨励して資金の獲得に努めた。またインフレ抑制のために商品価格に上限を設けた。

2.物資、労働力への統制

戦争動員の需要に基づき、総督府は非軍需的製造業者等に青少年労働者を雇用しないよう求めた。また生産を維持するため、生産者の自由な移動を禁じ、労働力を管理し、賃金を統制した。

台湾の主要な移出品は米と砂糖だが、総督府は1939年、時局の公益性のためだとし、米を一律低価格で買い入れ、移出量を調整した。製糖業の経営も完全に政府の統制下におかれ、小作人、地主、米穀商も、みな経済的な打撃を受けた。

日常生活の面では、欠乏する物資の統制が進み、市場取引が干渉され、生産と流通がコントロールされた。1938年から生活必需品が次々と配給制になり、その対象は米、砂糖、豚肉、牛乳、マッチなどに及んだ。しかし供給不足により、人々の生活は苦しかった。

【図 8-14】政策を宣伝　経済統制が民生に及ぼす影響は甚大だった。写真は民衆に向けた政府の戦時経済体制に関する宣伝活動。

【図 8-15】生活必需品の配給手帳　配給数は家族の人数や等級で決まった。日本人家庭が最も多く、国語家庭がそれに次いだが、大部分の台湾人家庭は十分に物資を得ることができなかった。

【図 8-16】1941 年の皇民奉公会の大雅庄分会の結成式

【図 8-17】包帯を包む愛国婦人会台湾本部の会員たち

三、社会、軍事動員

㈠社会動員

1.皇民奉公会

1940 年、政府は動員強化のため、国益を至上とする忠君愛国思想の更なる注入に乗り出した。そして翌年、台湾で皇民奉公会が発足した。これは台湾の中央及び各地の行政機関が設ける厳密な階層型組織で、年齢、性別、職業ごとに分けられた傘下団体もあり、ほとんど全ての台湾住民を網羅していた。政府は皇民奉公会を利用し、戦時政策の求めに応じた各種の活動を推進した。これが解消されたのは 1945 年になってからだ。

2.言論思想と文芸の統制

(1) 文化の抑圧

社会動員と言論統制の必要により、政府主導で全台湾の新聞が統合され、「台湾新報」となった。台湾の文学にも厳しい統制が加えられ、作品のジャンルや内容まで規制された。

戦局が厳しくなるにつれ、台湾人の心情が反映される台湾語の流行歌が禁じられた。あるいは歌詞が全く違うものに変えられ、政府の宣伝の具ともされている。例えば「雨夜花」は歌詞が書き換えられ、「誉れの軍夫」という曲になった。1943 年に大稲埕の永楽座で上演された舞台劇「闇鶏」❷で歌われる「丟丟銅仔」などの台湾歌謡は政府側の不興を買い、禁止されている。

(2) 政治宣伝

その一方で、当時は台湾人の皇民化に向き合う過程を主題に

2 「闇鶏」の原作は張文環の小説。環境の圧迫を受ける小人物の話だ。

討論しよう

なぜ政府は台湾歌謡が歌われるのを抑えつけたのか?どのような政策が関係しているのかを考えよう。

【図 8-18】映画「サヨンの鐘」は満州国で育ったスター女優の李香蘭（白いシャツに黒いスカートの人物）が主演した。

【図 8-19】出征する高砂義勇隊

した「皇民文学」が現れている。これは政府のイデオロギーと符合するため、大々的な推薦、賞賛を受けた。総督府はまた、愛国モデルを作り出す政治宣伝にも力を入れた。例えば 1938 年、タイヤル族の少女サヨン（Sayon）が、出征する日本人警察官を手伝い荷物を担いで川を渡る際、誤って落ちて遭難すると、総督府は現地に鐘を贈ってその愛国心を称えた。この物語は皇民化教育の宣伝材料となり、『サヨンの鐘』という映画まで作られている。

㈡軍事動員

1937 年の盧溝橋事件以降、多くの台湾人の軍夫、軍属が続々と中国や南洋（東南アジア）の戦地に送られ、人夫、通訳などの後方支援に当たった。1941 年末からは陸軍が原住民を募集して「高砂挺身報国隊」（高砂義勇隊）を編成し、東南アジアのジャングルの戦場へ送った。

日本は 1942 年、戦争の拡大、戦況の緊迫化を受け、台湾で志願兵制度を敷き、台湾人青年を募集して、軍人の身分で戦場へ送った。戦況が悪化する 1945 年には徴兵制が施行され、15 歳から 60 歳までの男子、17 歳から 40 歳までの女子は、兵役に服し徴用に応じる義務が与えられた（★1）。その他、多くの台湾人が飛行場や防衛施設の工事に従事させられている。更には従軍する「慰安婦」の徴集も行われ、その際に相当高い比率で強制も行われていた（★2）。日本政府の統計によれば、軍人軍属となった台湾人は約 20 余万人で、そのうちおよそ 3 万人が死亡している❸。

3 日本の靖国神社は国のための戦死者を祀っているが、そこには 2 万 7 000 人以上の台湾人も含まれている。

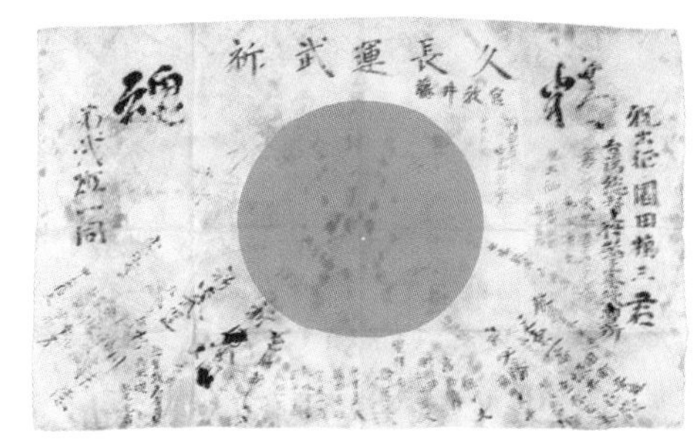

【図 8-20】出征記念の旗

★1：台湾で兵役法に基づく徴兵制は、1945 年の予定を繰り上げ 1944 年に施行されている。男女に兵役（義勇兵役）を課したのは、1945 年に施行の義勇兵役法によってだ。

★2：政府、軍による慰安婦の「徴集」や「強制（連行）」が行われた証拠はいまだない。

総督府の志願募集を受けた台湾籍日本兵の一人一人に物語があった。この資料に描かれる二人の心境にはどのような違いがあるか？

資料一：「私は志願をして来たのだろうか。そうだ、私は確かに志願書を書いた。佩刀した警察官と徴兵官が家にやってきたあの日に……。もし志願書を書かなければ、彼らは私を非国民と呼んだだろう。事実、私は彼らの国民ではない。しかしそれでも彼らの国民として登録するよう強要されるのは、李鴻章が彼らと奴隷契約を結んだからだ。……」

（陳千武『輸送船・活着回来』、33 ～ 34 頁）

資料二：「ついに海軍特別志願兵制度が発表され、我々本島の青年たちは一視同仁、広大無辺なる皇恩に泣いた。……その憧れが、私が海洋訓練隊に志願した動機となり、また今回我々本島青年が帝国海軍軍人となる道を開いた」

（「新建設」1943 年 6 月号所収、「海軍特別志願兵に聞く」）

【図 8-21】空襲　1944 年 12 月の米誌「ライフ」では、米軍の爆撃機から見た高雄港が表紙に。

【図 8-22】1945 年 5 月、総督府が爆撃された。

四、戦火の広がりと終息

㈠戦争による破壊

1943年、米軍の反攻により、戦火の脅威が台湾にも迫って来た。同年末からは米軍が台湾への空襲を開始し、飛行場、港湾、鉄道、工業施設を爆撃した。これにより交通、経済が大きな打撃を受け、それに加えて大量の物資供出で、人々の生活は物不足に陥った。空襲警報で逃げ、あるいは芋粥をすすったことは、当時の人々に共通する体験である。

㈡戦争の終結

1945年、すでに優勢に立っていた米軍は、日本本土へと迫った。8月には広島と長崎に原爆を投下し、多大な死傷者を出させた。8月15日、天皇は国民に連合国軍に降伏する旨を宣し、戦争は終結した。日本統治を受けてから50年が経っていた台湾も、これにより新たな段階へと入って行った。

戦地総動員

下表は皇民奉公会の機関誌「新建設」の主なコーナーだ。以下の問題に答えよう。

コーナー名	主な内容
1. 座談会	軍人の談話。戦時中の服装や食糧増産等に関する座談会記録。
2. 時局解説	戦局に関する報道。
3. 新建設講座	皇民奉公運動の理念と実施方法について。
4. 奉公運動現地報告	各地の奉公運動を取材し紹介。
5. 巷の経済学	配給、増産、衣料不足等の経済関連の話題。
6. 戦時下の五坪農園	季節の野菜の植え方を指導。

1. 表を参考に、皇民奉公会にはどのような任務があったのかを考えよう。
2. これらのコーナーを設けたそれぞれの主要目的は何か。

第四篇

中華民国統治下の台湾

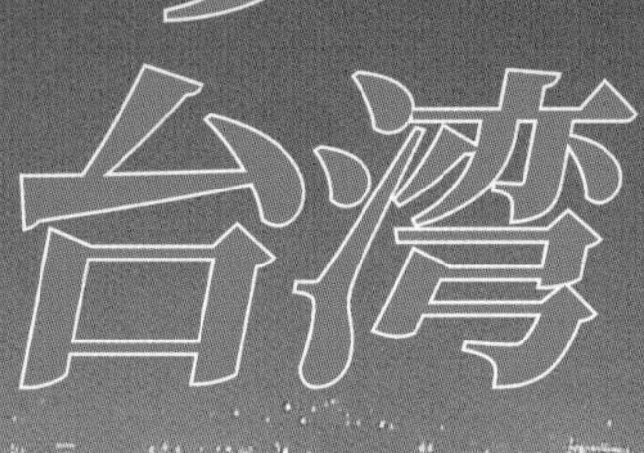

都市の風景
台湾は都市の急速な発展により、人口の過度の集中や都市と農村との格差といった社会問題に直面している。
〔写真提供：陳秉亨〕

接収	戒厳時代

- 1945年 台湾が中華民国の統治下に入る
- 1947年 反乱平定動員時期に入る　二二八事件
- 1949年 戒厳令が施行
- 1950年 朝鮮戦争勃発
- 1953年 「耕す者が其の田を有す」政策が実施
- 1954年 米華相互防衛条約が調印
- 1958年 八二三砲戦
- 1960年 投資奨励条例が公布
- 1966年 高雄加工輸出区が設置
- 1968年 義務教育年限が九年に延長
- 1971年 中華民国が国連を脱退
- 1972年 国会議員増加定員選挙が定期的に
- 1973年 十大建設が推進

戒厳解除時代

1977年	中壢事件
1979年	米国が中華民国と断交
1980年	新竹サイエンスパークが開設
1987年	戒厳令が解除
1990年	産業グレードアップ促進条例が公布
1991年	反乱平定動員時期が終わる
1996年	初の総統直接選挙
2000年	初の政権交代
2002年	世界貿易機関に加盟
2005年	国民大会が廃止
2007年	高速鉄道が開通
2008年	2回目の政権交代
2010年	五都市改制

第9章 政治：戒厳令から戒厳令解除まで

第1節

中華民国の台湾接収と中央政府の遷台

◎授業前123

1. 国民政府❶の台湾接収の経緯と台湾人の接収前と後の心情の変化を感じ取ろう。
2. 二二八事件の背景、経過とその影響を知ろう。
3. 国共内戦の情勢変化と政府の遷台の過程を理解しよう。

1 国民政府とは、中華民国の訓政時期（1929～1948年）における中央政府。1948年5月に憲法が施行されると、それに基づく中華民国政府に変わった。

2 カイロ宣言は正式な条約ではなかったが、当時の米国政府の立場が反映されており、その後の台湾接収に繋がった。

一、国民政府の台湾接収

㈠台湾の帰属

1943（民国32）年末、中米英三国のリーダーである蒋介石（1887～1975）、ルーズベルト（Franklin D. Roosevelt 、1882～1945）、チャーチル（Winston Churchill、1874～1965）はカイロ会談を行い、閉会後にカイロ宣言を発表し、中華民国が戦後台湾を獲得することに支持を表明した❷。その後の1945年に発表されたポツダム宣言には「カイロ宣言の条項は履行されなければならない」とあった。

1945（民国34）年8月15日、日本は無条件降伏した。連合国軍最高司令官のマッカーサー（Douglas MacArthur、1880～1964）は第一号命令を発し、それに基づき10月25日、中国戦区台湾省受降式典が台北公会堂で開催され、中華民国の台湾統治が始まった。

【図9-1】台湾光復　受降式典は1945年10月25日、台北公会堂（今の台北中山堂）で開催された。

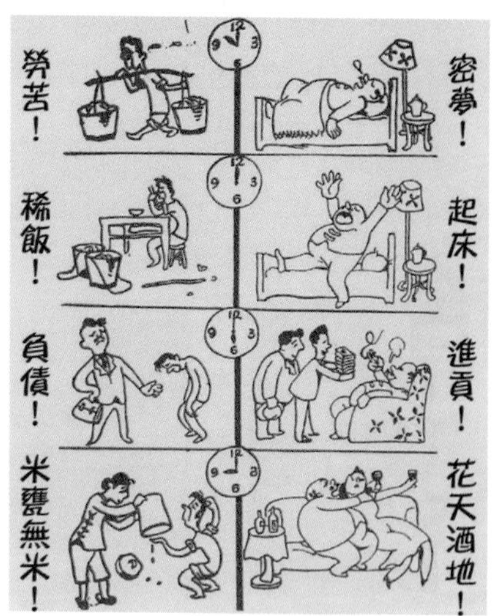

【図 9-2】1946 年に「新新月報」が掲載した漫画 政府高官と貧乏人の両極端な生活ぶりを風刺した。

㈡台湾接収

日本が降伏を宣言すると、国民政府は陳儀（1883～1950）を台湾省行政長官に任命し、行政長官公署を開設した。台湾の政治体制は中国各省とは異なり、行政長官が台湾で施行する法律を制定できた。また陳儀は台湾省警備総司令を兼任したため、行政のみならず軍事の大権をも掌握し、しかも蒋介石の信任を得るなど、その権力の大きさは日本統治時代の台湾総督にも劣らなかった。

二、台湾人の期待と失望

戦争が終わり、エリート層を含む大部分の台湾の人々は祖国による接収や台湾の未来に期待を抱いていた。暗い植民地支配から脱け出し、より良き時代を迎えられると考えていたのだが、政府の施政は人々の期待したものとは異なっていた。

㈠政治面

台湾を接収に来た部隊の軍紀は乱れ、接収要員も汚職、不正行為が多く、人々を失望させた。また政府は、中国各省から来た人々を優先的に任用し、行政長官公署でも要職に就く台湾籍の人は少数だった❸。そして大陸籍の公務員にだけは加俸があり、「同じ職務で異なる報酬」という現象が生じた。

3 部長、副部長の要職に就く 9 人の内、台湾籍は 1 人の副部長だけだった。

㈡経済面

陳儀は膨大な日本の在台資産を接収して官営企業に移し、また専売制度と貿易統制を継承して民間企業の発展を抑えるなど、台湾人資本の経済活動空間を圧縮した。1945 年以降、中国では経済状況が悪化したため、台湾は政府による人的、物的な復興支援を充分に得られなかったばかりか、逆に物資を中国へ送らなければならず、それが台湾経済の復興を阻害した。更には中国のインフレが台湾に大きな打撃を与え、人々は物価の上昇に喘い

【表 9-1】1946、47 年の物価比較
単位：台湾ドル / 斤

物品＼時間	1946年1月	1947年2月
米	8.84	42.67
穀粉	11.11	59.72
豚肉	31.95	102.78
落花生油	27.67	106.39
白糖	2.70	60.28
茶葉	6.70	61.11

※上は政府資料に基づくものだが、闇値の上昇に至っては早くから歯止めが効かなくなっていた。

【図 9-3】新聞の風刺漫画は米価の高止まりに焦点を当てた。

だ。1946（民国35）年末には米価が高騰し、食糧も供給不足となり、人々は不安におののいた。

㈢社会文化面

台湾は50年間の日本統治を受け、人々の生活、文化は日本的な色彩を帯びていたが、8年にわたる抗日戦争を経て来た接収要員は、反日感情と戦勝国意識を持っており、それらを「奴隷化」支配の余毒だとして、払拭に躍起となった。しかし一方の台湾の人々は、当時のアジアでは上位を占める教育レベルを持ち、しかも公務は法に基づいて行われるべきだという考えがあったため、政府の政策や官吏の態度、そして行政の「人治」ぶりには納得ができなかった、このように、両者間には文化的な隔たりや摩擦がよく見られた。

【図9-4】新しい交通ルールを街頭で説明する小学生　日本統治時代は左側通行だが、戦後は右側通行に変更したと宣伝している。

三、二二八事件

㈠衝突起こる

1.導火線：闇煙草取締事件

1947（民国36）年2月27日、専売局の捜査員が台北の大稲埕で闇煙草を取締り中、煙草売りの女性、林江邁を殴って負傷させ、傍らの民衆をも誤って傷つけ、群衆の怒りを買った。そして28日、民衆が行政長官公署へ抗議に行くと、衛兵に銃撃された。これにより、接収以来蓄積された民衆の政府への不満が爆発し、その一部は統治者層と思われる外省人を殴打している。

討論しよう

二二八事件が起こった最大の原因は何だろう？

史料エクスプレス

1946年、閩南通訊社は「五天五地」という当時の流行語をこう紹介している。「連合国軍の爆撃は驚天動地、台湾光復は歓天喜地、官吏の汚職は花天酒地、政治の混乱は黒天暗地、物価の高騰は呼天喚地」。また接収要員に関しては「いつも民衆を“奴隷化”されていると侮辱しながら、自分自身はとても卑屈で、奴隷顔で是非を弁えず、それでいて独立自主だと得意気だ。いつでもどこでも金銀を欲しがり、民衆から利益を奪うことしか頭にないのに、民に奉仕していると言っている」と記す。

（閩台通訊社「台湾政治現状報告書」より）

台湾の「接収」は「劫収」（略奪）と揶揄されていた。左の資料を読み、台湾人は戦後、どのような状況に直面していたかを考えよう。

【図 9-5】二二八事件が勃発 その日、民衆は抗議のため専売局前に集まった。

4

死者の数は、人口学的方法に基づく行政院調査報告によれば1万8千人から2万8千人とされる。しかし賠償に関する事務を担当する二二八事件記念基金会が認定した死者、行方不明者数は860人であるなど、見方は様々で食い違いも大きい。

【図 9-6】黄栄燦の木版画「恐怖の検査」 題材は闇煙草取締り事件。構図はドラマチックで衝撃的。作者自身も1950年代、白色テロで亡くなっている。

2.全台湾への拡大と政治交渉

二二八事件の報はラジオで全台湾に伝わり、各地で次々と処理委員会が設けられ、議員や士紳が中心となり、民間の改革についての意見を統合し、政府側と事件解決に向け協議した。3月7日には台北市の二二八事件処理委員会が処理大綱を提示し、台湾の高度な自治を要求し、改革を進めた。その時、すでに社会は、衝突が続いていた少数の地域を除けば、おおよその秩序を回復していた。

3.武力鎮圧と清郷

陳儀は、処理委員会とその後の改革についても協議していたが、実はその時すでに台湾制圧のための軍の派遣を中央に要請していた。そして3月8日、その軍隊が基隆から上陸し、直ちに武力制圧を開始した。3月末からは、一軒一軒を捜索して潜伏する容疑者を逮捕する清郷も実施している。中央政府は住民への報復を厳禁したが、関係部門が勝手に処刑を行うなどで、多くの死傷者が出た❹。

㈡影響と善後処理

1.政府の改革

二二八事件後、国民政府は台湾で行政の改革、調整を行い、行政長官公署を廃して台湾省政府を置き、文官の魏道明（1907～1978）を省主席に任命した。人事面では、多くの台湾籍エリートが省政府委員に起用され、また公務員の待遇差別も改善された。その他公営事業の範囲を縮小し、民間の経済活動の空間を広げた。

2.歴史の傷

その後、国共内戦による情勢の変化で、政治的暗雲が立ち込める中、二二八事件は口に出してはならないものとされ、台湾人は政治問題には触れようとしなくなった。今日の外省人の大部分は事件後に来台したため、事件には無関係ではある。しかし政府の責任の所在が明確にされず、また住民の味わった歴史の傷も放置されたため、外省人との間の溝が深まった。

3.謝罪と補償

1987（民国76）年、民間で「二二八平和記念日促進会」が発足し、行政院でも1990（民国79）年に「二二八事件専門チーム」が置かれるなど、ようやく二二八事件の調査や研究が開始された。1995（民国84）年には李登輝（1923～）総統が国家元首として謝罪を行い、同年には立法院での立法により、被害者に補償金が支給され、また2月28日が平和記念日に指定された。

1996年、台北新公園は二二八平和記念公園と改称された。

【図9-7】嘉義の二二八記念碑
嘉義市が1989年に建てた台湾初の二二八事件記念碑。

四、中央政府の遷台

㈠国共内戦の情勢変化

1947（民国36）年、国共内戦の激化を受け、国民政府は反乱平定動員を下令した。1948（民国37）年末の段階で中共はすでに優勢となり、中華民国政府に和平交渉を求める声が国内外から絶えず上がったが、蒋介石総統は積極的に東南、西南各地で有力な政治家、軍人の配置を進め、また台湾省の政治は陳誠に委ねた。1949（民国38）年初めに陳誠（1898～1965）は台湾省主席に就任し、台湾の党、政、軍の大権を掌握した。

㈡中央政府の遷台

1949年1月、政府は中共との和平交渉を決め、蒋介石総統は下野した。しかし4月になり、中共が中華民国政府に降伏を求めたため交渉は決裂。その後情勢は悪化し、米国は中国白書を発表し、国共内戦の形勢逆転の責任は中華民国政府にあるとの認識を示した。10月1日、中華人民共和国が樹立され、中華民国政府は広州から重慶へ、そして成都へと遷り、12月7日には台北への移転が下命された。

【図9-8】台北二二八記念碑
1995年に落成した。〔写真提供：曾木信俊〕

ニュース最前線

記者の子ザルが二二八事件を取材。メモを整理して、報道記事を書こうとしている。そこで子ザルを手伝って上げよう。（二二八事件の結果と影響について書き込もう）

背景1

……祖国から第70軍の3000人がやって来た。……みな雨傘を背負い、見た目がとても奇妙だ。鍋、食器、寝具等を担ぐのもいた。私は訝しく思ったが、善意に解釈した。祖国の兵士は8年間も、劣勢の武器と民族精神で抗戦をしていたのだからと。……私は、あの貧しそうな姿こそ、まさに民族精神の実態なのだと錯覚したのだ！（呉濁流『台湾連翹』）

背景2

台湾光復は本当に損だ。餓死する同胞は山の如し。物価は日一日と上がり、阿山（★）は日一日と肥える。

背景3

もし台湾の行政機関全体の変革を考えないなら、台湾の民衆の心に積もった恨みは火山のように爆発することだろう。その時になって慌てても収拾はつくまい。（1947年、上海文匯報）

導火線

1947年2月27日夕刻、専売局の捜査員が、台北市太平町の天馬茶房の前で闇煙草を取締り中、女売人の林江邁から没収品の返還を哀願されたため、それを殴って怪我をさせ、民衆を憤激させた。捜査員の一人が発砲すると、弾が現場にいた市民の陳文渓に当たった（その後死亡）。

拡大

1947年2月28日、抗議の群衆が台北の専売局前に集まり、局内にあった物品を路上に持ち出し焼き払った。そして長官公署前広場で示威を行うと、憲兵の機銃掃射を受けた。各地で軍と民衆の衝突が絶えず、外省人を攻撃する状況も見られた。

idea

★:「阿山」とは中国からやって来た人（唐山人）を指す。

第2節

ストロングマン時代と権威主義体制

◎授業前123

1. ストロングマン政治と権威主義体制の形成過程を理解しよう。
2. 国際情勢の変化の我が国への影響を知ろう。
3. 権威主義体制下での民主改革のプロセスを感じ取ろう。

一、権威主義体制の確立

㈠非常事態期間の法規範

1.「反乱平定動員時期臨時条項」

政府は反乱平定動員体制下で物資、交通を管制し、政策に反対する集会、宣伝を規制し、ストライキを禁じた。1948（民国37）年、第1回国民大会が反乱平定動員時期臨時条項を制定し、緊急事態時に憲法を超越した緊急措置を採る権限を総統に付与した。

2.「台湾省戒厳令」

1949（民国38）年5月20日、台湾で戒厳令が敷かれた。38年にも及ぶ戒厳時期の始まりである。警備総司令部は各種規定を設けて許可なき集会、結社、デモ、ストライキを禁じ、台湾統治の安定を図った。

反乱平定動員時期臨時条項と戒厳令は、元々は国家の緊急事態に対処するためのものだが、政府は台湾情勢が危機から安定に転じた後も施行し続けた。台湾海峡両岸が長期間にわたり対峙していたためである。

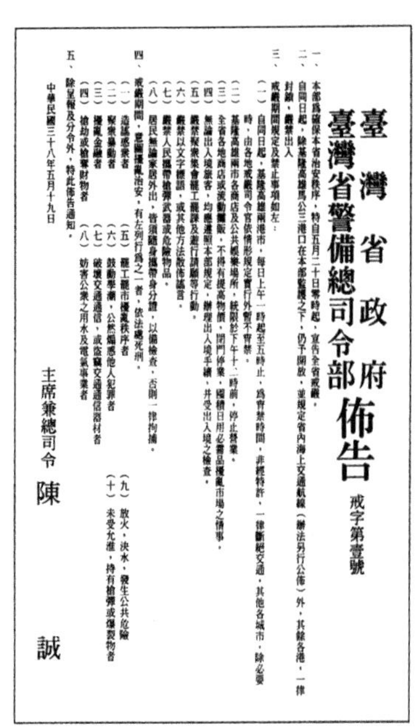

臺灣省政府
臺灣省警備總司令部 佈告 戒字第壹號

一、本部為確保本省治安秩序，特自五月二十日零時起，宣告全省戒嚴。
二、自同日起，除基隆高雄馬公三港口在本部監護之下，仍予開放，並規定省內海上交通航線（辦法另行公佈）外，其餘各港，一律封鎖，嚴禁出入。
三、戒嚴期間規定及禁止事項如左：
（一）自同日起，基隆高雄兩港市，每日上午一時起至五時止，為宵禁時間，非經特許，一律斷絕交通，其他各城市，除必要時，由各地戒嚴司令官依情形規定實行外暫不宵禁。
（二）基隆高雄兩市各商店及公共娛樂場所，統限於下午十二時前，停止營業。
（三）全省各地商店或流動攤販，不得有抬高物價，閉門停業，囤積日用必需品擾亂市場之情事。
（四）無論出入境旅客，均應遵照本部規定，辦理出入境手續，并受出入境之檢查。
（五）嚴禁聚眾集會罷工罷課及遊行請願等行動。
（六）嚴禁以文字標語，或其他方法散佈謠言。
（七）嚴禁人民攜帶槍彈武器或危險物品。
（八）居民無論家居外出，皆須隨身攜帶身分證，以備檢查，否則一律拘捕。
四、戒嚴期間，意圖擾亂治安，有左列行為之一者，依法處死刑。
（一）造謠惑眾者
（二）聚眾暴動者
（三）擾亂金融者
（四）搶劫或搶奪財物者
（五）罷工罷市擾亂秩序者
（六）鼓動學潮，公然煽惑他人犯罪者
（七）破壞交通通信，或盜竊交通通信器材者
（八）妨害公眾之用水及電氣事業者
（九）放火，決水，發生公共危險
（十）未受允准，持有槍彈或爆裂物者
五、除呈報及分令外，特此佈告通知。

中華民國三十八年五月十九日

主席兼總司令 陳 誠

【図 9-9】台湾省戒厳令

㈡支配の強化と白色テロ❶

情勢は安定したが、政府は中共が浸透して政権の転覆を図る可能性があることを理由に、刑法第100条と反乱懲治条例（1949年）、匪諜(★1)検粛条例（1950年）で国内支配を強化した。厳密な法律条文の下、人々は政府に反対する「意図」が認められただけで、または親共的な主張や台湾独立の主張と見做されただけで「反乱分子」とされ、軍法会議にかけられた。

政府は「匪諜」、「反乱者」を逮捕したが、冤罪、でっち上げ事件や、異分子排除の目的で逮捕されるケースも見られた。言論や主張が反乱の構成要件になり、更には「共産匪賊と知って通報しない者は匪賊と同罪」とされ、そしてこうしたことだけで重刑を科せられることもあり、まさに「白色テロ」の時代と言えた。

1　「白色テロ」という言葉はフランス革命で生まれた。当時保守派は国家権力を使って革命派を弾圧したが、王室を象徴する色が白だったため、この種の弾圧行為は白色テロと呼ばれるようになった。

㈢権威主義体制の確立

1.党国体制

中国で中共との戦いに敗れて下野していた蒋介石は1950（民国39）年、総統に復任して国民党の改造に着手し、「党が政府を指導する」「党が軍を指導する」という精神の貫徹を図った。こうした党国体制(★2)の下で蒋介石と蒋経国（1910～1988）の父子は、二代にわたり中国国民党を指導し、台湾で長期にわたり政権を握り続けた❷。

2　台湾省主席の呉国楨と陸軍総司令の孫立人は、蒋介石の政策と考えが合わず、相次ぎ職を去った。孫立人は1955年、クーデター計画や匪諜事件に関わったとの嫌疑をかけられ、長期間軟禁された。

2.総統の権限拡大

1954（民国43）年、国防会議が設けられ、総統が議長を務めた。行政院の総予算案や重大な国家政策は、みなこの会議で審査されることとなり、総統の権限は拡大した。

その後、反乱平定動員時期臨時条項の改正により、総統には更に多くの権限が付与されている。例えば1960(民国49)年には、総統任期の回数が無制限となり❸、1966（民国55）年には、総統が国家安全会議の議長を務め、国家の政治方針を決定し、中央の行政、人事機関を調整することができるとされた。こうした総統の権限拡大により、ストロングマン政治、権威主義体制は更に強固なものとなった。

3　その後、蒋介石は総統に再選され続け、1975（民国64）年に死去するまで就任した。

★1：「匪諜」とは中共のスパイ。
★2：「党国体制」とは党が国であり、国が党であるとするイデオロギーに基づく国民党の一党独裁体制。

二、国際情勢の変化

㈠米国の支持

1950（民国39）年6月、朝鮮戦争が勃発した❹。米国は台湾の戦略的位置の重要性を認識して対華政策を変更し、第七艦隊を台湾海峡へ派遣して、台湾海峡中立化政策を実施した。1954（民国43）年、米華相互防衛条約が調印され、台湾と澎湖諸島は米国をリーダーとする民主主義陣営の防衛体制に組み込まれた。これにより中華人民共和国がもたらす軍事的脅威は軽減された❺。

朝鮮戦争勃発後、米国は中華民国への大規模な軍事、経済援助を再開し、台湾の国防と経済発展を大きくに助けた。

4 1950（民国39）年、北朝鮮が韓国に進攻。国連は加盟国に韓国支援を命じ、北朝鮮は中華人民共和国の援助を受けた。双方は北緯38度線で対峙し、1953（民国42）年、休戦協定を結んだ。

5 この条約により米国は中華民国の防衛に協力するが、中華民国は米国の同意なしでは中華人民共和国への軍事行動を起こせなくなった。

【図9-10】米大統領アイゼンハワーの台北訪問 1960年、蒋介石と同じ車両に乗り、民衆の熱い歓迎を受けた。訪台した唯一の現役米大統領だ。

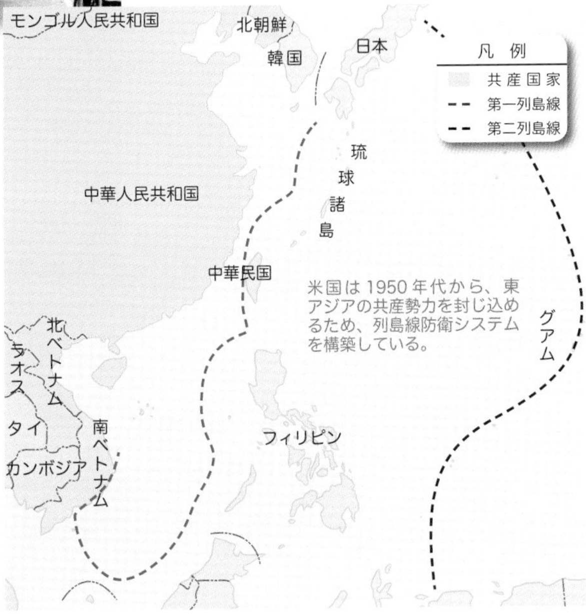

【図9-11】米国の東アジアにおける防衛体制

モンゴル人民共和国
北朝鮮
韓国
日本
凡例
共産国家
第一列島線
第二列島線
琉球諸島
中華人民共和国
中華民国
米国は1950年代から、東アジアの共産勢力を封じ込めるため、列島線防衛システムを構築している。
グアム
北ベトナム
ラオス
タイ
カンボジア
南ベトナム
フィリピン

資料一：合理的範囲内で米国が採ったいかなる措置も、中国情勢を変える可能性はない。米国がまだ実施していないことを実施しても、情勢には影響を及ぼし得ない。それは中国の内部勢力がもたらした結果であり、中国内部が決定づけたものであり、原因はその職務怠慢にある。（1949 年、米国「中国白書」）

資料二：共産軍の台湾占領は、太平洋地域の安全と、その地域で合法的かつ必要に応じた活動を展開する米軍に対する直接的な脅威になるため、私は米国第 7 艦隊に対し、台湾に対するいかなる攻撃も防ぐよう命じた。

（1950 年、トルーマンの声明）

資料一と二からわかる米国の姿勢の変化の原因は？それによる台湾への影響は？

㈡国際的地位と外交空間

1.対日講和条約の調印

中華民国は米国の支持を獲得し、国連など重要な国際機関での地位を維持したが、中華人民共和国を支持する国も増加し続けた。1951（民国 40）年、対日講和条約がサンフランシスコで調印され、同条約により日本は、台湾と澎湖諸島に関する主権を放棄した。中華民国政府は、一部の国から中国を代表する資格があるのか疑問視され、講和会議に出席できなかったが、翌年米国の斡旋で、日本とは個別に日華平和条約❻に調印した。

6 この条約では、台湾、澎湖諸島がどの国に割譲されるかを明記していないため「台湾地位未定論」を生み、議論を呼んでいる。他方、中華民国は台湾、澎湖諸島の実効支配をしており、先占の法理により領有権を取得したとする主張もある。

2.「漢賊並び立たず」政策と外交情勢の逆転

中華人民共和国政府が中国を統治し続けている現実を踏まえ、国際社会もその存在を重視するようになり、英、仏などがそれと国交を結んだ。一方我が国は 1960 年代に「漢賊並び立たず」(★)との外交政策を採ったため、国際情勢は不利に傾いて行った。

1971（民国 60）年、米国は中華人民共和国を取り込み、ソ連に対抗しようとした。こうした米国の方

★：「漢賊並び立たず」とは、「中国の正統政権（中華民国政府）と偽政権（中華人民共和国政府）が両立することは許されない」の意。「漢賊不両立」。

針転換の下、国連での中国代表権を巡る攻防でも、我が国は不利な状況に陥った。我が国の国連代表団は、総会決議によって中国代表権が我が国から中華人民共和国へ移るのに先立ち、国連脱退を宣言した。それ以来多くの国が、次々と中華人民共和国を承認し、それと国交を結んでいる。

1978（民国 67）年 12 月、米国のカーター大統領（James Carter, 1924 ～）は、次の年に中華人民共和国と国交を樹立し、中華民国の承認を停止すると発表した❼。米国の支持を失った中華民国は、外交の舞台で多くの挫折を味わうことになる。

7
1979（民国 68）年、米国議会は台湾関係法を制定し、台湾との交流関係の在り方を規定した。米国はこれに基づき台湾へ防衛性の武器を売却し、また米国在台協会（American Institute in Taiwan、AIT）を設置し、対台関係の事務を行っている。

討論しよう

米国は我が国との断交後、なぜ台湾関係法を制定したのだろう？

…中華人民共和国政府の代表が国連における中国の唯一の合法的代表であり、かつ中華人民共和国が安全保障理事会の 5 常任理事国の中の 1 理事国であることを承認し、中華人民共和国にそのすべての権利を回復させ、……かつ蒋介石の代表を、国連及びそのすべての関連機関で不法に占める議席から即時追放することを決定する。（アルバニア決議）

この文書を基に、中華民国の外交上の苦境の原因は何かを考えよう。

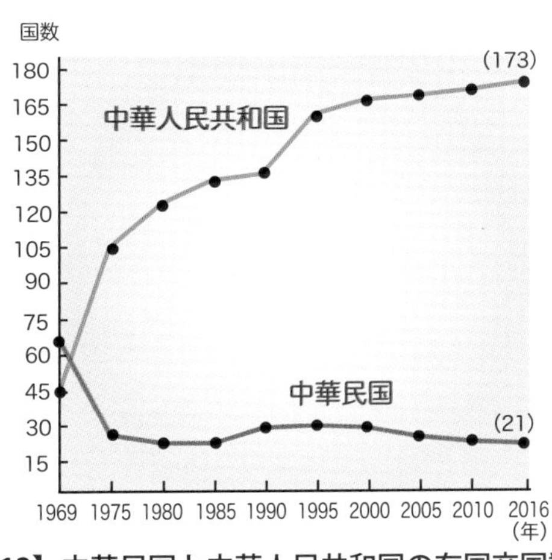

【図 9-12】中華民国と中華人民共和国の有国交国数の変化

3.保釣運動の高まり

1971（民国60）年、米国は第二次世界大戦後に占領していた釣魚台（★1）を日本へ移すことを決めた。釣魚台は、付近に石油が埋蔵されているため重要である。台湾海峡両岸と日本はみな領有権を主張し、主権争いが始まった。我が国政府の抗議は効果がなかったため、国内外で保釣運動が起った。国内ではデモや討論会が行われ、在米留学生も組織的な抗議運動を行い、ナショナリズムを盛り上げた。

三、民主主義の進展と政治改革

㈠制限付きの民主主義と地方自治

政府は遷台後、中共政権との対峙の中で国際社会の支持を得るため民主主義を標榜しており、また台湾本土のエリート階層から地方政治への参与の希望が強く寄せられたことから、政治的安定のために制限付きながら住民の地方参政を許すことにした。1950年に地方自治の実施となり、県市郷鎮の首長及び省レベル以下の議員の選挙が行われた。

他方中央では、遷台した政府の正統性を維持するため、1947年に選出の第1期国会議員（立法委員、監察委員、国民大会代表）の改選を停止した。そのため所謂「万年国会」となる。

【図9-13】1954年の台湾省第3回県市議員選挙での政見演説。

★1：中華民国政府が尖閣諸島の領有権の主張し始めると、魚釣島は釣魚台に、尖閣諸島は釣魚台列嶼に呼び変えられた。「保釣」とは「釣魚台を保衛する」の意。

【図 9-14】5 人の竜、1 人の鳳凰　これら台湾籍エリートは長期間、台湾省議会で民衆側に立ち果敢な発言を行った。そのため「5 竜 1 鳳」と呼ばれた。

【図 9-15】「自由中国」。

㈡進展し続ける民主改革

1.雷震と雑誌「自由中国」

1950 年代、雷震（1897 ～ 1979）が主宰の雑誌『自由中国』は時の政治を批判し、憲法に基づく地方自治、基本的人権の保障、野党の結成を訴え、蒋介石総統の権限拡大と再選に反対したため、当局の容認できない所となった。1960（民国 49）年、雷震と一部の外省人や台湾籍エリートが中国民主党の結成を準備すると、政府は直ちに雷震を中共のために宣伝を行ったとの容疑で逮捕した。かくして中国民主党は流産となり、「自由中国」も停刊し、これ以降、台湾の言論の自由は更に狭められて行く。

2.増員選挙と「党外」勢力の形成

長期間改選されない国会議員は、現実の台湾社会から懸け離れた存在と言え、民意の代表としての役割を充分には果たせなかった。そこで民間では国政への参与を望む声が高まった。1969（民国 58）年、政府は人口増加と第 1 期国会議員選挙で台湾籍が欠員になっているのを理由に、国会議員増加定員選挙を実施した。そして 1972（民国 61）年からは国会議員増員の改選が定期的に行われ、また多くの台湾籍エリートが中央政府に招聘された。反体制派の人々は国会議員増加定員選挙や地方選挙を通じ、徐々に一つの「党外」（★ 2）勢力を形成して行った。

★ 2：「党外」とは国民党独裁時代における国民党に属さない反体制派の人々のこと。

3.美麗島事件

1977（民国 66）年の地方選挙では、党外勢力の議席が伸びた他、不正投票問題で中壢事件が発生した❽。

> 8
> 1977（民国 66）年 11 月 19 日の投票当日、投票所による不正が疑われ、群衆が警察の中壢分局に調査を要求。ついには警察局と車両を焼き討ちする騒動に発展した。

1978（民国 67）年末、米国政府が突然我が国との断交を発表したため、政府は実施中だった国会議員増員選挙を中止した。選挙という舞台を奪われた党外勢力は、民衆集会の開催や政論雑誌の創刊で影響力を広げた。1979（民国 68）年 12 月 10 日、美麗島雑誌社のメンバーが高雄でデモ行進を行った。そして警官と民衆との間で激しい衝突が起こり、多くの党外エリートが逮捕された。

この事件に関する軍法会議の模様が報道されると、事件関係者の民主改革という政治的主張が、更に広く注目されることとなり、権威主義体制の正当性は更に大きく揺らいだ。

【図 9-16】「美麗島裁判」 事件に関与した人々とその弁護士の多くは、後に民主進歩党の主要なメンバーとなる。写真は「美麗島 30 周年文物展」にて、写真で当時を振り返る陳菊高雄市長（現・総統府秘書長）である。〔写真提供：邱萬興〕

歴史 Talk Show

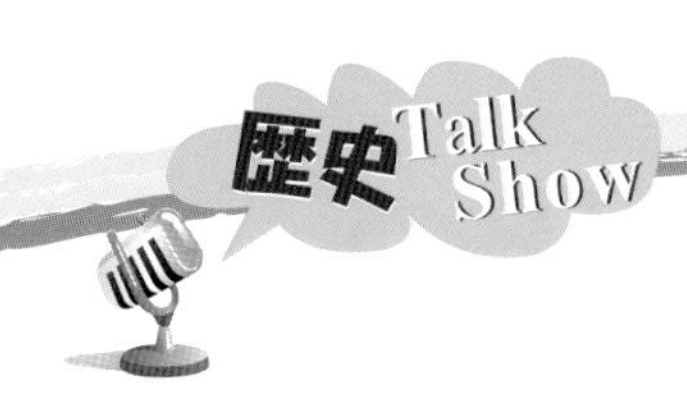

標語解読

標語、スローガンは最も直接的な宣伝道具で、理解しやすく印象にも残りやすい。

下は 1950 年代から 70 年代にかけ、よく聞かれた政治標語である。

これらはそれぞれどのような状況で生まれたのか、そして当時の社会にどのような影響を及ぼしたのかを話してみよう。

大陸に反攻し
同胞を救え

秘密保持と防諜は
１人１人の責任だ

時代は
青年に試練を与え、
青年は
時代を創造する

蒋総統万歳

三民主義で
中国を統一しよう

厳かに慎み
自らを強くし、
いかなる変化にも
驚かない

永遠に領袖を
お慕い申し上げる

政治改革と現代の両岸関係

◎授業前123

1. 民主主義の発展過程での政党結成禁止の打破と戒厳令解除の意義を理解しよう。
2. 戒厳令解除後の政治の民主的発展を理解しよう。
3. 我が国の外交上の苦境と両岸関係の推移を知ろう。
4. 今日の自由を念頭に、戒厳令解除前後の生活の違いを感じ取ろう。

一、戒厳令解除——新時代の到来

㈠政党結成禁止の打破

1980年代、党外の人々が結集し、政党結成禁止政策の打破に挑み、1986（民国75）年には民主進歩党が成立を宣言した。当時蒋経国総統はすでに、野党結成を承認はしないが取締りもしないという姿勢であり、同年の国会議員増加定員選挙では、初めて複数の政党が競い合うという局面を迎えた。1989（民国78）年、政府は人民に政党、社会団体の結成を許可した。かくして多党林立の時代が到来した。

㈡戒厳令解除

蒋経国総統は、国際情勢や国内での政治改革を求める声を考慮して、戒厳令の解除を決意した。そして1987年7月14日に、解除宣言を行い、翌日午前零時を以って38年にも及んだ戒厳令時代は終わった。その後政府は、中国出身者の肉親訪問を解禁し、長年中断して来た台湾海峡両岸の交流は日を追うごとに盛んになった。

二、自由化、民主化に向け前進

㈠国会の全面改選

戒厳令解除後、台湾の政治は自由化の方向へ邁進した。1990年3月、民主改革の加速を求める社会の声に対し、李登輝総統は憲政改革の形でそれを進めることを承諾した。

1991（民国80）年末、第1期国会議員の全員が退職した。「万年国会」の終焉である。その後、4月に可決された憲法修正条項に基づき、国会の全面改選が行われ、国会の改革は完了した。

㈡憲政改革の展開

1991（民国80）年5月1日、反乱平定動員時期臨時条項が廃止されて反乱平定動員時期が終わり、憲政体制が回復した。その後、何度も憲政改革が進められ、台湾の政治は更に自由化した。

また、1991年には立法院で反乱懲治条例が廃止された。翌年には刑法第100条が改正され、「暴力」や「脅迫」の手段が用いられない限り、「意図」や「言論」だけでは反乱罪を構成できなくなった。これにより思想、言論の自由は憲法の保障を受けることになった。

【図9-17】野百合学生運動
1990年3月、数千名の大学、専門学校生が中正記念堂で座り込みを行い、民主改革を急ぐよう要求した。運動の精神的シンボルが野百合だったため、野百合学生運動と呼ばれた。〔写真提供：邱萬興〕

1991年
1.国会の全面改選。
2.中共を反乱団体と見做さず。

1992年
1.省長、直轄市市長は民選で。
2.監察委員、考試委員、大法官の任命は総統の指名と国民大会の同意によることに。

1994年
1.総統選挙は直接選挙で。
2.行政院長の人事副署権を縮小。

1997年
1.行政院長は総統が任命。立法院の同意は不要。
2.台湾省の機能を凍結。

2000年
立法院に国民大会の人事同意権、憲法修正、総統罷免の提案権。
＊提案可決後、国民大会を選出し、再議決を行う。

2005年
1.国民大会が廃止され、立法院が唯一の国会に。
2.立法委員の定数は半減され、小選挙区比例代表並立制に。

【図 9-18】憲政改革

㈢総統直接選挙

1996（民国 85）年、中華民国は初の総統直接選挙を実施し、国民党から出馬した李登輝が過半数の得票率で当選した。このように人々は民主主義の手続きに従い、定期的に国家元首、国会議員を選べるようになった。

㈣政権交代

政党結成禁止政策が打破されると、台湾は多党競争時代を迎え、国民党や民進党以外にも、様々な政治的主張、立場の政党が生まれた。選挙期間中はどの政党も政治の発言権を得ようと懸命に争いを展開している。

2000（民国 89）年、民進党の陳水扁（1951 ～）が総統に当選して初の政権交代となり、台湾の民主主義は新段階に入った。そして 4 年後、陳水扁は激しい選挙戦の結果、僅差で再選される。2008（民国 97）年、国民党の馬英九（1950 ～）が総統に選ばれ、2 回目の政権交代が行われた。2012（民国 101）年、馬英九は再選されたが、2016 年に蔡英文（1956 ～）の率いる民進党が再度政権を握った。こうした政権交代、平和的政権移譲は、台湾の民主政治における重要な里程標となっている。

㈤外交上の努力

我が国は中華人民共和国の圧力により、外交、国際業務の上で阻害を受けている。1981（民国70）年、我が国は国際五輪委員会との協議により、「中華台北」（Chinese Taipei）の名義で五輪競技大会に参加することになった。それ以降我が国は、この五輪方式に従い、国際スポーツ競技大会に参加している。

1988（民国77）年、李登輝総統は外交的苦境を乗り越えるため、「実務外交」政策を採り、台湾海峡両岸は対等であり、別々に統治が行われているとの現状を認めた上で、国際的活動空間の開拓に乗り出し、国連など国際機関への参加も積極的に目指した。そして総統、副総統など政府上層部も、国交のない多くの国を訪問し、実質的な関係を深めた。

資料一：1989年3月、李登輝総統は招きに応じてシンガポールを訪問した。現地メディアが李登輝を「台湾から来た総統」と呼ぶと、李登輝は「呼称には必ずしもこだわらない。やるべきことをやるだけだ。だから、不満だが受け入れる」と述べた。

資料二：2000年の段階で、中華民国と国交を持つ国は29ヵ国で……また150ヵ国以上の国交のない国との間で密接な経済貿易関係、文化、技術面での協力関係を維持し、その内63ヵ国に97ヵ所の在外公館を置き、そしてその中の13ヵ所の名称に中華民国の国号を、84ヵ所で台北の名をそれぞれ冠している。

（呂芳上総編集『中華民国近六十年発展史』（下）、149～150・153頁、台北、国史館、2013年）

これらの資料を読みながら、我が国の外交政策は過去とどう違うか、またこうした方式が我が国の外交上の境遇にどのような影響を及ぼしているかを考えよう。

三、両岸関係の推移

両岸が隔てられ60年以上が経つ。局面は当初の軍事衝突から政治的対峙へと推移し、交流や協議が開始された以降は、ますます繋がりが密接になっている。

㈠軍事衝突（1949～1978年）

「大陸反攻」か「台湾解放」かで対立していた1950年代、二度にわたる台湾海峡危機が起こった。1955（民国44）年には中共が浙江省沿岸の島嶼にある中華民国政府の軍事拠点を攻略し、国軍は撤退した。1958（民国47）年8月23日には中共が、福建省沿岸から海を隔てる金門島を44日間にもわたり砲撃した。この八二三砲戦（第2次台湾海峡危機）後、双方は大規模な武力行動を控え、対峙を続けた。

㈡政治的対峙（1979～1987年）

1979（民国68）年、中華人民共和国は外交面で優勢に立つと、「三通四流」❶や「一国二制度」を主張するなど、平和攻勢に転じた。これらの主張に対する蒋経国総統の回答は「接触せず、談判せず、妥協せず」の「三不政策」であり、「三民主義で中国を統一する」との主張だった。

1 「三通」とは通商、通郵、通航で、「四流」とは経済交流、文化交流、科学技術交流、スポーツ交流。

㈢民間交流と政府の政策（1987～1991年）

1.肉親訪問の解禁

1987（民国76）年の戒厳令解除後、政府が人道上の考慮に基づき、民衆の中国への肉親訪問を解禁したことは、従来の両岸関係の限界を破る里程標となった。その後、訪問の許可条件は更に緩和され、また中国への観光旅行も解禁されたため、民間も貿易や投資に乗り出すなど、両岸交流は新たな段階へと入って行った。

2.交流機構の発足

1990（民国79）年、総統府は対中国政策の諮問機関として国家統一委員会を設置した。1991（民国80）年には国家統一綱領を採択している。同年、複雑さを増す中国関連事務の処理のために行政院大陸委員会（陸委会）を置いた他、更に民間の名義で海峡交流基金会（海基会）を設け、両岸交流の窓口とした。そして中華人民共和国もその年の末、海峡両岸関係協会（海協会）❷を開設している。

2 中華人民共和国はこれに先立ち、国務院台湾事務弁公室（国台弁）を設置している。

㈣協議と危機（1991～1999年）

1.辜汪会談

数度の協議を経てついに、海基会董事長の辜振甫（1917～2005）と海協会会長の汪道涵（1915～2005）が1993（民国82）年、シンガポールで初の会談を行った。「辜汪会談」である。そこでは民間性の実務的な協議がなされた。この会談は氷を打ち砕くものとして、国際的にも注目された。

2.「江八点」と「李六条」

1995（民国84）年初頭、中華人民共和国主席の江沢民は「江八点」を発表し、一国二制度という基本方針の下、平和統一の条件を構築すると強調する一方、武力行使の放棄は承諾できないと表明した。それに対して李登輝総統は「李六条」を打ち出し、双方が互いに隷属し合わない二つの政治実体であるとの現実を前提にしない限り、実行可能な国家統一の方法は探し得ないと強調した。

3.ミサイル危機と「特殊な国と国との関係」

同年6月、李登輝総統は米国の母校、コーネル大学で講演すると、中共当局は開催準備中の第2回辜汪会談を中止し❸、更に台湾近海で弾道ミサイルの発射訓練を行った。こうした関係の低迷は、翌年3月の中華民国総統選挙の直前まで続いた。

3 辜振甫と汪道涵が再び会談するのは1998（民国87）年、上海において。対話強化、協議再開で合意した。

1999（民国88）年には、李登輝総統が両岸関係を「特殊な国と国との関係」と定義付ける二国論を発表したため、中共は再度協議メカニズムを停止した。

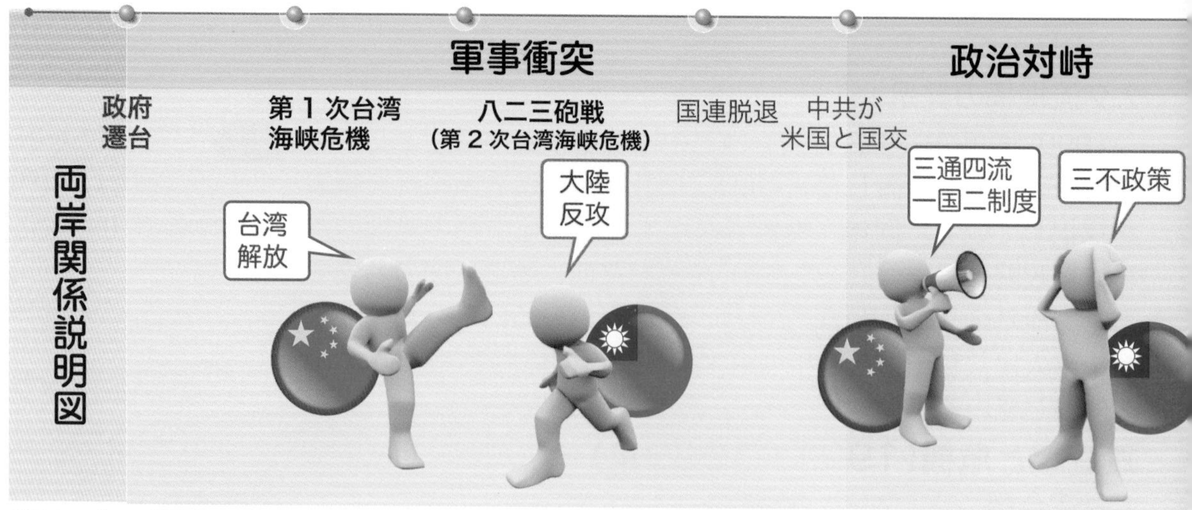

【図 9-19】両岸関係の進展

㈤ 21 世紀における発展

陳水扁総統の時代の両岸関係は「政治関係は冷たいが経済関係は熱い」と言われたが、馬英九総統が就任すると、政治的には「統一せず、独立せず、武力行使せず」と「『一つの中国』を堅持し、その解釈は各自が表明する」との主張を掲げた。そして経済的には、両岸の直航便や中国人の台湾観光を解禁するなど更に開放を進め、両岸交流はますます熱を帯びた。しかし両岸の密接な経済連携には不安の声も上がっている。2014 年には立法院で両岸サービス貿易協定の審査通過が強行されようとすると、「ひまわり学生運動」が引き起こされた。両岸貿易が密接化する中、開放政策の下でいかに我が国人民の権益と福祉を守るのか。政権の知恵が試されている。

【図 9-20】ひまわり学生運動
2014 年 3 月、海峡両岸サービス貿易協定の審査問題を巡り、民間団体と学生が立法院議場を占拠。立法院に逐条審査を要求。
〔写真提供：陳政徳〕

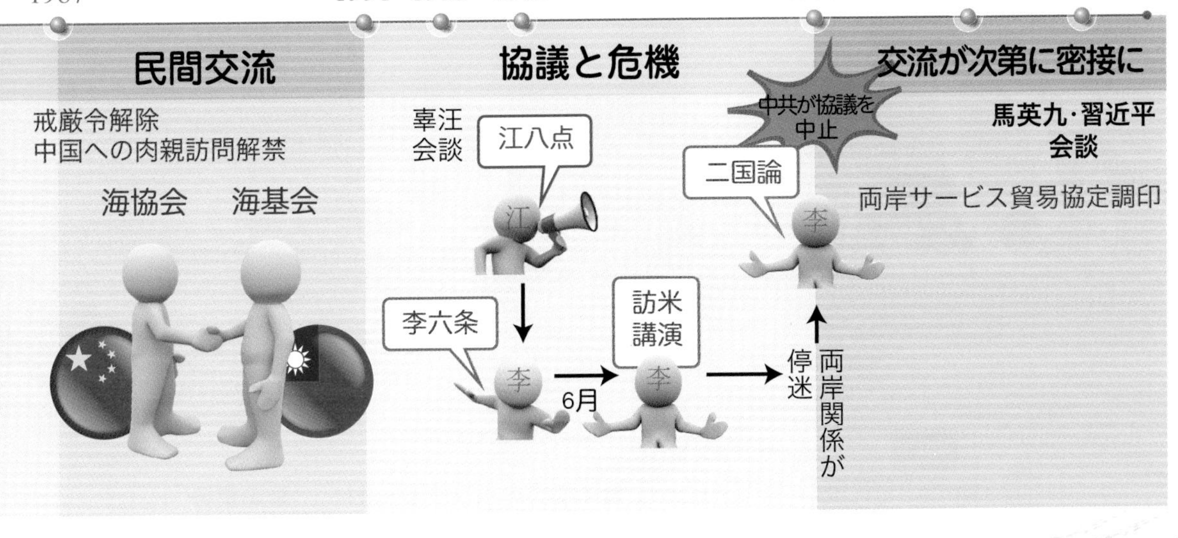

歴史 Talk Show

両岸交流の「量的変化」と「質的変化」

21 世紀に入り、両岸交流は益々盛んになり、来台する中国人の人数、目的には明らかに変化が見られる。下の表はそれらに関する統計である。

これを見て、両岸交流には、どのような「量的変化」や「質的変化」があるかを話し合おう。

目的／年	業務	観光	肉親訪問	会議	留学	展覧	医療	その他	不明	総計
2001 年	37,371	17,643	77,040	5,100	1,682	―	―	5,217	66,997	211,050
2002 年	39,121	18,735	77,107	6,135	3,564	―	―	7,512	81,109	233,283
2003 年	36,483	23,063	67,627	4,171	3,025	―	―	37,952	40,542	212,863
2004 年	43,465	29,535	64,102	4,841	2,062	―	―	50,687	25,556	220,248
2005 年	21,999	60,147	50,600	6,085	926	―	―	47,078	24,418	211,253
2006 年	30,358	102,782	53,338	9,309	1,154	―	―	55,847	47,033	299,821
2007 年	33,121	84,356	56,123	9,501	1,382	―	―	56,257	66,036	306,776
2008 年	36,621	94,765	57,047	13,358	1,216	―	―	66,935	59,262	329,204
2009 年	69,697	539,106	71,341	22,964	3,975	―	―	109,889	155,151	972,123
2010 年	89,544	1,228,086	104,038	32,843	8,259	―	―	108,024	59,941	1,630,735
2011 年	125,481	1,290,933	119,074	22,564	9,060	―	―	118,986	98,087	1,784,185
2012 年	49,185	2,019,757	58,052	3,707	3,366	3,392	55,740	393,229	―	2,586,428
2013 年	46,560	2,263,635	59,148	2,824	6,644	3,292	95,778	396,821	―	2,874,702
2014 年	20,470	3,393,346	63,636	797	11,906	135	55,534	441,328	―	3,987,152
2015 年	16,953	3,437,425	69,326	995	19,064	102	60,504	579,733	―	4,184,102
2016 年	14,982	2,845,547	67,584	704	25,191	180	30,713	526,924	―	3,511,734

資料：内政部警政署出入境管理局。
註：2012 年 1 月より「展覧」と「医療」の 2 項目が増えている。

第10章 経済：成長と課題

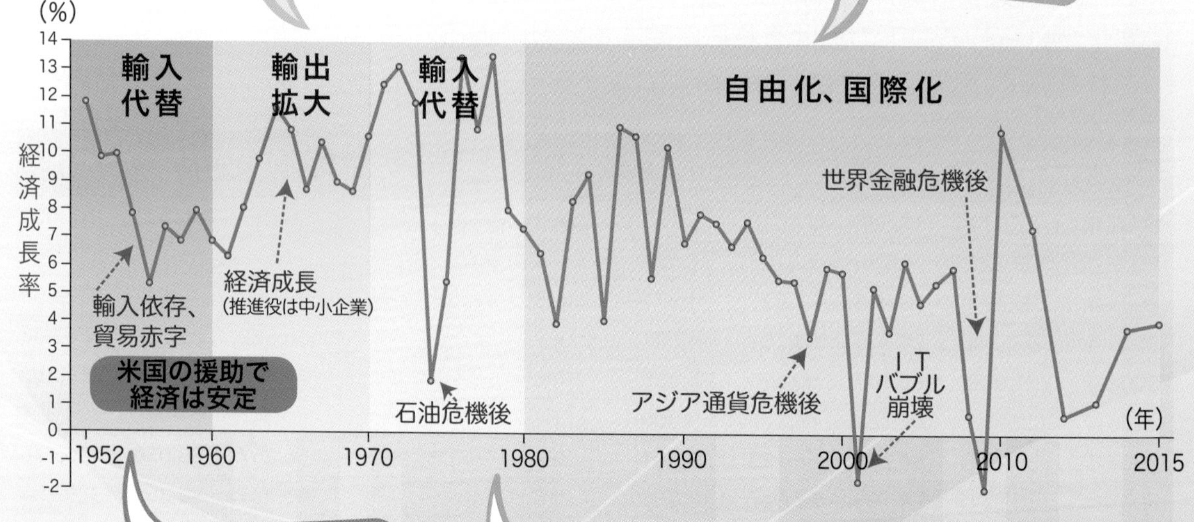

第1節

「台湾経験」の始まり

◎授業前123

1. 台湾経済の各段階における特色を理解しよう。
2. 政府の経済政策の各段階での転換を理解しよう。
3. 台湾経済の離陸での各界の努力を感じ取ろう。

一、戦後経済の再建

㈠幣制改革

第2次世界大戦中、台湾経済は日本の戦争動員と米軍の空襲により大きく破壊された。しかしそれでも戦後の経済状況はまだ中国よりは良好だったため、経済復興を待つこともなく、大量の物資が中国へ運ばれた。そのため中国の悪性インフレは台湾経済にも衝撃を与えた。

1949(民国38)年、台湾省政府は陳誠主席の主導下で幣制改革を行い、4万旧台湾ドルを1新台湾ドルとし、また新台湾ドルと金円券❶との兌換を停止し、台湾と中国との経済的繋がりを断ち切ることで、台湾経済の一応の安定は確保した。しかし、中華民国政府が遷台すると、それに伴い100万人以上の人々も台湾へ移って来たため、物価が急速に上昇した。

1 政府が1948年、中国の経済危機に対処するため発行した金円券は、濫発で価値が暴落し、更にインフレを進行させた。

【表10-1】新台湾ドル発行後の台北市の物価指数

時期	小売物価指数
1949年6月	100.00
1949年12月	176.20
1950年	255.26
1951年	400.58

三七五減租(1949)
地主への小作料を収穫の 37.5%で抑えた。

公地払い下げ(1951)
公有農地を小作農に払い下げた。

耕す者が其の田を有す(1953)
地主が所有できるのは田３甲、畑６甲までで、それ以外は政府が徴収し、実際に耕作する小作農に売却した。

◆農民の負担を軽減
◆自作農の比率が大幅増加
◆地主が資本を工業へ

【図 10-2】土地改革

【図 10-3】「耕す者が其の田を有す」政策の宣伝活動

㈡土地改革

小作農の負担が重ければ共産主義の活動が浸透するため、陳誠は農地改革を進め、「三七五減租」(1949 年)、「公地払い下げ」(1951 年)、「耕す者が其の田を有す」(1953 年)といった政策を次々と打ち出した。「耕す者が其の田を有す」政策とは、政府が地主の耕地を徴収し、実際に耕作をする小作農に払い下げるというものだ。地主へは補償として、土地債券及びセメント、製紙、農林、工鉱の四大公営企業の株券を支給し、この４企業を民営化した。

土地改革は農民の負担を軽減して、生産意欲を高めさせ、生産力を向上させた。こうして政府は農民の支持を獲得し、統治の基礎を強固にした。一方、少数の地主は４つの公営企業の経営に携わり、また一部の地主は没落に向かい、商工業へと転進した。

㈢農業で工業を養う

農業は工業より人材、資金の面で障害が少なく、その回復も工業より容易だった。第２次世界大戦後の台湾の農業生産は迅速に復興している。

しかし、政府は経済、軍事上の必要から、「農業で工業を養う」政策を採用し、米と化学肥料のバーター制度❷で農村の利潤の一部を吸い上げた。1950 年代には、主に日本に向けた米と砂糖の輸出だけで年間１億ドル前後の外貨❸収入を得ている。

2 政府の「土地税の現物徴収」や「肥料と米穀を交換する」などの政策では、農民は米穀と、それと同重量の肥料を交換するとされたが、米穀は肥料より価格が高かった。このように政府は生産者余剰を吸い上げていた。

3 国際的取引で使用される外貨の準備高とは、政府が保有する外貨と金の数量を指す。

二、第一次輸出代替期（1950 年代）

㈠米国の援助

政府の遷台直後、台湾経済は不安定だったため、米国は朝鮮戦争勃発後の 1951 年から 65 年にかけて経済援助を行った、そしてこれが経済を安定させる最も大きな外的要因となった。

援助項目は余剰農産物、物資、借款で、それらが民生物資の供給不足問題の解決、物価上昇の抑制に役立ち、更には工業の発展に必要なエネルギーや原料ともなった。また台湾の電力、交通、水利などインフラの復旧、建設をも助けた。

㈡政府による軽工業の育成

米国援助と日本時代に建設されたインフラ、そして戦後来台した技術要員を用い、政府は工業の輸出代替を推進し、輸入製品の自国産への切り替えによる輸入依存の低減を図った。

政府は業者育成、原料の価格支持、業者の原料輸入、設備への支援を行う一方で、高関税、輸入統制等の措置で国内市場を保護し、国内工業の発展を促した。輸入代替化された中で最も重要とされたのが紡績とセメントだ。例えば紡績業の場合、政府は特恵関税率で業者に安い米国援助の綿を提供し、生産コストを削減させた。また企業の成長維持のため、新たな紡績会社の開設を許可せず、競争を減らしている❹。

4 多くの資本家が巨額の利益を生む紡績業への参入を望んだが、政府が投資制限を緩和するのは 1957 年になってからだ。

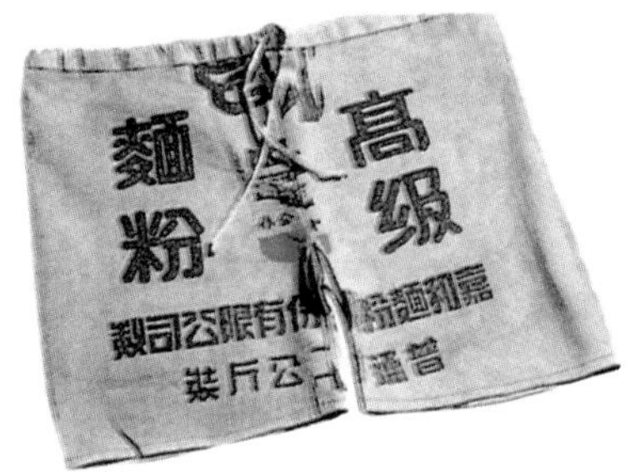

【図 10-4】小麦粉袋のパンツ
米国の援助物資は最大限活用しようと、小麦粉の袋までがパンツに。

三、輸出拡大時代（1960 年代）

㈠輸出へと政策転換

1950 年代末、生産量増加と国内市場の飽和により、紡績、セメントなどの生産過剰問題が浮上した。政府は当初、減産で対処しようとしたが、新規の業者からの働きかけにより、「輸入代替」から「輸出拡大」へと政策転換し、輸出による外貨獲得を奨励した。

㈡投資誘致

政府は外資誘致のため投資環境の改善に力を入れ、投資奨励条例（1960 年）❺を制定した。また台湾は労働力が充足しているため、1966（民国 55）年に高雄、楠梓、台中に加工輸出区を設置し、国外の労働集約型産業の台湾への投資、駐在員を呼び込んだ。米国援助の停止後は、外資が重要な資金源となった。金額では日本からが最大で、米国からがそれに次いだ。

5 投資奨励条例に基づく減免税、工業用地の取得、公営事業との連係などの優遇措置で、国民、華僑、外国企業の投資を奨励した。

史料エクスプレス

畑のおじさん、お尋ねします。人の言う繁華街の台北はどちらですか。

私は身寄りのない可哀そうな娘。小さい時に父母と別れました。

私は誰にも頼れないから、街に出て女工で生計を立てたい。

そして心の寂しさも癒したいのです。

タバコ売りのお姉さん、お尋ねします。人の言う工場はあれですか。

求人広告を見て来たのです。あなたも幸せではないみたいね。

私達は誰にも頼れないから、生きて行くなら自分でやらないと。

青春は無駄にはできない大切なもの。

守衛のおじさん、お尋ねします。工場が人を募集中とか。

私は若くて何も知りませんが、見知らぬ土地で迷う私を見捨てないで。

給金は少しでも 3 年、5 年は耐えられる。将来のために働きたい。

きっと幸せを掴んで見せます。（歌詞：葉俊麟）

この『孤女的願望』という歌は 1960 年代に流行した。この歌詞から台湾経済のどのような変化を見て取れるだろう？

㈢対外貿易の構造的転換

米国援助時代、台湾の主要な輸入先は米国で、輸出先は日本だった。しかし経済発展に伴い、輸出品は農産加工品から工業製品へと変わって行き、対外貿易関係にも変化が生じた。

米国企業は台湾に投資し、製品を本国へ逆輸入した。そのため対米輸出が促進された。他方日本企業は技術やキーパーツを提供し、台湾が依存する最大の輸入先となった。そのため1960年代半ばには、米国は台湾最大の輸出先となり、日本がそれに次いだ。輸入先では日本が第一位で米国が第二位だった。

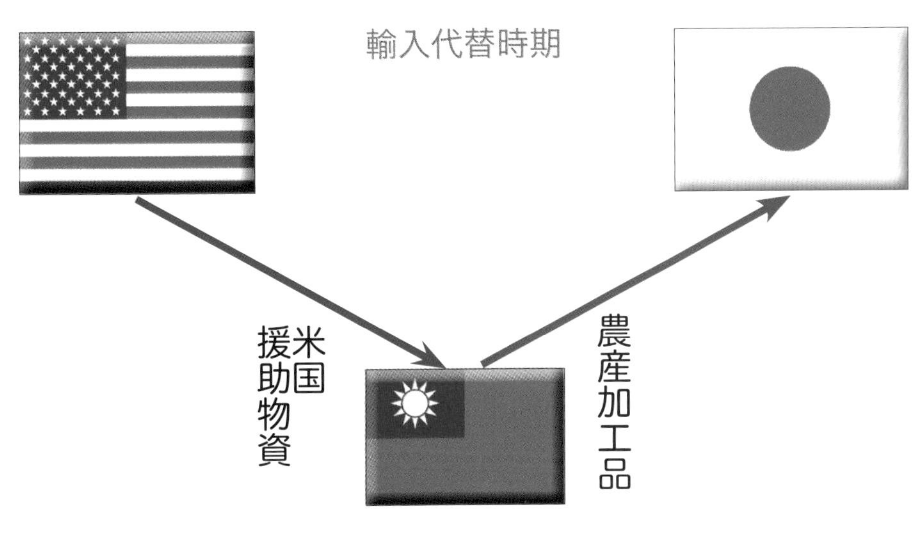

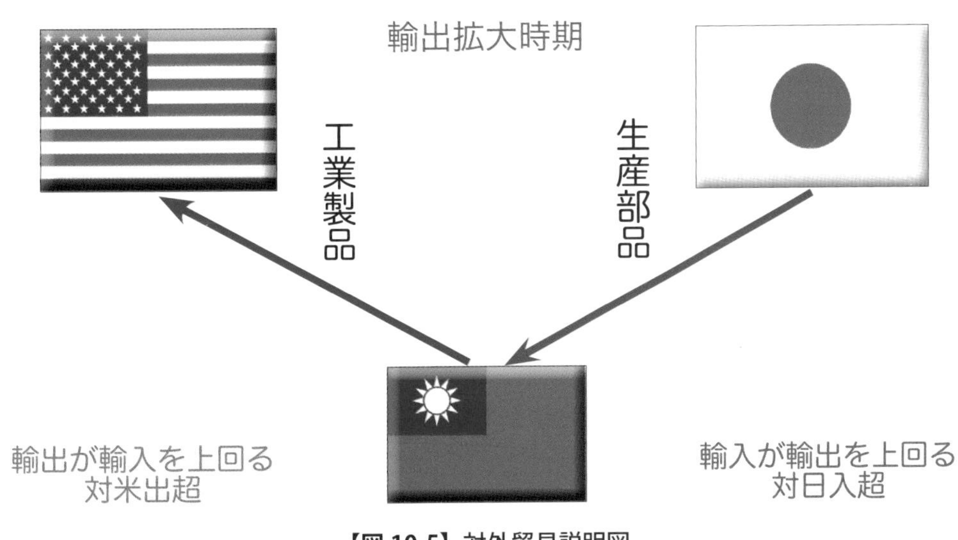

【図10-5】対外貿易説明図

四、第二次輸入代替時期（1970年代）

㈠経済発展のボトルネック

台湾の大規模なインフラ建設の欠如は、投資意欲に影響を与えた。そして1970年代の石油危機❻を受け、各国は不況に陥り、我が国の輸出も影響を受けた。また原油価格の高騰でインフレとなり、原料の輸入コストが上がった。こうした経済発展のボトルネックをいかに克服するかが、当時の重大な経済問題となった。

6 1973年に中東戦争が起こると、アラブ産油国は石油を武器とし、減産、禁輸で原油価格を引き上げ、世界経済に衝撃を与えた。これが第1次石油危機である。1979年にはイラン革命でイランの石油生産量が大幅に減り、第2次石油危機に繋がった。

㈡十大建設の展開

1960年代末期、政府は一連の建設計画を打ち出し始めた。そして1973（民国62）年より、蒋経国行政院長は全力を挙げて「十大建設」❼を推進した。公共投資を拡大してインフラ建設を進めることで、石油危機の衝撃を緩和して内需を拡大させると共に、経済発展に必要なインフラの改善を図ったのである。

十大建設とは、中山高速道路、中正（桃園）国際空港、鉄道北廻線、鉄道電化、台中港、蘇澳港といった6項目の交通建設と、大製鉄所、石油化学工業、大造船所との3項目の重工業建設、そして原子力発電所という1項目のエネルギー建設である。

7 その後の1980年代にも、12項建設、14項建設などの重大建設計画が実施されている。

㈢ 1970年代の経済発展

1.再び輸入代替へ

輸出拡大時期、国内の製造業は原料、部品、機械設備をつねに輸入に頼っていた。そこで政府はそれらを国内生産に切り替えることを決め、「第2次輸入代替」の段階を迎えることになった。この時において特筆すべきは重化学工業の発展である。石油化学工業❽の生産額は大幅に増加し、最盛期には工業生産額の半分以上を占めている。

8 石油化学工業の範囲は広い。石油や天然ガスを合成樹脂、合成ゴム、合成繊維、化学製品等の材料に変え、またそれらを加工して皮革、衣類、樹脂製品、タイヤ、洗浄剤、肥料などを作る。

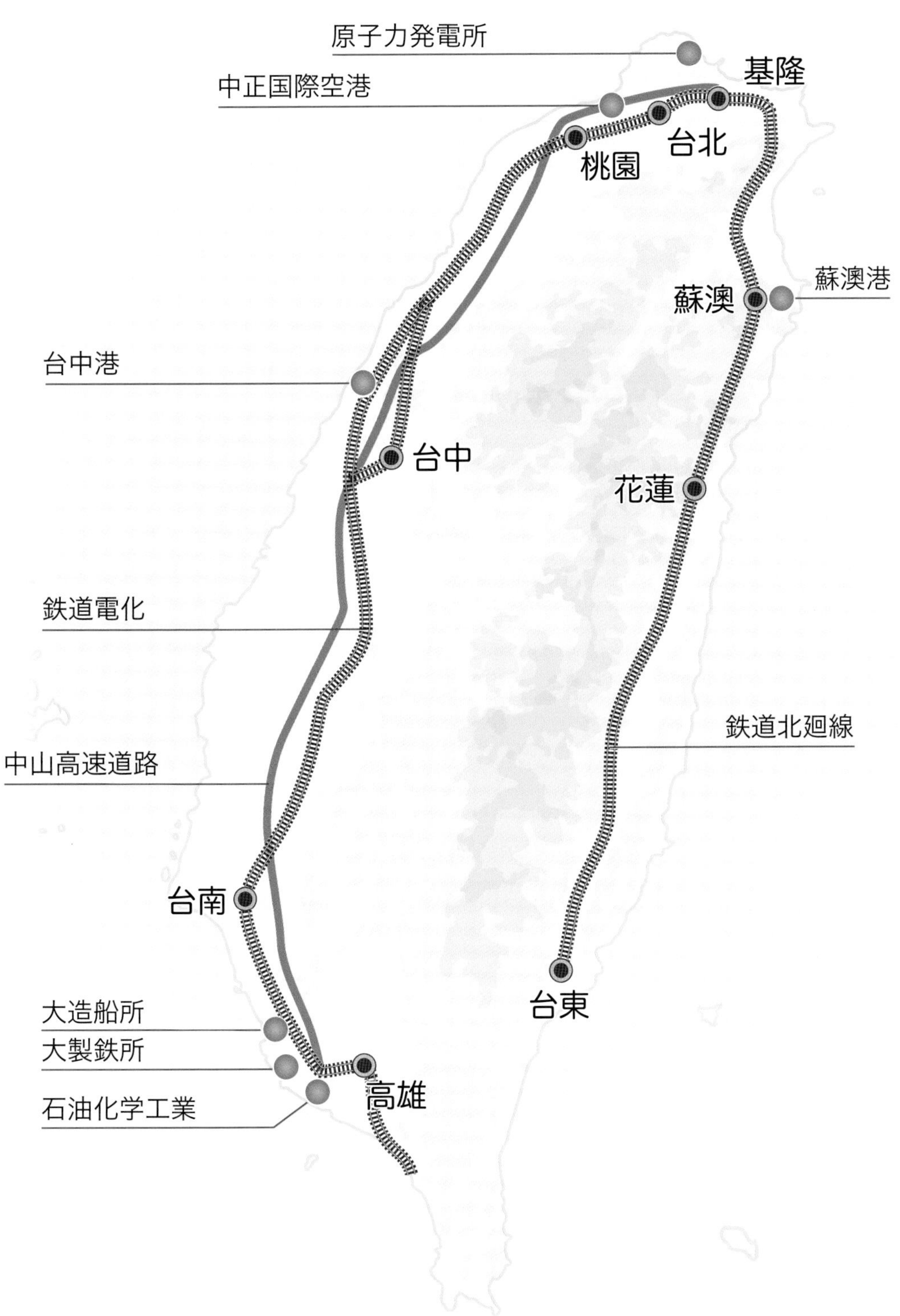
原子力発電所
基隆
中正国際空港
台北
桃園
蘇澳港
蘇澳
台中港
台中
花蓮
鉄道電化
鉄道北廻線
中山高速道路
台南
台東
大造船所
大製鉄所
高雄
石油化学工業

【図 10-6】十大建設

2.産業の調整

1960年代の経済成長後、台湾は新たな問題に直面する。人件費の高騰がそれで、これにより労働集約型産業での優位性が失われた。また、環境意識の高まりにより公害を発生させる産業は批判の対象となり、産業調整が不可避となった。そこで政府は、台湾が擁する人的資源に着眼し、低公害、高付加価値の知識集約型、資本集約型であるハイテク産業を発展させ、競争力を高めることを計画した。1973（民国62）年には経済部が「工業技術研究院」を開設した。これが後に台湾の科学技術の研究、開発を進展させる重要拠点となる。

歴史スポットライト

台湾の経済発展の推進者

台湾経済は1950年代以来、科学技術、財政、経済などを専門とする技術官僚の計画によって発展して来た。例えば米国からの援助の停止後は、李国鼎（1910～2001）の推進で加工輸出区が開設された。工業技術研究院を設立したのは孫運璿（1913～2006）で、産業の技術集約型への転換を進めた。1980年にはこの二人の推進により、台湾工業の新時代を象徴する新竹サイエンスパークが完成している。

【図10-7】戦後の経済発展段階

1950年代 輸入代替期

＊米国援助
＊国産品の生産で輸入依存度を下げる
＊紡績業などを政府が育成

政府は「国産品を愛用しよう」と訴える。例えば、大同公司は電気炊飯器を生産し、1950年代以来売れ続けている。

1960年代 輸出拡大期

＊生産過剰→政策転換
＊輸出奨励、外資誘致
＊加工輸出区の設置

国産ミシンは輸出製品に。

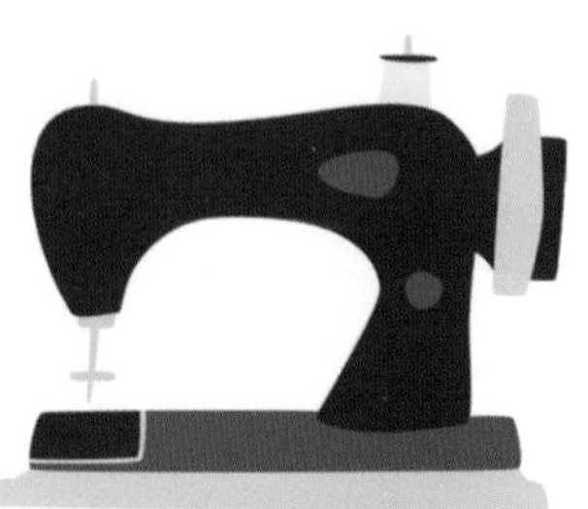

五、「台湾経験」

㈠「アジア四小龍」の一つに

台湾経済は高度成長を遂げ、1960年代の輸出拡大期の経済成長率は、年平均で9.0％に及び、更に1970年代の第二次輸入代替期には10.1％まで達した。貿易では1970年代から長期間黒字を維持している。そして台湾は同時期に台頭したシンガポール、香港、韓国と共に「アジア四小龍」と呼ばれた。こうした「台湾経験」は、多くの国の経済発展には参考になることだろう。

討論しよう

台湾で経済を牽引したのは中小企業だが、韓国ではサムスン、ヒュンダイといった大財閥だった。こうした違いが生じた理由は何だろう？

㈡中小企業による牽引

対外貿易に大きく依存する台湾では、輸出に取り組む中小企業が勃興し、経済成長の牽引役となった❾。

中小企業は外資系企業と提携し、機械、技術、半製品を輸入し、台湾の安価で豊富な労働力で "Made in Taiwan" の製品を大量に生産し、米国を主とする市場へ輸出した。中でも電気機械、家電、アパレル、プラスチック及びその製品などが最も突出していた。1980年代になると中小企業による輸出額は輸出総額の3分の2を占めるに至り、経済成長に与えたその影響力の大きさがわかる。

9 中小企業の1983年の収入総額は10年前の1973年の約15倍。そしてそこで占められる輸出収入額の割合は75％に達した。

1970年代　第二次輸入代替期

＊十大建設の展開
＊重化学工業などの国内生産で輸入に代える
＊産業調整→ハイテク産業（電子業）

中国石油公司の高雄精製工場など重化学工業。

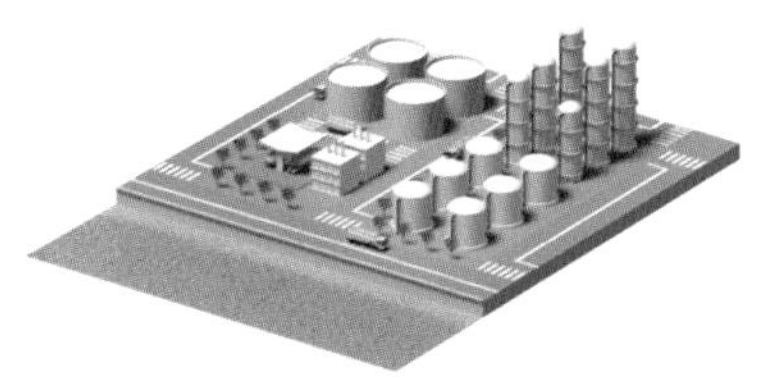

1980年代　経済の転換・自由化期

＊産業グレードアップ（サイエンスパーク、IT産業）
＊経済の自由化改革
＊国際化（海外生産移転、両岸貿易）

IT産業などにおける技術革新。

見える手

18 世紀の英国の学者、アダム・スミス（Adam Smith、1723 ～ 1790）は自由放任の経済政策を提唱し、市場メカニズムは「見えざる手」であり、それによって経済は自然に調和され、政府の関与は不要だとした。しかし台湾では 1950 年代から今日に至るまで、政府が経済発展計画を策定し、その「見える手」によって産業は発展してきた。更に中小企業の自由な発展は台湾経済に大きな成果をもたらした。そこで下の表を完成させ、この「見える手」はいったい何をしたのか、なぜそうしたのかを話してみよう。

年代	1950 年代	1960 年代	1970 年代	1980 年代
時期区分	輸入代替期	輸出拡大期	第二次 輸入代替期	経済転換と 自由化期
背景	1.「農業で工業を養う」政策 2.米国援助	国内市場の飽和。貿易、セメント等の生産過剰	1.インフラの欠如 2.世界経済不況 3.インフレによる輸入原料コストの上昇	1.競争の優位性維持 2.国内にインフレ圧力 3.保護貿易政策に他国が反発
政府の措置				1.産業グレードアップ促進条例で新興工業を支援 2.為替管理の緩和 3.輸入商品の開放と関税の引き下げ
結果				IT 産業が台湾の工業生産の重心に

第2節

経済発展と課題

◎授業前123

1. 1980年代以降の産業のグレードアップの状況と影響を知ろう。
2. 1980年代以降の経済の自由化への過程を理解しよう。
3. 台湾が経済発展中に遭遇した問題を感じ取り、対処方法を考えよう。

一、経済転換と自由化（1980年代以後）

㈠産業グレードアップ

政府は1970年代以降、技術集約型、知識集約型の産業の発展を促進し、エレクトロニクス産業の育成に重点を置いてきた。1980（民国69）年に開設された新竹サイエンスパークは、エレクトロニクス産業の発展の里程標だ。政府は競争優位性を維持させるため、産業のグレードアップを求め、手厚い税の減免措置でエレクトロニクス産業への投資を奨励した。行政院国家科学委員会❶と工業技術研究院は共に技術の研究、開発に力を注ぎ、その成果を民間に移転して量産させた❷。1990（民国79）年公布の産業グレードアップ促進条例は、その主要目標を新興のIT産業等の発展推進に置いていた。

新竹サイエンスパークでは集積回路産業、コンピューター及びその関連産業が大いに発展した。1997（民国86）年には台南で更に大規模なサイエンスパークが完成し、光エレクトロニクス産業に重心を置いている。IT産業は、台湾の工業生産の重心になっており、それはまた世界の関連産業のOEM基地にもなっている。

1 2014年には、科学技術部（省）に昇格している。

2 工業技術研究院は半導体の製造技術を聯華電子（UMC）、台湾積体電路製造（TSMC）に移転している。

㈡経済の自由化

1.改革圧力の出現

1980 年代になると、台湾には新たな経済問題が浮上した。当時は貿易黒字が年々増えており、貿易で獲得した外貨は、政府の規定に従い新台湾ドルに換えられたが、そのため通貨が大量に発行され、国内でインフレ圧力が生じたのだ。そこで政府は保護貿易政策を採ると、外国の反発を受けた。米国は通商法 301 条❸に基づき、我が国に関税の引き下げ、市場開放を要求するなど、再三にわたり圧力をかけて来た。

3 米国では毎年、通商法第 301 条に基づき、不公平な貿易がある国や知的財産権を侵害する国のリストが報告される。そしてその国との交渉が妥結しなければ、制裁措置を発動することになる。

2.自由化改革

1978（民国 67）年、台湾は為替管理を緩和し始め、為替レートは市場による決定に委ね、新台湾ドルの米ドルに対する価値は緩やかに上昇した。そして 1987（民国 76）年には、国民が自由に外貨を所持し、運用できるようになった。

1980 年代には中国鋼鉄など、一部の国営企業が株式上場の方式で民営化した。電信、石油、金融等の分野も民間企業に開放された。

輸入制限については、政府は 1983（民国 72）年から徐々に輸入品の開放、関税の引き下げを行っている。公平な貿易が要求される中、保護政策を緩和して行ったのである。

㈢国際化へのステップアップ

台湾は一貫して米国と日本を最も重要な貿易相手国としてきたが、やがて更に多くの市場を求めるようになり、欧州、中南米との貿易にも積極的になった。

また貿易に関する多国間の協議の場にも積極的に参加するようになった。例えば 1991（民国 80）年からはアジア太平洋経済協力会議（Asia-Pacific Economic Cooperation、APEC）に参加し、近隣との経済協力を強化している。2002（民国 91）年には世界貿易機関（World Trade Organization、WTO）に加盟し、平等互恵の原則の下で国内市場を開放した。

二、経済成長が直面する課題

㈠投資ブームと世界景気

1.株式市場と金融市場の衝撃

為替管理が解除されると、大量の資金が株式市場や不動産市場に流れた。政府は1988（民国77）年、証券会社の設立を開放し、株式取引は更に盛んになった。1980年代後半、株価は上昇を続けたが、しかし投機的取引や湾岸戦争（1990～1991年）❹による世界経済への影響から、株価が暴落❺して台湾経済に衝撃を与えた。

2.世界景気の影響

台湾は対外貿易が盛んなため、世界経済の影響を受けやすい。例えば2000（民国89）年、インターネット企業に投資、投機が殺到したが、好景気にも限りがあり、バブルが崩壊して多くのインターネット企業の株価が暴落し、倒産も見られた。そして世界的に景気が後退し、台湾の経済も深刻な打撃を受けた。2007（民国96）年には世界金融危機が発生し、台湾でも経済環境、金融市場が大きな衝撃を受け、消費能力が低下し、失業率は更に上昇した。

㈡海外生産移転と競争力の向上

1.海外生産移転と失業問題

情報・電子工業が台頭する中、かつて大量の外貨を獲得した労働集約型産業も、新たな課題に直面した。人件費の上昇や土地取得の困難さだ。そこで1980年代後半、一部の従来型製造業は労働力の豊富な東南アジアへと工場を移転し始め、「台湾で受注、海外で生産」という状況が生まれた。

この他、製造業の海外への生産移転により、サービス業の比重が増加したが、サービス業も電子工業も、製造業の海外移転で放出された大量の雇用の受け皿にはなり得ない。こうした産業構造の変化に加え、外国人労働者の受け入れもあり、失業問題が日増しに深刻化して行った。

4
1990年、イラクがクウェートを併呑したのをきっかけに、米国中心の多国籍軍がイラクと開戦。最後は停戦となり、イラクはクウェートから撤退した。

5
1985年の加権指数は700余ポイント。1990年2月には一時1万2000ポイントまで上昇したが、その後急落。同年10月には2000余ポイントまで落ち込んだ。

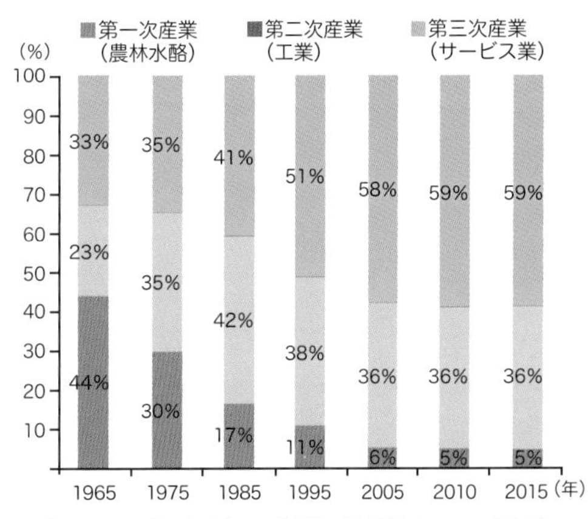

【図10-8】台湾の産業別就業人口の推移

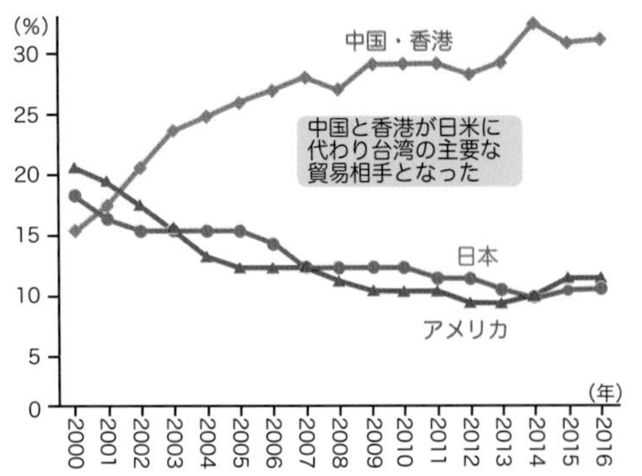

【図 10-9】台湾の中国・香港、日本、米国との貿易額が、それぞれ貿易総額に占める割合。

6

政府は1993年から、中国への投資集中を避けるため、企業の東南アジア進出を奨励した。1996年には李登輝総統も、対中投資は「急がず忍耐強く」の姿勢で、研究開発面での優勢を維持し、資金の過度の流出を防ぐべきだとしていた。

2.中国との貿易

戒厳令解除と国内政治の自由化に伴い、投資先として中国への関心も高まった。そして一部の企業は「西進」し、中国は東南アジアに代わる台湾企業の主要な投資先となった。

西進したのは当初、従来型製造業が中心だったが、その後は大手エレクトロニクス関連企業も徐々に生産移転を進めた。政府は「南進政策」「急がず忍耐強く」❻を強調し、対中投資の比率を下げようとしたが、投資の勢いは止められなかった。かくしてリスクをいかに分散するかが、重要な課題として浮上した。2010(民国99)年には海峡両岸経済協力枠組協定(Economic Cooperation Framework Agreement、ECFA)が調印された。関税の減免、貿易障壁の撤廃、両岸貿易の自由化推進を規定するが、それが台湾にどのような利害得失をもたらすかは、今後見て行く必要がある。

3.競争力の向上

いかに課題に向き合い、順調に転換を遂げ、競争力を高めるかは、将来の台湾経済の発展に関わる問題だ。そこで政府は企業を後押ししているが、一部の企業もまた積極的に対処している。

例えば自転車大手のジャイアントやメリダ、パソコンメーカーの宏碁（エイサー）、華碩電脳（エイスース）、スマートフォンメーカーの宏達国際電子（HTC）などは、他社ブランド製品の製造の中で自社ブランドを掲げて発展し、今や世界的に知られている。

また従来型産業は、永続的経営を目指し、「根を台湾に留める」との姿勢で付加価値を高め、競争力の強化を図っている。他方、芸術と産業が結び付いた、台湾文化クリエイティブ産業も盛んになり、創造力と芸術的美感の結合が展開されている。

㈢工業化が生んだ社会問題

1.農業が受けた打撃

大量の労働力が工業に吸収されたため、農業人口の高齢化が進行し、安い輸入農産物の前で競争力を失いつつある。世界貿易機関への加盟で市場が開放されると、更に多くの農産物が流入し、農業には大きな打撃となった。

2.貧富の格差の拡大

中小企業が台湾経済の重心だった時期は、給与格差はさほど大きくなかったが、その後主流となったエレクトロニクス産業の給与は高水準であり、「電子新貴族」が出現した。また一部企業の海外移転で失業率が上がり、更には新入社員の給与も下がるなどで、所得分配の不平等問題が深刻化している。それに加え、近年政府が行った減税措置は、富裕層を最大受益者とするものであり、貧富の格差を更に広げた。

3.環境汚染と環境保護運動

工業生産は環境汚染ももたらしている。かつては経済成長を急ぎ、工業の発展ばかりに力が注がれ、この問題は無視されたが、近年では経済成長と環境保護とのバランスをいかにとるかが重要な議題とされている。2011年の日本の福島原発事故を受け、原子力発電所の安全問題が更に重視され、第四原子力発電所の存廃が社会で大きな問題になっている。

【図10-10】反核運動　2014年4月26日に実施された反核ロードランニングには7千人以上もが参加した。
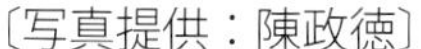
〔写真提供：陳政徳〕

経済の通信簿

スイスのローザンヌに拠点を置く国際経営開発研究所（IMD）が毎年発表する世界競争力ランキングは、各国の国家・経済・社会の体質を調べる言わば身体検査だ。

2016年のランキングで台湾は61ヶ国中第14位。アジア太平洋地域の中ではシンガポール、香港に次いで第3位。

下の表は競争力に関する分野と評定項目で、括弧内は台湾の順位を示している。

これを見ながら以下の問いに答えよう。

総合順位	14		
経済状況（15）	国内経済（15）	政府の効率性（9）	財政状況（12）
	国際貿易　（7）		租税政策　（4）
	国際投資（33）		制度的枠組み（16）
	雇　　用（16）		ビジネス法制（25）
	物　　価（23）		社会的枠組み（21）
企業の効率性（16）	生産性と効率性（15）	インフラ（19）	基礎インフラ（28）
	労働市場（33）		技術インフラ（12）
	金　　融（19）		科学インフラ（10）
	経営管理（13）		医療・環境（32）
	取り組み、価値観（19）		教　　育（25）

（出所：IMD World Competitiveness Yearbook、2016）

1.「国際貿易」での順位には、台湾経済のどのような特徴が反映されているか？

2.「労働市場」での順位が芳しくない。台湾の労働市場ではどのような問題が生じていると思われるか？

3. 台湾の強い分野と弱い分野はそれぞれ何か？インターネットで関連報道を検索し、あなたの分析の傍証にしよう。

第11章 社会の変遷と文化の発展

人口
ベビーブーム
家族計画
→ 少子化
高齢化

メディア
禁書
禁歌
新聞発行制限
→「出版法」廃止
報道の自由

言語教育
「国語」教育 → 母語教育

教育
学歴主義を優先 → 多元性を求める教育改革

文化
中国化（1945～1950年）→ 反共（1950～1960年代）→ 本土文化（1970年代以降）→ 多元的発展（1980年代以降）

海外思潮の導入
自主的な意識の高まり

戒厳管制 → 多元的開放へ邁進

第1節

現代社会の変遷

◎授業前123

1. 人口構造の変化や経済発展による社会の変遷を理解しよう。
2. 戒厳令の解除を境に抑圧の時代から多元的開放の時代へ向かった過程を感じ取ろう。
3. 1980年代後の各種社会運動の勃興を理解しよう。

一、社会形態の改変

㈠人口とエスニック集団

1.人口成長の状況

第2次世界大戦が終わった直後の台湾の人口は約600万人だったが、1949（民国38）年前後に、中央政府の遷台に伴い100万人以上の人が台湾に移って来たため、人口構造が一変した。それに加えて戦後のベビーブームがあり、人口の自然増加率は大幅に増加した。

人口の増加圧力に対処するため、政府は1964（民国53）年から家族計画という産児制限政策を打ち出し、「子供は二人がちょうど好い」との標語も作るなどしている。1951（民国40）年に49.9％にも達していた出生率は、1971（民国60）年には25.64％まで急落するなど、人口の増加速度は低下へと向かった。

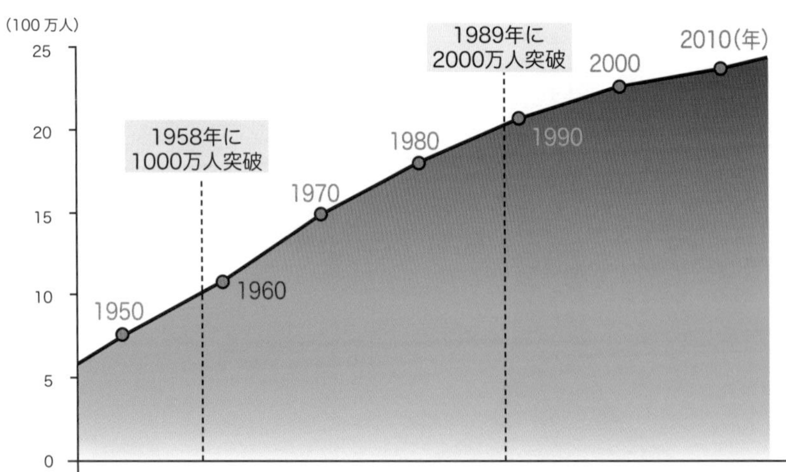

【図11-1】戦後の人口成長

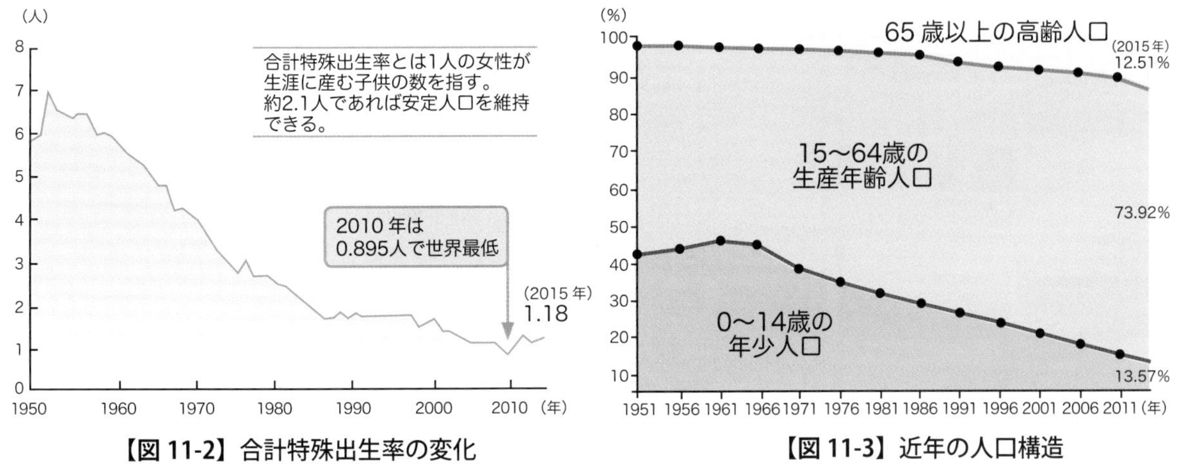

【図 11-2】合計特殊出生率の変化

【図 11-3】近年の人口構造

2.少子化と高齢化

しかし近年では晩婚率、未婚率の増加により、合計特殊出生率が下降して少子化現象が進み、また子供の人口は女子が男子よりも少ない。更には死亡率の低下で平均寿命が上がって高齢人口が増加し、高齢化社会の時代を迎えつつある。そこで政府は政策を一転させて出産を奨励し、育児休暇の付与、出産手当、託児手当の支給等の措置により、国民の出産意欲が高まるのに期待を寄せている。

3.多元的なエスニック集団

戦後の台湾社会は、ホーロー人、客家人、原住民、そして戦後中国から渡ってきた各省の人々という四大エスニック集団で構成され、人口ではホーロー人が最多である。このような集団間の隔たりは、長期にわたる交流や通婚により、まれに政治的動員で緊張が高まる以外は、すでに消えつつある。政府も近年は原住民や客家人の権利や文化をより尊重する政策を採っている。

この他、外国籍や中国籍の配偶者数が急増している。こうした新住民や外国人労働者もまた台湾の一部分であり、社会を多元的なものにしている。

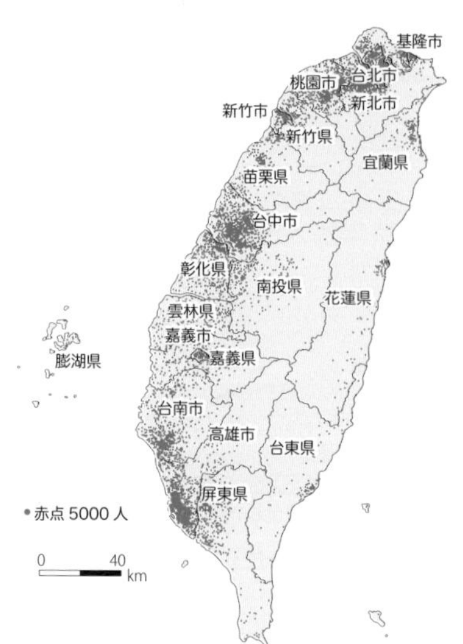

【図 11-4】台湾の人口分布

【図 11-5】亀山工業団地周辺のショッピング街　工業団地は大量の労働力を吸収しており、現地の街の発展をも促している。

㈡経済発展がもたらした社会の変遷

1.工業化と都市化

台湾は戦後、農業社会から工業社会へ移行して行った。当初、工場の多くは農村や小さな町にあったが、1960 年代半ばに加工輸出区が現れ、また大都市近郊にも工場が立つようになり、農村人口が工業都市へ移動したことで、都市化が進んだ。

1970 年代以前は、人口は主に台北、台中、高雄の三都市に集中したが、その後は大都市周辺の町に流れた。そうした中規模の都市が、製造業の主な集中地域なのである。

企業の本社の多くは都市にあり、そのため都市は農村より税収や物資が豊かで、生活環境や公共サービスも整っているため、双方の格差が広がって行った。また地域を比較すると、北部が他よりも発展の速度が速い。

2.家族構成の改変と男女同権

社会の変遷に伴い、家族形態にも変化が生まれた。都市部では父母と子供で構成される核家族が主流になった。農村では生産年齢人口が外へ流れ、高齢化が深刻だ。男は外で働き、女は家庭で家事をするとの伝統的な考えと異なり、近年では共稼ぎの家庭が普遍的だ。託児、隔世世代家族、老人養護、単親世帯は、家族形態の改変後に生じた新たな課題である。

また女性は教育レベルの向上により、職場進出や経済的自立ができるようになり、伝統的な男女の不平等な状況にも変化が出てきた。1970 年代からは女性運動が展開され、法律による男女同権の保障が求められた。職場ではいまだ男女の格差は見られるが、しかし女性差別は大分改善されている。

3.中流階級の成長

中流階級は初期においては軍人、公務員、教員が主だったが、経済、社会の発展に伴い、1970年代以降の中流階級は、数の増加とともに構造の変化も見られ、弁護士、会計士、医師などの専門職や、民間企業の管理職や研究員などの比重が高まりつつある。こうした新興の中流階級は自由や公平さを重視し、また自身の権益を守る能力もあるため、台湾の自由化改革を推し進める重要な力となった❶。

1 一部の中流階級は行政、司法システムを通じて権益を守り、一部は社会運動に身を投じて制度改革を要求している。

二、開放へ向かった社会

戒厳令時代、社会の活力は抑圧されたが、1980年代以降は国内外からの政治改革要求が高まり、自由化の改革が始まった。こうして社会は多元的、開放的な方向へと向かった。

㈠思想と言論の自由

1.新聞発行制限の解除とメディアの開放

1947(民国36)年より、政府は新聞の面数制限を行い、1952(民国41)年には更に出版法を修正し、許可制限(新聞の創刊不許可)、面数制限(12面以内にする)、印刷制限(印刷地点の制限)を行う新聞発行制限政策を行い、言論の自由、報道の自由を損ねた。

戒厳令解除の翌年(1988年)、政府は新聞発行制限の解除を宣布し、新聞業界は百家争鳴の時代に入った。既存の中国時報、聯合報という2大紙グループの他に自由時報も参入するなど、新聞社数、新聞の面数は大いに増加し、文化勃興の様相を呈し、言論が多様化した。しかし、激しい競争とインターネット情報の発達により、新聞購読率は低下し、小さい新聞社は閉鎖となり、大手紙グループも打撃を受けている。

新聞の他、国民党、政府、軍などが経営して来たラジオ、テレビにも民間事業者の参入が許されるようになった。当初テレビ局は「老三局」(台湾テレビ、中国テレビ、中華テレビ)だけだったが、1990年代にケーブルテレビと第4の地上波テレビ局(民視)が開設され、メディアの多様化が進んだ。ラジオ放送局も大量に開局した。

2.禁書と禁止歌

戒厳令時代、政府は長期にわたってメディア、書籍、雑誌を審査、監視して来た。もし図書の内容が基本的な国策や「公序良俗」に反して人々を混乱させると判断され、または作者が中国在住であり、あるいは政治的態度に問題があるなど、その背景に疑わしさがあれば、警備総司令部により禁書に指定された。戒厳令解除後、検閲の作業は新聞局へ移され、禁書の範囲も縮小された。1999(民国88)年、出版法が廃止され、言論、出版は更に多元的、開放的な方向へ向かった。

流行歌も戒厳令時代には厳格な統制を受けていた。政治的理由だけでなく、「退廃的な音楽」「歌詞が低俗」「公序良俗に反する恐

想像してみよう。もしあなたが戒厳令時代にタイムスリップしたら、どのような生活に変わると思う？

「……戒厳令解除の前と後では、社会の雰囲気はどう違うか？はっきり言って、戒厳令時代は思想統制、報道管制、集会やデモが禁止の時代でした。それに比べて解除後は、もしあなたにちゃんとした理由があるのであれば、夜の政治討論番組を見ながら、総統や閣僚、または彼らの政策を自由に批判できる。最大の違いはそこです。これが民主主義というものでしょう。」
(朱蒲青、中国時報電子報(2007年7月13日)特集記事)

れあり」といった理由でも禁止された。戒厳令解除後、新聞局は一部の禁止歌の公の場での歌唱を解禁した。その後も解禁は進み、禁止歌は過去のものとなって行った。

㈡「国語を話そう」から「母語教育」へ

戦後初期、政府は台湾に残る日本文化の影響を払拭するため、中華文化の導入や国語（北京語）の普及に力を入れ、民族精神を養わせようとした。こうした国語政策の下、学校では母語の使用が禁じられ、各エスニック集団の言語と文化は長きにわたり抑圧されることになった。

しかし政府は各エスニック集団の要求に応じ、1993（民国82）年から母語教育、郷土教育を推進し、それぞれの母語や文化は存続、発展の機会を得ることになった。

㈢生活の変化

1.海外旅行

戒厳令時代、政府は厳格な出入国管理を行い、一般人が出国するのは難しかったが、1978（民国67）年に国民の海外旅行が認められた。戒厳令解除後は中国観光に関する規制も徐々に緩和され、海外旅行は国民のレジャー活動の一つになった。

【図 11-6】「私は国語を話します」 1950、60 年代の学校は国語教育に力を入れた。そのため方言は抑圧され、違反して使用すると罰を受け、成績表の評定に影響した。〔写真提供：王鈞鈴〕

2.長髪禁止、ダンス禁止

戒厳令時代、大学生以下には頭髪制限があり、1970年初期には政府は奇抜な服装や長髪の取締りを強化。1980年代にようやく制限は緩和され、2005(民国94)年には教育部が正式に廃止を通告し、校則から頭髪の規則が外された。

この他、政府は長期間、生徒のダンスを禁止した。そこで若者たちは屋内でレコードをかけ、密かにダンス会を開いた。社会が開放的になるにつれダンスも解禁になり、1986(民国75)年には台北、高雄の両市が生徒のダンス大会を開催し、ダンスはついに「正当」なレジャーと認められた。

三、多元的な要求を行う社会運動

討論しよう

【図11-20】から社会運動を一つ選び、その運動の要求は何か、その要求は今日どこまで実現しているかを話してみよう。

1980年代、人々の教育水準は不断に上がり、海外の思潮も続々と導入され、自主的な意識が高まりを見せた。そして女性解放、環境保護、労働者の権益擁護などの理念が、社会運動の訴えとなった。このようにして各種の社会運動は次々に理論的な議論から実際の行動へと移って行った。1988(民国77)年に集会デモ法が制定されると、人々は合法的なデモ活動を通じ、権益を求められるようになった。

集団意識の覚醒

女性運動

1994 年、婦女新知基金会と晩晴婦女協会は、「民法親族編」を改正し、女性の家庭、婚姻での権益を保障するように求める運動を始めた。

原住民運動

1988 年、原住民が土地返還要求デモを実施。〔写真提供：邱萬興〕

農民運動

農産物が常に対米貿易協議で犠牲になる中、1988 年に五二〇農民運動が。戦後初の大規模農民運動となった。
〔写真提供：邱萬興〕

労働運動

1996 年に多くの工場が倒産し、失業した労働者は「閉鎖工場労働者連線」を結成し、解雇予告手当、退職金を求めた。政府は「貸付」という形でこの問題を解決したが、2012 年に返済を求めたため、再び争議が起こった。

客家運動

1988 年、街頭で客家の人々がテレビ放送の客家語制限に対する抗議運動を展開。
〔写真提供：邱萬興〕

社会正義の追求

消費者保護運動

1979 年、消費者被害が多発。翌年、民間の消費者文教基金会が発足し、被害防止に乗り出した。

開発争議

2005 年、美麗湾公司が東海岸でリゾートホテルを建設すると、「開発」か「環境保護」かで争議が。反対派は音楽会や展示会を開き、海を守ろうとアピール。

環境保護運動

保衛鹿港就是保衛台灣

1986 年、米化学メーカー・デュポン社が鹿港で工場建設を計画したが、深刻な汚染が懸念され、住民が反対した。
〔写真提供：邱萬興〕

住宅問題

1989 年、台湾で住宅価格が最も高い忠孝東路の街頭で 1 万人が夜を明かし、住宅価格の不合理な暴騰に抗議した。

土地徴収問題

2013 年、苗栗県政府が大埔で民家を強制撤去すると、土地の徴収問題に注目が集まり、ネットの呼び掛けで民衆が総統府前に集まり、抗議を行う事態に発展した。〔写真提供：廖家瑞〕

【図 11-7】多元的社会運動

「禁」歌金曲

戒厳令時代、流行歌が審査で禁止になる理由は様々だ。「左翼的過ぎる」のは共産主義宣伝になるので不可。「エロチック過ぎる」のも退廃的だとして不可。歌詞が「薄暗い」のも民心を動揺させるとの理由で不可だった。政府の統計によれば、3000 曲以上が審査を通らず、また 1000 曲近くが公の場で流すのを禁じられた。そこで以下の歌がなぜ禁止されたのか、その理由を考えよう。

四季紅（詞：李臨秋）
春の花が香り、二人の胸はときめく
話があるけど、言おうかな？
何の話？
決まっているさ
見つめ合って笑う二人
恋の花はまっかっか……

今天不回家（詞：古月）
さまよう人　さまよう心
十字路で迷っているあなた
今日は帰らない
なぜに帰らない？……

何日君再来（詞：沈華）
花や景色の美しさは永遠ではない
憂いで笑顔が消え涙が服を濡らす
今夜別れたら次はいつ戻る……

橄欖樹（詞：三毛）
どこから来たかと聞かないで
私の故郷は遠いところ
どうして私は
さまようのか……

補破網（詞：李臨秋）
網を見ると目頭が熱い
こんなに穴が開いている
繕いたいけれど道具すらない
この苦しみを誰が知ろう
今やらないと明日はない
未来のため何かしよう
道具を探して網を繕おう……

旧情綿綿（詞：葉俊麟）
言いたいけれど忘れなくては
未練でいつもお前を想う
浮気な女と知っているのに
ああ、想うまい、想うまい、想うまい
なぜ又お前とデートしたあの港を思い出すのか
……

媽媽請妳也保重（詞：文夏）
故郷を想えば涙が落ちる　母さん、どうぞ安心を
孤独ではあるけど、孤独ではあるけど
この都は他郷だけれど私は達者でやっている
母さんもお体大切に……

第2節

教育と文化の発展

◎授業前123

1.教育の質の向上、量の拡大、そして教育改革の重点を知ろう。
2.文化発展の各段階における背景、特色を理解しよう。
3.1980年代以降の台湾文化の多元、多彩さを感じ取ろう。

一、教育の発展

㈠教育の機会の拡充

1.義務教育

戦後は日本統治時代の6年制の義務教育を継承した。1945年における学齢児童の就学率はすでに80%に達していた。小学校卒業後に進学したい場合は入試を受ける必要があったが、1968（民国57）年に義務教育の年限が9年に延長され、中学校は初級中学から国民中学へと改称された。教育水準は普遍的に向上し❶、女子の中学校への就学率も大幅に上がった。

1 学齢児童の就学率は、すでに1989年の段階で、ほぼ100%に達している。

2.中等教育

戦後の中学校は日本統治時代の4年制から、中学校3年、高校3年の制度に変わった。1960年代末には職業教育の拡充のため職業高校の開設に力が入れられた。普通高と職業高の生徒数の比率は当初、6対4とされたが、1980年代初めには3対7へと調整された。技術職業教育は基礎的段階の技術者の養成に重点を置いており、労働力の質と量の強化に役立った。

3.高等教育

第2次世界大戦後、大学、専門学校以上の学生は当初、全人口の1000分の1にも満たず、高等教育の拡充は教育発展のための重要な目標とされた。その後、新たな公立大学、専門学校が設立され、また中国の大学も台湾で再建され、更には私立大学の設置❷も許されたために、募集人数は増えはしたが、進学率は依然として低かった。

2 1951年、私立の大学、専門学校の中で最も早く淡江英語専門学校（淡江大学の前身）が開設された。

㈡教育改革運動とその後の発展

1994（民国83）年、「四〇一教育改造連盟」が発足して教育改革運動を推進し、政府もまた関連の部署を置き、教育の規制を緩和した。

1.多元化改革の展開

教育改革で強調されるのは個別指導と多元的な価値観だ。個別指導とは個々の才能に応じて教育を施すことで、普通高校と職業高校の生徒を、その個別的な性格や能力に適合した方向へ導こうというものだ。そして普通高と職業高の生徒数の比率を5対5として公立普通高の数を増やし、生徒には自分に適した学校を選択するよう奨励する。

そして教育内容の多元化とは、国立編訳館による統一的な教科書編集システムの打破である。1995（民国84）年以後、民間の出版社の教科書出版への参入解禁が進んだ。民間発行の教科書は、教育部が告示する学習指導要領に基づき著作、編集され、国立編訳館❸の審査を経て、採択対象となるのである。

3 2011年、他の機関と統合され、国家教育研究院となった。

また中央政府は小中学校の経費を大幅に増加させ、教育の質の向上を図った。そして大学増設の要請に応え、国立大学を新設し、私立大学の開設を奨励した他、専門学校と技術学院（単科大学）の科学技術大学への昇格を進めた。こうした高等教育の普遍化により、もはや大学を狭き門とする時代は過ぎ去ったが、その一方で教育、学生の質の低下という問題が起こっている。

教育体制の面では、2001（民国90）年から小中学校の課程に連続性を持たせる小中一貫教育が実施された。

2.入学試験の変革

大学統一入試は長い間、生徒が進学問題で受ける圧力の根源と見られて来た。そこで1994(民国83)年以降、大学は次々と推薦入学、申請入学等を受け付けるようになった。2002年(民国90年)には、学科能力テストと指定科目試験が大学統一入試に取って代わった。入学ルートの多様化である。そして各学科の科目も弾力的に選択できるようになった。その一年前には、普通高校統一入試も基本学力テストに変わっており、一つの試験で一生が決まると言われた統一入試は、これで過去のものとなった❹。そして2014(民国103)年から実施される「12年国民基本教育政策」により、普通高校と職業高校の地域密着化が進み、人気校神話が打破されることが期待されるが、入学システムに不備があり、論争が起きている。

4 しかし入学ルートの多様化にも批判の声が聞かれる。例えば、「制度が複雑でわかりづらい」「推薦の公平性に疑問がある」「受験の費用が上がり社会的弱者に不利である」といったものだ。

二、文化の発展

第2次世界大戦後の台湾の文化は、主に三つの潮流が合わさり形成された。一つ目は元来の台湾文化。二つ目は中国から伝わって来た文化。そしてもう一つは戦後導入された西洋文化で、特に米国文化だ。この三つの文化的潮流がぶつかり合い、台湾文化の多元的な特徴が作り上げられたのである。

㈠中華文化の導入(1945～1950年)

第2次世界大戦後、政府は国語政策の推進に力を入れた。新聞の日本語欄を廃止し、台湾の文人が使い慣れた日本語での創作を行えないようにした。加えて二二八事件の影響もあり、台湾本土文学は消沈して行った。

1948(民国37)年、台湾文学論争が起こった。中国から来た作家の多くは、台湾文学は中国文学の一部だと主張したが、これに対し楊逵は、台湾文学の独自性を主張した。

政府の遷台後は、中華文化が主流となった。そして中国から来た張大千(1899～1993)、溥心畬(1896～1963)といった芸術家が台湾芸術界の代表的な人物となった。

㈡反共の時代（1950～1960年代）

1.反共文学

政府は遷台後、民間文化を統制し、政府の政策に合わない流行歌、書物を禁止した。

1950年代には「軍隊文芸」「戦闘文芸」を奨励した。そのため反共色が濃厚なものが文学作品の主流となった。姜貴（1908～1980）の『旋風』、王藍（1922～2003）の『青与黒』などは、激動の時代の悲歓合散を描いている。

2.中華文化復興運動

反共政策の下では民族精神教育に重点が置かれた。1962年からは『論語』『孟子』の文章を選録した「中国文化基本教材」が、高校の国文科課程で必ず使用されるようになり、それが政府が推進する道徳教育や儒家思想伝承での要となった。1966年、中国で文化大革命が起こると、蒋介石総統は翌年、それに対抗して中華文化復興運動を開始し、「国民生活で知るべきこと」の制定、実施など様々な活動を展開した。このような政治主導の文化政策により、中華文化の扶植が学校教育を通じて行われた。

討論しよう

政府が中華文化の普及に力を入れた最も主要な理由は何か？

3.西洋文化の流行

冷戦時代、米国は我が国の最も重要な盟友で、この国との交流や米軍放送を通じ❺、米国文化を中心とする西洋文化が大量に台湾へ入ってきた。その内容は多様で活気に溢れ、若い世代に受け入れられた。米国のハリウッド映画や流行曲は一世を風靡した。

また、西洋で流行のモダニズムの文学、美術が台湾へ流入し、文化界に衝撃を与えた。例えば白先勇（1937～）の『台北人』などは西洋モダニズムの理念で書かれた文学作品だ。

5 在台米軍のため、1954年に在台米軍放送（AFNT。今の台北国際コミュニティ放送〔ICRT〕の前身）が開局し、西洋音楽を専門に放送した。これが台湾の青少年には西洋流行曲に触れる主要媒体となった。

4.中国・西洋文化論戦

1950年代に「自由中国」が西洋近代文化を紹介し、自由、民主主義、科学の価値を鼓吹した。そして伝統文化を批判して、保守派と衝突した。1960年代初期、「文星」が掲載した胡適（1891～1962）の講演原稿は、中華文化を中心とする東洋の古い文明を批判するもので、これが再度保守派の怒りを買い、双方の間で文化論戦が展開されている。

㈢本土文化の勃興（1970 年代）

1950、60年代には地下水流となっていた台湾本土文化は、1970年代の郷土文学論争を契機に甦り、勃興した。

1.郷土文学

社会の移り変わりで新たな社会現象が生じると、現実生活から乖離しがちなモダニズム文学に代わり、徐々に台頭してきたのが台湾の現状を描く郷土文学である。

ところがこれに対して、一部の作家は、そこには台湾を本土と位置づける地方意識が隠されていると疑い、また政府も社会の写実と共産主義の文芸思想との関係に警戒した。このようにして 1977（民国 66）年、作家らは新聞、雑誌を通じ、郷土文学論争を巻き起こしている。

その後、反共文学の影響力は徐々に弱まり、作家の生活体験や現実の社会状況を描く文学的潮流が重視され始め、鍾肇政（1925 ～）の「台湾人」三部作、李喬（1934 ～）の「寒夜」三部作など、台湾の歴史を背景とする長編小説が次々に出版された。

【図 11-8】鍾肇政の「台湾人」三部作
ある客家人の大家族を描きながら、日本統治 50 年の台湾の歴史を映し出した。

この叙述が示すモダニズム文学と郷土文学の特色の違いは何か？
また、この文学の風格の推移と当時の環境とは、どのような関係があったのだろう？

「もし1960年代がモダニズム文学の時代だったというなら、多くの作家はそれぞれが深遠な魂を持っていた。もし1970年代に郷土文学時代に入ったというなら、すべての創作の変革の背後には、一つのはっきりと目に見える台湾の魂が存在していた。郷土文学を一種の運動だとする定義は、その動態と推移を示すものである。活発に台湾の社会、政治と繋がり合っただけではない。生き生きとしながら台湾の住民、生活、言語とも影響を及ぼし合っていた。」

（陳芳明『台湾新文学史』（下）、台北：聯経、2011年、p 520）

2.本土芸術

1976（民国65）年、「素人画家」の洪通（1920 ～ 1987）と彫刻家の朱銘（1938 ～）が、それぞれ初の個展を開いた。二人の作品には故郷台湾の息吹を強く感じさせるものがあり、メディアに報道されて脚光を浴びた。

3.キャンパス・フォークソング

西洋音楽を主流とする流行音楽には1970年代に変化が現れた。外交政策の失敗が続く中、若い音楽家たちは自分たちの言語で「自分の歌を歌おう」と訴えるフォークソング運動を展開し、中国語音楽界のその後の発展の基礎を築いた。

㈣多元的な文化の発展（1980 年代以後）

1980 年代後半、台湾文化は自由で多元化な方向へ発展して行った。舞台芸術においても、大衆文化においても、そうした流れは国民に受け入れられている。

1.文学の題材の多元化

1980 年代以降、文学では現実社会の様々な問題、つまり政治、性別、環境保護といった、従来あまり取り上げられなかった題材が重視され、女性、同性愛者、中国出身の退役軍人、原住民など社会的弱者を主人公にした小説が次々と発表された。また、人や自然への思いに満ちた散文など、題材の多元化が見られる。

【図 11-9】朱銘と「太極」
朱銘は郷土をテーマにした多くの作品を発表した後、「太極」シリーズに取り組み、その東洋的要素が海外で評価された。

2.芸術の国際舞台への邁進

文化の規制緩和により、海外からはかつてないほど新たな情報、刺激が伝わて来るようになった。人体デッサン、インスタレーションアート、ポップアートなども美術館という殿堂に進出し、台湾の芸術界は更に多様化へと向かっている。

伝統的な演劇も重視されるようになり、主要な劇場への進出を果たしたばかりか、その内容も伝統を守りながらも革新を求めるという、変と不変の多元的な面貌を見せている。例えば明華園は、歌仔戲に新風を吹き込もうと、芝居、踊り、そして音響、照明を組み合わせた多元的芸術を試みている。ダンスでは雲門舞集❻が、台湾の現代舞台芸術を発展させ、その芸術性は世界的に認められている。

6
1973年、林懐民が設立した台湾初のプロ舞踏団。西洋のモダンダンスのテクニックを取り入れながら、東洋のテーマを表現している。

3.先端を走る音楽

1980年代から、中国語のものであれ、台湾語のものであれ、流行歌が大きな発展と遂げ、今や台湾は中国語圏での流行歌の発信地となっている。歌手のテレサ・テン（1953～1995）は日本や東南アジア、更には中国でもファンを持っている。また「舞女」や「愛拚才會贏」など民衆の生活にマッチした多くの歌は、広く歌い継がれている。音楽業界は近年、海賊版CDの氾濫や音楽配信による打撃を受けているが、それでもジョナサン・リー、アーメイ、ジェイ・チョウ、ジョリン・ツァイなどは、今もチャイニーズポップスの代表的な歌手だ。

流行歌以外では、原住民や客家人の歌手、インディーズバンドなども、それぞれステージで輝きを放っている。

4.世界で評価される映画作品

1980年代初め、一群の映画監督たちが、『光陰的故事』『坊やの人形』といった現実の社会環境を映し出した作品を作り始め、「台湾ニューシネマ運動」と称された。その後、台湾映画はしばしば国際映画祭で受賞している。例えば1989（民国78）年には侯孝賢監督の『悲情城市』が、ヴェネツィア国際映画祭で金獅子賞を獲得した。また2001（民国90）年には李安監督の『グリーン・デスティニー』がアカデミー外国語映画賞を受賞した。彼はその後、ハリウッドへの進出も果たしている。

1990年代に入り、国産映画は一時低迷するが、2008（民国97）年になり、『海角七号』が国内興行収入で5億台湾ドル突破という記録を作り、再び映画界の士気が上がった。そして映画関係者たちの協力により、誰にでも受け入れられる高質の作品が次々と公開され、好評を得ている。

【図 11-10】『海角七号』
日本でも『海角七号 君想う、国境の南』の邦題で、2008年にアジア海洋映画祭でグランプリを獲り、2009年には劇場で公開された。〔写真提供：株式会社マグザム〕

編集の名人

小雅はクラスの刊行物の編集を準備中だ。「現代文学の天地」のコーナーで「反共文学」「モダニズム文学」「郷土文学」「多元文学」と４つの時代区分を行うつもりだったが、うっかりして、４つの小説の断片資料の掲載場所をわからなくしてしまった。そこで彼女の資料整理を助けて上げよう。また、あなたの判断理由も説明しよう。

断片１

彼はベッドに横たわる自分を見た。白い洋服を着ている。太陽がまさに彼の体を照らしている。服はあんなにも清潔で、表情はあんなにも上品だ。そして白の革靴を履いている。一人の人が泣いているが、それが誰かはわからない。妻なのかも知れない。私の古女房なのかも知れない。ところが彼自身は口元に笑みを浮かべている。落ち着いた、とても満足気な表情だ。何と美しい死であることか！

彼は自分の体を感じた。身動きができない。動くなと、自分にそう命じた。しかしやはり動きたい。起き上がろうともがいた。それで目が覚めた。体が手を押し潰しているのに気づく。力を込めて手を抜いた。すっかり目が覚めると、尿意を催した。

あれは、夢だったのだ。目を覚ましたくなかったが、しかし覚めてしまった。あれは確かに夢なのだ。彼は別に死んではいなかった。（鄭清文『最後的紳士』より）

断片２

「培蘭、私たち二人の出会いは旋風のようだが、しかし、共産党のあのようなやり方を見ると、党全体の将来もまた旋風のようになるに違いない。彼らは、一時は栄えても、いつかきっと瞬時に消え去るだろう。跡形もなく消滅し、歴史に書き記されるだけになろう。もちろん私たちは今、身を大難の中に置いている思いだが、しかし人類の進化の全過程の上では、共産党の興起など、水の流れの中でたまたま生じた一つの渦巻に過ぎない」

（姜貴『旋風』より）

断片３

盛んに燃える炎は屋根から屋根へと広がり、都の空半分を赤く染めた。兵士らは驚いて逃げ去った。彼は城壁を登って来る蛇人間を力一杯斬り捨てた。蛇人間の下半身は肥えた尻尾と一塊になったが、上半身はまだもがいている。三つの黄緑色の怪眼は恨みがましい目つきだ。彼は剣で三つの目の間の柔らかな部分を突き刺した。蛇人間は苦しそうに叫び、動かなくなった。もう一人の蛇人間は城壁を登って逃げようとした。彼は歯を食いしばり、剣を再び前へ向けた。

「城は落ちた。行きなさい」。耳元で優しい声がした。

「まだ終わっていない！」。彼はそう怒鳴ると、城壁から身を乗り出し、長剣を振って蛇人間の尾を斬り落とした。城壁をよじ登る術を失った蛇人間は鋭い声を上げて転落した。だが何と落下しながらも、最後の短矛を彼に向って投げつけた。だが彼までは届かず、短矛は地面に落ちた。

（張系国『傾城之恋』より）

断片４

あるいは前世で人の金を騙し取ったから、万発は物心ついた時から金に困っているのか。阿好と結婚した後、生活は更に苦しくなった。親父が死んで土地を少し分けてもらい、ありとあらゆる野菜や草を植えたが一向に芽が出ない。ある年、寿菊を植えるとうまく行き、日に日に伸びてもうすぐ収穫という時にだ。その年は物凄い大雨が降り、土地が流された。寿菊もどこかへ消え去った。それから間もなく空襲で逃げ回る内、耳が病気になった。……医者は婦人科で、婦人にするような大袈裟な治療を受けた。基礎的な技術はあったようだが、完全には治せなかった。それで毎回仕事を見つけるたび、すぐ首になった。難聴なので嫌われるのだ。何しろ彼と話す時、喧嘩みたいに大声を出さないといけない。その後この村に来て、公営墓地の隣に住み着き、日中は雇われて牛車を引き、儲けは雇主と分けた。粥代にしかならなかったが何とか暮した。ただ女房の阿好が賭博好きで、負けが大きいと娘を売り、三人いた娘はいなくなった。残りの息子二人を売らないのは、後継ぎにしたいからだろう！彼らの生活は後戻りするばかりだが無理もない。

（王禎和『嫁妝一牛車』より）

附録

(一)大事年表

国際競争時代

西暦	明の元号	重要事項
1498	弘治 11 年	ポルトガルのヴァスコ・ダ・ガマがインド航路発見。
1544	嘉靖 23 年	ポルトガル人が台湾を通過。麗しの島（Ilha Formosa）と称える。
1554	嘉靖 33 年	ポルトガルの製図家が初めて世界地図で台湾を描く。
1600	万暦 28 年	英国東インド会社が設立。
1602	万暦 30 年	明の都司、沈有容が台湾南部一帯に拠る日本の海賊を掃討。
		オランダ東インド会社が設立。
1604	万暦 32 年	オランダが澎湖島で拠点構築。明は沈有容を派し撤退させる。
1619	万暦 47 年	オランダ東インド会社がバタビアで総督府を置く。
1621	天啓元年	顔思斉、鄭芝龍が衆を率い、台湾南部の苯港、諸羅山一帯で拠点を置く。
1622	天啓 2 年	蘭英連合がマカオ攻撃に失敗。
		オランダが澎湖島で築城。

オランダ統治時代

西暦	明の元号	重要事項
1624	天啓 4 年	澎湖島を占領するオランダが明の武将兪咨臯に撤退を迫られ、台湾の大員へ移り、ゼーランディア城を構築。
1625	天啓 5 年	オランダが赤崁地方にプロビンティア街を建設。
1626	天啓 6 年	マニラが拠点のスペインが台湾北部へ出兵。鶏籠の今の和平島で占領式を行い築城。また淡水付近で拠点を構築。
1627	天啓 7 年	オランダのカンディディウスが布教のため台湾へ。シラヤ族に関する文書を残す。
1628	崇禎元年	浜田弥兵衛事件。
		スペイン人が淡水で布教。
		鄭芝龍が明の招撫を受ける。
1629	崇禎 2 年	スペインが北上する蘭軍を撃退。
1632	崇禎 5 年	スペイン人が淡水河を遡り台北盆地へ進入。
1633	崇禎 6 年	鄭芝龍が率いる明軍が来襲した蘭艦隊に料羅湾海戦で大打撃を与える。
		日本で徳川幕府が鎖国を実施。
1635	崇禎 8 年	オランダと新港社の原住民が連合して蔴荳社を攻撃。
1636	崇禎 9 年	南部の平埔族の 28 の番社の代表が新港社に集まり、蘭東インド会社に忠誠を宣誓。
1642	崇禎 15 年	オランダが鶏籠を攻撃し、スペインを台湾から撤退させる。
1644	崇禎 17 年	オランダが大肚王を攻撃。
		李自成が北京を攻略し崇禎帝が自殺。明皇室は南京で南明政権を樹立し、福王が即位。
1645	隆武元年	オランダが再び大肚王を攻撃。
		鄭成功が唐王から朱の姓を賜り、人々から「国姓爺」と呼ばれる。
1646	隆武 2 年	鄭芝龍が清に降る。
1648	永暦 2 年	ウェストファリア条約が締結。オランダが正式に独立国に。
1652	永暦 6 年	漢人の郭懐一によるオランダ長官襲撃計画が失敗。 オランダは支配を強化し、プロビンティア城を構築。
1659	永暦 13 年	鄭成功が清軍に敗れ、金門島、廈門へ撤退。
1661	永暦 15 年	鄭成功が澎湖島へ進攻し、台南の鹿耳門から台湾上陸。

鄭氏政権時代

西暦	明の年号	重要事項
1662	永暦 16 年	オランダ長官ノイツが降伏。 オランダの 38 年の台湾統治が終焉。
		鄭成功が病死。鄭経が後継。
1664	永暦 18 年	オランダが鶏籠を再び占領。 （貿易状況の悪化により1668 年に撤退）
		鄭経が行政の中心を廈門から台湾へ移す。東寧（当初は東都）を建国し、天興、万年両県を州に。
		清が遷界令を実施。
1666	永暦 20 年	台南孔子廟が落成。
1672	永暦 26 年	英国東インド会社が鄭氏政権と通商条約を締結。 （減益で1681年に台湾商館を閉鎖）

1673	永暦 27 年	三藩の乱が起こる（～ 1681 年）。
1674	永暦 28 年	鄭経が出兵し三藩の乱を支援。
1680	永暦 34 年	三藩の乱で鄭経が敗れ、中国沿海部の勢力圏を失い、台湾へ撤退。
		陳永華が病死。
1681	永暦 35 年	鄭経が死去し、鄭克塽が後継。
1683	永暦 37 年	施琅の清軍が澎湖、台湾を攻撃。鄭克塽が降伏。

清統治時代

西暦	清の年号	重要事項
1684	康煕 23 年	清が台湾を版図に編入。台湾府を置き、福建省の隷属下に。
1685	康煕 24 年	蒋毓英が『台湾府志』（台湾最古の地方志）を編纂。
1687	康煕 26 年	台湾の生員が初めて福建での郷試を受験。
1697	康煕 36 年	郁永河が北部で硫黄採取。1698 年に『裨海紀遊』を著す。
1699	康煕 38 年	吞霄社の原住民が通事の暴虐で反乱。
		淡水社、北投社が反乱。
1709	康煕 48 年	陳頼章開拓集団が大佳臘に入植。
		施世榜が八堡圳の建設を開始。
1712	康煕 51 年	台湾知府周元文が『重修台湾府志』を編纂。
1721	康煕 60 年	朱一貴事件。
1723	雍正元年	彰化県と淡水庁が増設。
		張達京が岸裡社の通事に。
		雍正帝が全面的な禁教令。
1731	雍正 9 年	大甲西社事件。
1733	雍正 11 年	張達京と岸裡社が「地を割き水に換える」で合意。
1738	乾隆 3 年	艋舺龍山寺が創建。
1745	乾隆 10 年	泉州人沈用が錫口（今の台北市松山）を開拓。ホーロー人は鳳山から桃澗堡までを開拓。
1755	乾隆 20 年	淡水擺接堡の開拓事業者林成祖が大安圳を建設。（中和から板橋、土城まで）
1757	乾隆 22 年	通商港を広州一港に限定。
1761	乾隆 26 年	潘敦仔が岸裡社通事に。
1763	乾隆 28 年	台南三郊が水仙宮を改修して総本部に。
1769	乾隆 34 年	ワットが蒸気機関を開発。
1776	乾隆 41 年	米国が独立。
1782	乾隆 47 年	彰化で賭博を巡る大規模な漳・泉械闘。
1783	乾隆 48 年	英国が米国の独立を承認。
1786	乾隆 51 年	林爽文事件。
		鹿港龍山寺が落成。
1788	乾隆 53 年	屯番制が実施。
1793	乾隆 58 年	マカートニーが通商交渉のため清に。
1804	嘉慶 9 年	潘賢文が率いる彰化の平埔族が蛤仔難へ移動。
1805	嘉慶 10 年	同安出身の士紳が資金を集め、大龍峒保安宮を創建。
1809	嘉慶 14 年	蛤仔難で漳・泉・客械闘。
1810	嘉慶 15 年	蛤仔難が噶瑪蘭と改称。
1812	嘉慶 17 年	噶瑪蘭庁が開設。
1823	道光 3 年	鄭用錫が台湾初の進士に。
1830	道光 10 年	宜蘭で荷担ぎ人夫が械闘。
1831	道光 11 年	客家人の姜秀鑾とホーロー人の周邦正及び官府が合資で開拓集団「金広福」を設け、北埔を開拓。
1838	道光 18 年	鳳山知県曹謹の主導で曹公圳が完成。
1840	道光 20 年	阿片戦争が始まる。
1842	道光 22 年	南京条約が締結。
1847	道光 27 年	英国の軍艦が鶏籠に。炭坑を調査。
1850	道光 30 年	洪秀全が太平軍を率い蜂起。（～ 1864 年）
1853	咸豊 3 年	淡水庁で頂郊と下郊が械闘。
1857	咸豊 7 年	英仏連合軍が広州を攻撃。
1858	咸豊 8 年	天津条約が締結。
1859	咸豊 9 年	ドミニコ会が打狗を拠点に布教。
1860	咸豊 10 年	英仏連合軍が北京を攻撃。北京条約が締結。
		英国が台湾で領事館を開設。
1861	咸豊 11 年	自強運動が開始。
1862	同治元年	戴潮春事件。
		淡水で正式に税関が開設。
1863	同治 2 年	林文察が帰台し戴潮春事件に対処。
1867	同治 6 年	米国船ローバー号事件。

1868	同治7年	英国商人ピッカリングが禁令に反し梧棲で樟脳取引を行い。官府と衝突。
		鳳山教会事件。
		日本で明治維新。
1871	同治10年	琉球船が台風で恒春半島に漂着。高士仏社のパイワン族が船員を殺害。
1874	同治13年	日本が台湾に出兵。沈葆楨が来台し海防に当たる。
1875	光緒元年	台北府が設置され、淡水、新竹、宜蘭3県及び基隆、卑南、埔里社の3庁を管轄。
1876	光緒2年	億歳金城砲台が完成。
1877	光緒3年	府城・旗後間で電信線が架設。
1879	光緒5年	林維源が拠金を行い、三品の位階と一品の封典を得る。
		琉球が清への臣属を止め、日本の沖縄県になる。
1882	光緒8年	マカイが淡水で理学堂大書院を開設。(台湾初の洋式学校)
1883	光緒9年	清仏戦争。(翌年から台湾で交戦)
1885	光緒11年	仏軍が台湾を封鎖し澎湖諸島を占領。
		清朝廷が台湾省の設置を宣布し、劉銘伝を初代巡撫に任命。
		バークレイが台湾府城教会報を創刊(台湾で最も歴史ある新聞に)。
1886	光緒12年	南北両府清賦総局が開設。電報局、茶税、商業税、鉱務総局、撫墾総局が設けられる。
1887	光緒13年	清政府が台湾鉄道を計画。福州・淡水間の海底ケーブルが完成。
		英国のヴィクトリア女王が、インド皇帝に。
1888	光緒14年	台湾が正式に福建省から分離。
		郵政総局が開設。
1891	光緒17年	キャンベルが盲人学校を開設。
1894	光緒20年	日清戦争勃発。

日本統治時代

西暦	日本の元号	重要事項
1895	明治28年	下関条約が締結。
		唐景崧、邱逢甲らが台湾民主国を樹立。
		辜顕栄が日本軍を台北城へ迎え入れる。
1896	明治29年	グリニッジ標準時を実施。
		日本植民政府が「六三法」を公布。
1997	明治30年	国籍選択期限が切れる。
1898	明治31年	日本植民政府が匪徒刑罰令。
		光緒帝が戊戌の変法。
1899	明治32年	陳秋菊、柯鉄、林少猫が総督府に帰順。
		台湾銀行が開設。
		米国が門戸開放政策を提唱。
1900	明治33年	簡大獅が処刑される。
		北清事変。
1901	明治34年	専売局が開設され、樟脳、阿片、塩等を専売。
1902	明治35年	糖業奨励規則。
1904	明治37年	大租権整理令。
		日露戦争。
1905	明治38年	台湾初の発電所(亀山発電所)が完成。
		第1回戸口調査が実施。
1906	明治39年	佐久間左馬太総督が就任し、理蕃事業を展開。
		「三一法」が可決。総督の権力を制限。
1908	明治41年	縦貫鉄道が全線開通。
1910	明治43年	五ケ年理蕃計画が開始。
		日本が朝鮮併合。
1911	明治44年	阿里山鉄道が全線開通。
1912	大正元年	総督府が台湾人のみの会社設立を禁止。
		林圯埔事件。
		孫文が中華民国臨時大総統に。
1913	大正2年	苗栗事件。
1914	大正3年	タロコの原住民を制圧。
		台湾同化会が発足。
		第1次世界大戦が勃発。(～1918年)
1915	大正4年	噍吧哖事件。
		台中中学校が開設。
		日本が対華21ヵ条要求。
1917	大正6年	胡適が「文学改良芻議」を発表(口語文運動を展開)。
1918	大正7年	林献堂らが東京で六三法撤廃運動を開始。

1919	大正 8 年	台湾教育令が公布。
		田健治郎が初の文官総督に。
		パリ講和会議が開催。民族自決の機運が高まる。
1920	大正 9 年	新民会が発足。
1921	大正 10 年	台湾議会設置請願運動が開始。
		台湾総督府評議会が開設。
		台湾文化協会が発足。
		「法三号」が可決（翌年発効）。総督の権力を更に制限。
1922	大正 11 年	台湾人と日本人の教育上の差別待遇が形式的に廃止。
1923	大正 12 年	治警事件。
1924	大正 13 年	張我軍が「台湾青年へ致す一通の手紙」を発表し新文学の展開を訴える。
1925	大正 14 年	花岡一郎が原住民として初めて師範学校に入学。
		二林事件。
1926	昭和元年	台東・花蓮間で鉄道が開通
		台湾農民組合が発足。
1927	昭和 2 年	台湾文化協会が分裂。
		政府が台湾美術展覧会を開催。
1928	昭和 3 年	台北帝国大学が開設。
		台湾共産党が発足。
1929	昭和 4 年	ニューヨーク証券取引所で株価が崩落し、世界恐慌へ。
1930	昭和 5 年	嘉南大圳に通水。
		台湾地方自治連盟が発足。
		霧社事件。
1931	昭和 6 年	台湾共産党、台湾文化協会、台湾農民組合、台湾民衆党が解散させられる。
		満州事変。
1932	昭和 7 年	台湾初のデパート、菊元百貨店がオープン。
		満州国が樹立。
1934	昭和 9 年	日月潭第一発電所が完成。
		議会設置請願運動が総督府の強硬姿勢を受け停止。
		台陽美術協会が結成。
1935	昭和 10 年	呂赫若が処女作「牛車」を発表。
		制限選挙ながら地方選挙が実施。（台湾初の選挙）
1936	昭和 11 年	皇民化運動が展開。
		日本の東南アジア開発の強化のため台湾拓殖株式会社が開設。
1937	昭和 12 年	日中戦争勃発。
		武官総督に改める。
1938	昭和 13 年	台湾で国家総動員法が施行。
1940	昭和 15 年	改姓名運動が推進。
		瑞芳事件。
1941	昭和 16 年	皇民奉公会が開設。
		高砂挺身報国隊が募集。
		日本が米国の太平洋基地を爆撃。太平洋戦争が始まる。
1942	昭和 17 年	志願兵制度が実施。
1943	昭和 18 年	中米英首脳がカイロ会談。
		台北大稲埕の永楽座で舞台劇「閹鶏」が上演。
1944	昭和 19 年	徴兵制実施。
1945	昭和 20 年	天皇が無条件降伏を宣布。

中華民国時代

西暦	民国年	重要事項
1945	34 年	政府が台湾接収。
1947	36 年	二二八事件。
		行政長官公署が廃され、台湾省政府が開設。
		反乱平定動員が下令。
1949	38 年	陳誠が台湾省主席に。
		三七五減租が推進。
		戒厳令が布告。反乱懲治条例が公布。
		新台湾ドルが発行。4 万旧台湾ドルを 1 新台湾ドルとする。
		中華民国政府が台湾へ移る。
		中華人民共和国が建国。
1950	39 年	蒋介石が総統に復任。
		匪諜検粛条例が公布。
		地方自治が推進。
		朝鮮戦争が勃発し、米第 7 艦隊が台湾海峡へ。
1951	40 年	米国の援助を受ける。（～ 1965 年）
		サンフランシスコで対日講和条約が調印。
1952	41 年	中国青年反共救国団が発足。
1953	42 年	「耕す者が其の田を有す」政策が実施。
		各中等学校で軍事教練が実施。
1954	43 年	米華相互防衛条約が調印。
		韓国で中国送還を拒否した「反共義士」が来台。
1955	44 年	孫立人事件。
		ワルシャワ条約機構が結成。
1958	47 年	八二三砲戦（第 2 次台湾海峡危機）。
		人口が 1 千万人を突破。
		立法院が「公務員保険法」「労働者保険条例」を可決。
		中共が大躍進政策と人民公社建設。
1959	48 年	八七水害で 30 万人が家を失う。
1960	49 年	雷震が逮捕される。
		中部横貫道路が全線開通。
		国民大会で反乱平定動員時期臨時条項改正案が可決。総統の任期の回数が無制限に。
		投資奨励条例が公布。
		ベトナム戦争勃発。（～ 1975 年）
1962	51 年	初の民間テレビ局、台湾テレビが放送開始。
1963	52 年	マーティン・ルーサー・キングがワシントンで大規模な行進を行う。
1964	53 年	フランスと断交。
1966	55 年	高雄輸出加工区が開設。
		中国で文化大革命。（～ 1976 年）
1967	56 年	中華文化復興運動推進委員会が発足。
		東南アジア諸国連合が設立。
1968	57 年	義務教育年限が 9 年に延長。
1969	58 年	金龍少年野球チームが世界大会で優勝。野球ブームに。
		国会議員増加定員選挙が実施。
1971	60 年	保釣運動。
		国連で中華人民共和国が中国代表を継ぐとの総会決議。これを受け我が国は脱退宣言。
1972	61 年	日本と断交。
		臨時条項の修正で国会議員増加定員選挙が定期制に。
		米ニクソン大統領が訪中。中華人民共和国と上海コミュニケを発表。
1973	62 年	蒋経国が正式に九大建設計画を発表。（翌年、原発計画を加え十大建設に）
		第 1 次石油危機。
1975	64 年	蒋介石が死去。
		ベトナム戦争でベトコンが勝利。ベトナムがその統治下に。
1976	65 年	洪通の絵画展と朱銘の彫刻展が開催。
		四人組が逮捕。
1977	66 年	中壢事件。
1978	67 年	南北高速道路が全線開通。
		国会議員増加定員選挙が停止。
1979	68 年	米国が中華人民共和国と国交樹で、我が国を不承認に。その後台湾関係法を制定。
		美麗島事件。
		桃園空港が正式に開港。
		初の原子力発電所が完成。
		第二次石油危機。
1980	69 年	新竹サイエンスパークが設立。
		鉄道北廻線が正式に開通。
		消費者文教基金会が発足。
		中国で経済特区が開設。
1984	73 年	労働基準法が公布。
1986	75 年	鹿港で工場建設反対デモ。
		民主進歩党が結成。
1987	76 年	戒厳令が解除。
		中国の肉親訪問が許可。
		民間に二二八平和記念日促進会。

1988	77年	新聞発行制限が解除。
		蒋経国が病死し、李登輝が総統に。
		五二〇農民運動。
		原住民が土地返還要求運動。
		アウンサンスーチーがビルマ民主運動の指導者に。
1989	78年	人口が2千万人を突破。
		六四天安門事件。
		東欧で共産政権がドミノ倒し。
1990	79年	野百合学生運動。
		行政院に二二八事件研究チーム。
		湾岸戦争。
1991	80年	中華民国憲法増修条文が可決。国会の全面改選へ。
		反乱平定動員時期の終結が宣布。
		反乱懲治条例が廃止。
		行政院に大陸委員会が開設。
		アジア太平洋経済協力会議に参加。
		中共が海協会を開設。
1992	81年	刑法第100条が改正。
		金門島で戒厳令が解除。
		マーストリヒト条約が調印。
1993	82年	海基会董事長辜振甫と海協会会長汪道涵がシンガポール会談。
		ECがEUに。
1994	83年	四一〇教育改革大デモ行進。
		五二九反核大デモ行進。
1995	84年	全民健康保険が実施。
		江沢民が江八点を発表。
		李登輝総統が米コーネル大を訪問。これを受け中共が両岸会談を中止。
1996	85年	中華民国初の総統直接選挙（李登輝が当選）。
		中共が基隆、高雄沖で3回目のミサイル演習。
1997	86年	台南にサイエンスパークが開設。
		台湾省の地方選挙凍結と組織の簡素化。
		鄧小平が死去。
		香港が中国に復帰。
		アジア通貨危機。
1998	87年	辜振甫と汪道涵が上海で再会談。
1999	88年	李登輝総統が二国論を提示。
		九二一大地震。
2000	89年	民進党の陳水扁が総統に当選し、初の政権交代を達成。
2001	90年	中国福建省沿岸部と金門・馬祖の間で小三通が実施。
		台風16号で北部に大被害。
		米同時多発テロ事件。
2002	91年	世界貿易機関に加盟。
		大学統一入試制度の廃止で入学方法が多元的に。
2003	92年	中国との間で初の春節チャーター便。
		SARSが台湾全域に蔓延。
		米国がイラク戦争を開始。
2004	93年	第二高速道路が全線開通。
		陳水扁が総統再任。
		スマトラ島沖地震で20万人以上が犠牲に。
2005	94年	新労働者退職制度が実施。
		国民大会が廃止。
		中共が反国家分裂法を可決。
2006	95年	北宜高速道路が開通。
		イラクのフセイン元大統領が絞首刑。
2007	96年	台湾高速鉄道が開業。
		米バージニア工科大学銃乱射事件。
2008	97年	国民党の馬英九が総統に当選し、2度目の政権交代。
		第1回江丙坤・陳雲林会談。
		世界金融危機。
2009	98年	八八水害。
		政府が景気浮揚策として消費券配布。
2010	99年	中国との間でECFA調印。
		チュニジアでジャスミン革命。騒乱は北アフリカ、中東にも飛び火。
2011	100年	可塑剤事件。
		日本の東北地方で震災。津波により福島原発事故が起こる。
		米国がアルカイダ指導者、ビンラディンの殺害を発表。
2012	101年	馬英九が総統再任。
		米国産牛肉の輸入が条件付き解禁。
		釣魚台主権騒動が広がる。
2013	102年	中央銀行が銀行の人民元業務を解禁。
		フィリピン公船が我が国の漁民を射殺。
		中国でH7N9の人への感染が拡大。
		ベネディクト16世に代わりアルゼンチンのフランシスコがローマ教皇に。米州出身者の就任は初。

2014	103年	両岸サービス貿易協定の審査を巡り、ひまわり学生運動が起こる。
		西アフリカでエボラ出血熱が大流行。
		高雄でガス爆発事故。
		香港で雨傘運動。
		下水油、違法添加物など食品安全問題が多発。
2015	104年	フランスのパリで1月、11月にテロ攻撃。
		馬英九と習近平がシンガポールで会談。両岸指導者が会うのは1949年以来初。
2016	105年	民進党の蔡英文が総統に当選し、三回目の政権交代。
		週休二日制を盛り込む労基法改正案が可決。
		英国が国民投票でＥＵ離脱を決める。
		米大統領選でトランプが当選。

㈡日本統治時代歴代総督

	氏名	就任年月
前期武官総督		
1	樺山資紀	1895.5
2	桂太郎	1896.6
3	乃木希典	1896.10
4	児玉源太郎	1898.2
5	佐久間左馬太	1906.4
6	安東貞美	1915.5
7	明石元二郎	1918.6
文官総督		
8	田健治郎	1919.10
9	内田嘉吉	1923.9
10	伊沢多喜男	1924.9
11	上山満之進	1926.7
12	川村竹治	1928.6
13	石塚英蔵	1929.7
14	太田政弘	1931.1
15	南弘	1932.3
16	中川健蔵	1932.5
後期武官総督		
17	小林躋造	1936.9
18	長谷川清	1940.11
19	安藤利吉	1944.12

㈢中華民国憲法施行後の歴代総統

任期	総統	就任年月日
1	蒋介石	1948.5.20
	李宗仁	1949.1.21（代理）
	蒋介石	1950.3.1（復任）
2	蒋介石	1954.5.20
3		
4		
5		
継承	厳家淦	1975.4.6
6	蒋経国	1978.5.20
7		
継承	李登輝	1988.1.13
8	李登輝	1990.5.20
直接総統選挙実施		
9	李登輝	1996.5.20
10	陳水扁	2000.5.20
11		
12	馬英九	2008.5.20
13		
14	蔡英文	2016.5.20

㈣写真出典

※①～⑥は、カバー掲載。⑦～⑮は、カバー、表紙、本扉掲載

―第 1 篇―

扉	『先民的足跡―古地圖話臺灣滄桑史』、南天書局、p98 ～ 99

【第 1 章】

第 1 章扉	插圖
図 1-1	三民書局作成
図 1-2	三民書局作成
図 1-3	三民書局作成
図 1-4（分布図）	三民書局作成
図 1-4（p13 上）	柱掘形：三民書局撮影
図 1-4（p13 下）	双口陶缶：三民書局撮影
図 1-5	三民書局撮影
図 1-6	三民書局作成
P17_Talk Show	shutterstock
図 1-7	三民書局作成
図 1-8	馮明珠主編『黎民之初：院蔵台湾原住民図檔文献特展導覧手冊』、故宮博物院、P23、29、33
図 1-9	三民書局作成。参考資料：原住民族委員会、李壬癸 1996
図 1-10、⑭	顔に入墨をしたタイヤル族婦人、タロコ族婦人。山本三生『日本地理体系台湾篇』、改造社、p339
図 1-11、⑦	アミ族の豊年祭。台湾観光局提供
図 1-12（分布図）	三民書局作成。参考資料：原住民族委員會、李壬癸 1996
図 1-12（イラスト）	三民書局作成
図 1-13	杜正勝『番社采風図題解』、中研院史語所
図 1-14	石守謙主編『福爾摩沙：十七世紀的臺灣・荷蘭与東亜』、故宮博物院、p113、国立台灣図書館所蔵
図 1-15 下	陳嘉霖提供
図 1-15 左	李瑞源提供

【第 2 章】

第 2 章扉	shutterstock
図 2-1	林嘉瑩提供
図 2-2、③	東京大学史料編纂所所蔵
図 2-3	石文誠・他『簡明臺灣圖史』、如果、p25
図 2-4	三民書局作成
図 2-5	wikipedia
図 2-6	『美麗之島：臺灣古地圖與生活風貌展』、國立歴史博物館、p48
P35_Talk Show	shutterstock
図 2-7	三民書局撮影
図 2-8、①	国立台湾博物館提供
図 2-9	三民書局作成
図 2-10	三民書局作成
図 2-11	Lambert van der Aalsvoort『風中之葉―福爾摩沙見聞録』、経典雜誌、p42
図 2-12	周婉窈『台湾歴史図説（増訂本）、聯經、p60
図 2-13	石守謙主編『福爾摩沙：十七世紀的台湾・荷蘭与東亜』故宮博物院、p122
図 2-14	三民書局撮影
図 2-15	魏楽富『福爾摩沙的虚構与真実』、玉山 、p203
P43_Talk Show	shutterstock
図 2-16	三民書局作成
図 2-17	『先民的足跡―古地圖話臺灣滄桑史』、南天書局、p98~99
図 2-18	陳麗卿提供
図 2-19、⑤	石文誠・他『珍蔵台湾：国立台湾歴史博物館館蔵選要図録』、国立台湾歴史博物館、p107
図 2-20、⑬	傅朝卿・他『図説鄭成功与台湾文化』、台湾建築与文化資産、p238、239、251、261
図 2-21	曾木信俊提供
図 2-22	三民書局作成
図 2-23	三民書局作成
図 2-24	陳麗卿提供
図 2-25	三民書局撮影
図 2-26	陳麗卿提供
P53_TalkShow	三民書局作成

―第 2 篇―

扉	周婉窈『台湾歴史図説（増訂本）』、聯經、p90~92

【第 3 章】

第 3 章扉	三民書局作成／ shutterstock
図 3-1	三民書局作成
図 3-2、⑮	永山英樹撮影
図 3-3	Wikipedia　Pbdragonwang 撮影
図 3-4	三民書局撮影
図 3-5、④	周婉窈『台湾歴史図説（増訂本）』、聯經、p90~92
図 3-6 上（表）	三民書局作成
図 3-6 下（図）	三民書局作成
図 3-7	石守謙主編『福爾摩沙：十七世紀的台湾・荷蘭与東亜』、故宮博物院、p24~25、メトロポリタン美術館所蔵
図 3-8	三民書局作成
図 3-9	三民書局作成
図 3-10	Wikipedia　Paul Chiang 撮影
図 3-11	三民書局作成
図 3-12	三民書局作成（地図）／ illust AC（付箋）
図 3-13（右）	杜正勝『番社采風図題解』、中研院史語所
図 3-13（左）	Wikipedia
図 3-14	三民書局作成
図 3-15	Wikipedia　撮影：Pbdragonwang

図 3-16	陳仕賢『鹿港不見天街傳奇』、彰化縣文化局、p74
図 3-17	李子寧等『百年物語』、国立台湾博物館、p55
P74_TalkShow	shutterstock

【第 4 章】

第 4 章扉	shutterstock
表 4-1	資料：陳紹馨『台湾的人口変遷与社会変遷』、聯經、p24
図 4-2	王宗楠提供
表 4-2	陳紹馨『台湾省通志稿』、台湾省文献、p193
図 4-3	薛化元『台湾開発史』三民書局、p58
図 4-4	三民書局作成
図 4-5	杜正勝『番社采風図題解』、中研院史語所
図 4-6	三民書局作成
P84_Talk Show	shutterstock
図 4-7	三民書局作成
図 4-8	三民書局撮影
図 4-9	Wikipedia　Pbdragonwang 撮影
図 4-10	蕭瓊瑞『図説台湾美術史 II 渡台賛歌（荷西・明清篇）、芸術家、p60
図 4-11	三民書局撮影
図 4-12	三民書局撮影
図 4-13	台湾観光局提供

【第 5 章】

第 5 章扉	shutterstock
図 5-1	陳麒安提供
図 5-2	『法国珍蔵早期台湾影像』、雄獅、p79
図 5-3	三民書局作成、参考資料：林滿紅『茶、糖、樟脳業与台湾之社会経済変遷』、聯経、p154
図 5-4	同上、参考資料：同上、p3~5、57
図 5-5	同上、参考資料：同上、p3~5、58
図 5-6	山本三生『日本地理体系台湾篇』、改造社、p28
図 5-7	江仲驊提供
図 5-8	薛化元『台湾開発史』、三民書局、p88
図 5-9	永山英樹撮影
図 5-10	三民書局作成
図 5-11	『美麗之島：台湾古地図与生活風貌展』、国立歴史博物館、p72
図 5-12	山本三生『日本地理体系台湾篇』、改造社 p365
図 5-13	陳麗卿提供
図 5-14	山本三生『日本地理体系台湾篇』、改造社、p179
図 5-15	三民書局作成
図 5-16	国立台湾博物館所蔵、林芝卿提供

ー第 3 篇ー

扉	『蓬莱旧庄ー台湾城郷聚落』、台湾伝承、p87

【第 6 章】

第 6 章扉	三民書局作成
図 6-1、⑧	『台湾世紀回味：時代光影』、遠流、p83
図 6-2	『見證ー台湾総督府』、台湾伝承、p88
図 6-3	三民書局作成
図 6-4	Wikipedia
図 6-5、⑥	『蓬莱旧庄ー台湾城郷聚落』、台湾伝承、p87
図 6-6	『台湾世紀回味：時代光影』、遠流、p17
図 6-7	三民書局作成
図 6-8	張建隆『看見老台湾・続篇』、玉山社、p100
図 6-9	『台湾老明信片ー原住民篇』、串門文化、p64
図 6-10	『見証ー台湾総督府』、台湾伝承、p44
図 6-11	周婉窈『台湾歴史図説（増訂本）』、聯経、p129
図 6-12	『高砂春秋』、台湾伝承、p69
図 6-13	三民書局作成。参考資料：『見証ー台湾総督府』、台湾伝承、p68
図 6-14	『認識台湾ー回味 1895-2000』、遠流、p32
図 6-15	『台湾総督府臺灣總督府官葉、臺灣傳承、頁 146
表 6-1	陳正美『嘉南大圳与八田與一』、台南市政府文化局、p284
図 6-16	『殖産方略ー台湾産業開発』、台湾伝承、p260
図 6-17	『日治時期的台中』、国家図書館、p66
図 6-18	『日治時期的台南』、国家図書館、p177
図 6-19	三民書局作成。参考資料：柯志明『米糖相剋』、群学、p54
図 6-20、⑩	『日治時期的台中』、国家図書館、p108
図 6-21	『殖産方略ー台湾産業開発』、台湾伝承、p165
図 6-22	三民書局作成。参考資料：『台湾省五十一年来統計提要』
図 6-23	同上、参考資料：李雅梅整理
図 6-24	『美麗之島：台湾古地図与生活風貌展』、国立歴史博物館、p98

【第 7 章】

第 7 章扉	shutterstock
図 7-1	『烽火歳月ー戦時体制下的台湾史料特展図録』（上）、p37
図 7-2	『台湾小学世紀風華』、柿子文化、p30
図 7-3	三民書局作成。参考資料：『台湾省五十一年来統計提要』、p1241
図 7-4	『見証ー台湾総督府』、台湾伝承、p139
図 7-5	三民書局作成。参考資料：台湾日治時期統計資料庫（1940 年）
図 7-6	『認識台湾ー回味 1895-2000』、遠流、p13
図 7-7	Wikipedia

表 7-1	三民書局作成。参考資料：台湾省行政長官公署統計室『台湾省五十一年來統計提要』、p844~847、856~859
図 7-8	「発現台湾」（下）、天下文化、p453
図 7-9	『文化協會在臺南』、国立台湾歴史博物館、p10
図 7-10	同上、p27
図 7-11 上	『文化協会在台南』、国立台湾歴史博物館、p56
図 7-11 下	施懿琳・他『台湾文学百年顯影』、玉山社、p74
図 7-12	Wikipedia
図 7-13	Wikipedia
図 7-14	三民書局作成
図 7-15	『認識台湾―回味 1895-2000』、遠流、p14
図 7-16	三民書局撮影
図 7-17	中央研究院台湾史研究所提供
図 7-18	同上
図 7-19	『蓬莱旧庄―台湾城郷聚落』、台湾伝承、p60
図 7-20	『日治時期的台南』、国家図書館、p257
図 7-21-1、⑫	『台湾懐旧』、創意力、p108
図 7-21-2	『台湾世紀回味：文化流転』、遠流、p77
図 7-21-3	Wikipedia
図 7-21-4	Wikipedia
図 7-21-5、表 4	石文誠・他『珍藏臺灣：国立台湾歴史博物館館蔵選要目録』、国立台湾歴史博物館、p140
図 7-21-6	Wikipedia
図 7-21-7	新世界館：小山権太郎『臺北市大観』、南国写真大観社
図 7-21 左下	新公園野外音楽堂：台湾博覧会協賛会編『始政四十周年記念台湾博覧会画帖』、南天書局
図 7-21 中央、②	「台北市区計画街路並公園図」（1932）地図与遥測影像数位典像計画
P142 歴史スポットライト	『開台尋跡』、台湾伝承、p106 ／背景：shutterstock
図 7-22	台湾民報、第 2 巻 7 号
図 7-23	黃土水／水牛群像／ 1930 年／石膏レリーフ 250 × 555cm ／台北中山堂蔵
図 7-24	石川欽一郎／台湾次高山／水彩／ 34 × 50.3cm ／国立台湾美術館蔵
図 7-25	陳澄波／夏日街景／ 1927 年／油彩、キャンバス／ 79 × 98cm ／台北市立美術館蔵
図 7-26	『台湾世紀回味：文化流転』、遠流、p74
P148_Talk Show 左上、下	陳柔縉『台湾幸福百事』、究竟、p31、125
P148_Talk Show 右上	陳柔縉『台湾西方文明初体験』、麦田、p131

【第 8 章】

第 8 章扉	shutterstock
図 8-1	『見証―台湾総督府』、台湾伝承、p33
図 8-2	『烽火歳月―戦時体制下的台湾史料特展図録』（上）、国史館台湾文献館、p19
図 8-3	『台湾総督府官葉』、台湾伝承、p124
図 8-4	Wikipedia
図 8-5	三民書局作成
図 8-6	『台湾懐旧』、創意力、p282
図 8-7	『台湾世紀回味：時代光影』、遠流、p22
図 8-8	『斯土絵影』、台湾伝承、p50
図 8-9	『長栄中学百年史』、長栄中学、p167
図 8-10	陳政徳提供
P156_Talk Show	三民書局作成。参考資料：林熊祥『台湾省通志稿巻四経済志綜説篇』、台湾省文献委員会、第 22 冊、p9080
図 8-11	三民書局作成
図 8-12	『烽火歳月―戦時体制下的台湾史料特展図録』（上）、国史館台湾文献館、p49、107
図 8-13	『烽火歳月―戦時体制下的台湾史料特展図録』（上）、国史館台湾文献館、p49、107
図 8-14	『認識台湾―回味 1895-2000』、遠流、p97
図 8-15	『烽火歳月―戦時体制下的台湾史料特展図録』（上）、国史館台湾文献館、p74
図 8-16	同上、p45
図 8-17	同上、p146
図 8-18	『認識台湾―回味 1895-2000』、遠流、p106
図 8-19	『烽火歳月―戦時体制下的台湾史料特展図録』（上）、国史館台湾文献館、p163
図 8-20	同上（下）、p300
図 8-21	周婉窈『台湾歴史図説（増訂本）』、聯経、p233
図 8-22	『認識台湾―回味 1895-2000』、遠流、p112

―第 4 篇―

扉、⑪	陳秉亨提供

【第 9 章】

第 9 章扉	shutterstock
図 9-1	『珍藏 20 世紀台湾』、時報、p207
図 9-2	李筱峰『台湾史』、華立、p246
表 9-1	『台湾物価統計月報』、行政長官公署統計室
図 9-3	李筱峰『快読台湾史』、玉山社、p86
図 9-4	『認識台湾―回味 1895-2000』、遠流、p114
図 9-5	台北二二八紀念館提供
図 9-6	『台湾世紀回味：時代光影』、遠流、p31
図 9-7	三民書局撮影
図 9-8	曾木信俊提供
図 9-9	『台湾世紀回味：時代光影』、遠流、p46
図 9-10	Wikipedia　姚琢奇撮影
図 9-11	三民書局作成
図 9-12	三民書局作成
図 9-13	『中華民国憲政発展史料図録』、中央図書館台湾分館、p140
図 9-14	『台湾世紀回味：時代光影』、遠流、p59
図 9-15	『認識台湾―回味 1895-2000』、遠流、p135

図 9-16	邱萬興提供
P181_TalkShow	illust AC
図 9-17	邱萬興提供
図 9-18	三民書局作成／ shutterstock
図 9-19	三民書局作成。参考資料：内政部警政署入出境管理局／ shutterstock
図 9-20	陳政德提供
P189_Talk Show	参考資料 : 内政部警政署入出境管理局

【第 10 章】	
第 10 章扉	三民書局作成。参考資料 : 主計処中華民国統計資訊網
表 10-1	三民書局作成。参考資料：『台湾省物価統計月報』民國 45 年 12 月第 132 期、台湾省政府主計処
図 10-2	三民書局作成
図 10-3	『台湾世紀回味 : 時代光影』、遠流、p42
図 10-4	同上、p100
図 10-5	三民書局作成
図 10-6	地図 : 三民書局作成／ shutterstock
図 10-7	イラスト 4 点　illust AC
図 10-8	三民書局作成。参考資料 : 主計処中華民国統計資訊網
図 10-9	三民書局作成。参考資料 : 主計処中華民国統計資訊網
図 10-10	陳政德提供

【第 11 章】	
第 11 章扉	shutterstock
図 11-1	三民書局作成。参考資料 : 内政部戶政司
図 11-2	三民書局作成。参考資料 : 内政部戶政司
図 11-3	三民書局作成。参考資料 : 内政部戶政司
図 11-4	三民書局作成。参考資料 : 内政部主計處
図 11-5	三民書局撮影
図 11-6	王鈞鈴提供
図 11-7	原住民運動／農民運動／客家運動／環保運動 : 邱萬興提供
図 11-7	土地徵収 : 廖家瑞提供
P216_Talk Show	shutterstock
図 11-8	三民書局撮影
図 11-9	三民書局撮影
図 11-10	『海角七号』 株式会社 maxam 提供

訳者あとがき

台湾はよく大の親日国と言われるが、日本もまた大の親台国と言えるだろう。

特に東日本大震災以降はそうである。

あの震災当時、台湾の人々から多大な支援があり、それに日本全国が感動し、今でもあの国に感謝し続ける人は少なくない。

そして台湾を訪問する日本人旅行者もまた年々増加しているところだが、そうした日本人が観光先でしばしば気になるのが、台湾の歴史ではないだろうか。

台湾史は、多くの日本人には未知の領域だと思う。

それは学校の授業でほとんど教わっていないためだ。「台湾史は中国の一地方史だろう」などと漠然と考える人も少なくない。

なぜなら中国政府が、「台湾は古より中国領土の不可分の一部」とする「一つの中国」宣伝を延々と繰り返しているからだ。

しかし実際に台湾史をひもとけば、台湾には台湾の独自の歴史的な歩みがあり、あの島が古代から一貫して中国領土だったする主張など、フィクションにすぎないことがわかるはずだ。

例えば最初に台湾を領有した国は中国ではなく、何と大航海時代のオランダだ。

あの国が台湾南部に入植したのは 17 世紀前半。そして同世紀後半になり清が台湾を版図に入れるが、中国の政権による台湾支配は、この時が最初なのである。

それではそれ以前の島の主は誰かと言えば、それはオーストロネシア人の原住民だ。

今日の台湾人の多くにも、漢人とは異なるこの原住民の血が流れている。

そしてこの台湾史には、早くから日本人が登場する。

オランダの領有より早くこの島を狙ったのが豊臣秀吉であり徳川家康だ。

そして日本の商人も、ここで交易を行っていた訳だが、このように日本人にとっても意外かつ興味深い話の数々を教えてくれるのが、本書なのである。

原著は台湾の高校用教科書である『歴史 第一冊』（三民書局）。

聞けば、高校用歴史教科書七点のうち、最高の採択率（高校生の三人に一人が使用）を記録するなど、評価の高い一冊だ。

編者は著名な台湾史研究者の薛化元氏。

先年台湾で見られた教科書論争の際には、歴史教育に「政治」（大中国意識）を持ち込もうとする国民党政権を相手に、史実重視の姿勢で論陣を張ったが、それだけにこの教科書も、その特長と言えばやはり、史実重視で客観的なところではないかと思う。

例えば日本統治時代に関する記述だが、あの時代を「植民化」及び「近代化」の時代と位置づけ、公正、中立な立場で描いているように感じる。

少なくとも他の国々でよく見られるような、愛国主義に基づく史実の誇張や歪曲といった感じのものは、本書では見当たらない。

ところで本書に限らず、台湾人研究者の日本統治時代に関する見方は往々にして、このように理知的な感じがあるのだが、それは台湾人が排外思想には馴染まない性格だからだろう。そういった台湾人ならではの歴史観というものにも、本書では触れることができるのではないか。

日本の親しい友人である台湾を深く理解するには、その歴史を深く知ることが重要だ。本書が日台交流の一助になることを願ってやまない。

それにしても本書を読むと、台湾史とは台湾人の奮励努力の歴史であることがわかる。長期にわたった外来政権の支配から脱却を果たし、ようやく民主化の時代を迎えた今日、人々の未来に平和と幸あれと祈るばかりだ。

この訳書の刊行にあたり、原著に掲載された写真の一部が著作権の問題で使用できず、その代替写真を大勢の台湾の友人たちに提供していただいた。

また原著発行元の三民書局の方々には、つねに熱意あるご対応をいただいた。

各位にはこの場を借りてお礼を申し上げたい。

企画段階から一貫してお世話になった雄山閣編集部の安齋利晃さんにも、感謝の意を表したい。

2020年2月

永山英樹

【翻訳者紹介】
永山 英樹（ながやま ひでき）
1961（昭和 36）年、埼玉県生まれ。
法政大学法学部法律学科を卒業後、山西大学漢語班を修了。
台湾研究フォーラム（台湾研究論壇）会長、2020 東京五輪「台湾正名」推進協議会幹事長。
日本文化チャンネル桜「台湾チャンネル／日台交流頻道」キャスター。

著書
『日本の命運は台湾にあり―軍拡中国がある東アジアで』（まどか出版、2007 年）／『台湾と日本・交流秘話』（展転社、1996 年）／『日本は中国にこうして侵略される！ 尖閣どころか沖縄が危ない！ 初めて解明された侵略の原理と歴史法則』（ヒカルランド、2012 年）／『日本人と台湾』（洋泉社、2015 年）など。

共訳書
『台湾を知る―台湾国民中学歴史教科書』（雄山閣出版、2000 年）。

2020年 2 月25日　初版発行　《検印省略》

詳説 台湾の歴史―台湾高校歴史教科書―

著作権者　© 三民書局股份有限公司
主 編 者　薛化元
翻 訳 者　永山英樹
発 行 者　宮田哲男
発 行 所　株式会社 雄山閣
〒 102-0071　東京都千代田区富士見 2-6-9
TEL　03-3262-3231 / FAX　03-3262-6938
URL　http://www.yuzankaku.co.jp
e-mail　info@yuzankaku.co.jp
振 替：00130-5-1685
印刷／製本　株式会社ティーケー出版印刷

ISBN978-4-639-02639-6 C0022
N.D.C.223 248p 26cm